지구촌 현대인이 알아야 할

동·서양 생활문화 무엇이 다른가

차 종 환

동양서적

머 리 말

　문화란 각 민족이나 나라의 독특한 생활양식과 습관을 나타내는 역할을 할 뿐 각 민족의 우수성 또는 미래성을 비교하는 책도로 생각해서는 안 된다. 각국의 문화는 자기들 나름대로의 장점과 특성이 있는 것이다.
　인도인이 손으로 음식을 먹는다고 미개인으로 보거나 한국인이 보신탕을 즐긴다고 야만인으로 보는 것은 잘못이다.
　문화와 전통은 꾸준히 진화중이다. 하루아침에 이루어진 것이 아니기 때문에 각 민족의 행동양식을 단 시일 내에 바꾼다는 것은 거의 불가능한 일이다. 가능하다 하더라도 그것은 많은 시간을 필요로 하는 것이다.
　유대교 계율에는 쇠고기와 우유를 한 냄비에 조리하지 않는다고 한다. 흰 옥수수만 먹는 어떤 아프리카 부족의 굶주림을 돕기 위해 노란옥수수 원조물자를 보냈다. 그들은 노란옥수수는 금기시하는 음식이라고 먹지 않고 옥수수 포대 옆에서 죽음을 택하고 있었다. 사우디아라비아에서는 남자가 목걸이를 하고 외출하면 체포당하는 경우가 있다. 독일에서는 일요일에 잔디를 깎거나 이사하는 사람은 경찰에 신고하는 일이 있었다. 개구리 요리는 중국인이나 프랑스인의 입맛을 돋우지만 우리는 아니다.
　각 나라에는 자기나라만의 유구한 역사가 담긴 문화가 있다. 우리들은 수용하기가 어렵지만 그 고유한 문화를 오랫동안 지탱해 온 것을 받아들여야 한다.

  나라마다 고유한 문화는 음식만이 아니다. 몸짓, 인사, 복장 등 각각의 사고방식과 문화를 모르기 때문에 오해가 생긴다. 오해를 풀기 위해 타국 문화를 알아야 한다. 모르면 지혜롭지 못하고 일 처리에 실수가 붙는다.

  동남아시아에서 아이들의 머리를 쓰다듬으면 매우 싫어하고 고소를 당할 수도 있다. 머리는 신성하다는 사고방식 때문이다.

  이런 동서양의 문화차이를 이해하고 수정하는 것도 다음 세대를 위한 우리의 소임으로 본다.

  한미 양국의 문화와 전통을 비교해 보기위해 이미 필자가 집필한 세권(1.미국인은 배꼽 아래가 길다 / 2.지켜야 할 문화 배워야 할 문화 / 3.한국부자 미국부자)의 책에 누락된 새로운 자료를 모으고 본서 말미에 기술된 문헌에서 찾아서 후속편으로 본서를 편집했다.

  본서 편집의 근본적인 목적은 미국의 용광로 정책(Melting Pots)이 Salad Bowl 정책으로 변하면서 각 민족은 자국의 우수한 전통문화를 가지고 타국문화와 조화를 이루자는 것이기에 우리민족의 전통 문화를 미국문화와 비교해 보고자 했고, 우리 것을 찾아서 정정당당히 미국과 어깨를 겨누고자 하는 뜻에 있다.

  미국은 탈 냉전시대의 유일한 강대국으로 이미 우루과이 라운드 협정을 자신의 의지대로 관철시켰으며 북미무역협정(NAFTA)을 통해 세계 경제 질서 개편을 앞장서 주름잡고 있다.

  국제화의 가속으로 날로 좁아 들어가는 지구촌에서 현명하고 성공적으로 사는데 우리 문화와 외국문화를 비교해 본다는 것은 중요한 것임을 말할 필요가 없다.

국제화 하면 우리의 열세 고유문화를 우세 외세 문화에 소멸시키는 것으로 착각하는 경향이 지배적이다. 국제화란 고유문화의 소멸이 아니라 발전적 기여이다. 유형무형의 문화를 발굴 및 개발하여 발전시켜야 한다.

글로벌 시대에 당면한 걸림돌이 많다. 왜 우리는 싸울 때 때리라고 먼저 뺨을 내미는지 알 수 없다.

우리 문화 중 문화 발전에 도움이 안 되는 것을 찾아서 자성하고 새로운 좌표를 설정해야 한다.

본서 내용은 우리의 일반적인 의식구조, 개성, 성격, 생활습관과 방식, 전통문화, 법률, 교육제도, 동작, 예법, 음식문화 등을 미국의 것과 비교해 보고자 했다.

어려운 경제 여건 속에서도 본서 출판에 뜻을 같이 하여주신 동양서적 안영동사장님께 감사드린다.

2007. 1. 20
차 종 환

차 례

머리말 / 3

제 1 장 단일성과 다양성 / 17

1. 서열의식과 평등의식 …………………………………… 17
2. 단일성과 다양성 ………………………………………… 18
3. 종적 사회와 횡적 사회 ………………………………… 21
4. 부부평등과 비평등 ……………………………………… 22
5. 완전주의와 개성 ………………………………………… 24
6. 평균인간과 개성 있는 인간 …………………………… 25
7. 집단책임과 개인책임 …………………………………… 26

제 2 장 결과주의와 과정주의 / 28

1. 우리와 나 ………………………………………………… 28
2. 결과주의와 과정주의 …………………………………… 30
3. 침묵의 문화와 소음문화 ………………………………… 32
4. 한국부자와 미국부자의 상속세 ………………………… 34
5. 폭포와 분수문화 ………………………………………… 36
6. 공업제와 직능제 ………………………………………… 38
7. 원숭이성과 사자성 ……………………………………… 40
8. 돌담문화와 울타리문화 ………………………………… 42

9. 풀이문화와 긴장문화 ………………………………………… 43
10. 단선상향과 다선상향 ………………………………………… 47

제 3 장 동시동조성과 선택성 / 50

1. 동조성 획일주의와 다양문화 ………………………………… 50
2. 기침과 노크 ……………………………………………………… 51
3. 순종과 투쟁 ……………………………………………………… 53
4. 문패문화와 번지문화 …………………………………………… 54
5. 미터법과 임페리얼 시스템 …………………………………… 55
6. 등온 육아 문화권과 정과 국소접촉의 사랑 ……………… 59
7. 모성문화와 부성문화 …………………………………………… 61
8. 동시 동조성과 선택성 ………………………………………… 62
9. 공사 구별 의식 ………………………………………………… 64

제 4 장 체면 문화와 실용문화 / 67

1. 화장지와 티슈 …………………………………………………… 67
2. 신발문화 ………………………………………………………… 69
3. 한국경찰과 미국경찰 …………………………………………… 71
4. 체면문화와 실용문화 …………………………………………… 73
5. 체면문화와 양심문화 …………………………………………… 75
6. 성급함과 기다림의 문화 ……………………………………… 77
7. 공짜와 합리성 …………………………………………………… 78

8. 봉사의 미숙과 성숙 ·· 79
9. 네 탓과 내 탓 ··· 80
10. 부에 대한 질투와 존경 ··· 82

제 5 장 검사와 경찰 / 84

1. 검사와 경찰 ··· 84
2. 공간 전개형과 시간 전개형 식사 ···························· 85
3. 한미 간의 생활모습의 차이 ···································· 86
4. 동서양의 판단 차이 과실치사 ································ 87
5. 문화차이 ·· 89
6. 풀이와 부동자세 ··· 91
7. 이민 물결의 변화와 다문화 수용 ···························· 93

제 6 장 예약문화 / 96

1. 예약문화 ·· 96
2. 자원봉사와 기부문화 ·· 98
3. 이름문화 ·· 100
4. 나무 보호법 ··· 101
5. 장애자의 나라 ·· 103
6. 화장실문화 ··· 104
7. 중재문화 ·· 106
8. 운전문화 ·· 107

9. 어머니날 아버지날 ································· 109
10. 파틀럭 파티와 샤워 파티 ························ 110

제 7 장 미국의 평등관 / 112

1. 애완동물의 대우 ································· 112
2. 애완동물 팔자 ··································· 114
3. 양담배의 이중성 ································· 115
4. 표현의 자유 ····································· 117
5. 더치페이와 국민성 ······························· 119
6. 전국이 균형 잡힌 나라 ·························· 121
7. 모순된 미국 ····································· 124
8. 모두가 거꾸로 ··································· 126
9. 미국의 평등관 ··································· 130
10. 줄을 잘서야 ···································· 132
11. 성급한 문화와 줄서는 인내 ···················· 134
12. 미국은 어떤 나라인가 ·························· 135

제 8 장 자립정신 / 138

1. 자립정신 ·· 138
2. 미국인의 사생활 ································· 140
3. 미국의 개인주의 ································· 141
4. 대륙법계와 영미법계 ····························· 143

5. 숙명론에 대한 반응 ································· 145
6. 관습차이의 변화 ··································· 146
7. 기본적인 식탁 예의 ································· 148
8. 가족의 변천 ······································ 149
9. 한·흑간의 성격 비교 ······························· 152

제 9 장 험담문화 / 160

1. 험담문화 ·· 160
2. 슬픔과 과오에도 웃는 민족 ························· 162
3. 자학의 심성 제거부터 ······························ 164
4. 정치에 대한 관심도 ································ 166
5. 여성에 대한 남성의 자세 ··························· 167
6. 여성 및 혼혈아 차별법 ····························· 168
7. 한국인의 급한 성미 ································ 170
8. 끼리끼리 문화 ···································· 171
9. 연줄의 코드 ······································ 173

제 10 장 미국인의 가정관 / 176

1. 부모의 기대 ······································ 176
2. 행복 기대율 ······································ 178
3. 미국인의 가정관 ·································· 179
4. 한국인의 장점 몇 가지 ····························· 182

5. 홀로 두는 아이 ·· 185
6. 출발점의 차이 ·· 187
7. 나이 차별 ·· 188
8. Melting Pot 과 Salad Bowl ·· 190
9. Melting Pot-Salad Bow-Melting Pot ······································ 191
10. 수정이 필요한 국민성 ·· 193

제 11 장 열린 교육 / 195

1. 미국은 아이 천국 ·· 195
2. 미국의 어린이들 ·· 196
3. 미국의 적성 및 영재교육 ·· 197
4. 학부모의 활동 ·· 198
5. 교과서 물려주기 ·· 200
6. 열린 교육 ·· 202
7. 미국의 교육 받을 기회 ·· 204
8. 한국의 고3과 미국의 고3 ·· 205
9. 한미 간 수상방법 ·· 206
10. 체벌 문화 ·· 209
11. 과잉보호 ·· 212

제 12 장 한미 교육 제도 / 215

1. 한미 교육 제도 ·· 215

2. 부모와 자녀의 갈등 ………………………………………… 217
3. 한국대학과 미국대학 ………………………………………… 219
4. 미국의 법과대학 교육 ………………………………………… 223
5. 한미 대학의 차이 …………………………………………… 225
6. 학생과 교수관계 …………………………………………… 226
7. 학생과 학생관계 …………………………………………… 228
8. 전공의 고정과 변화 ………………………………………… 229
9. 한미 도서관 ………………………………………………… 231
10. 학력(學力)사회와 학력(學歷)사회 ………………………… 232

제 13 장 손가락 및 몸 동작 / 234

1. 손가락 움직임 ……………………………………………… 234
   1) 가운데 손가락 세우기 · 234   2) V 사인 · 235
   3) 엄지와 검지로 둥글게 하기 · 236   4) 무화과 손 · 237
   5) 이리와 신호 · 237   6) 집게와 가운데 손가락 포개기 · 238
   7) 집게와 엄지 사이에 다른 손가락 넣기 · 238
   8) 집게와 새끼손가락만 세우기 · 239
   9) 검지로 가리키기 · 239   10) 엄지 세우기 · 240
2. 몸 움직이기 ………………………………………………… 241
   1) 고개로 예스와 노사인 · 241   2) 다리로 리듬 맞춤 · 242
   3) 벨트 고쳐 매기 · 242   4) 눈 마주보기 · 243
   5) 팔의 알통 동작 · 244   6) 명함 주고받기 · 244

제 14 장 에티켓 / 245

1. 하품과 트림 …………………………………………… 245
2. 재채기 ………………………………………………… 246
3. 팁 ……………………………………………………… 247
4. 인터뷰 에티켓 ………………………………………… 249
5. 공공장소 행동규범 …………………………………… 251
6. 반품과 교환절차 ……………………………………… 252
7. 가라지 세일 …………………………………………… 253
8. 대화내용 ……………………………………………… 255
9. 대화형태 ……………………………………………… 258
10. Tell문화와 Sell문화 ………………………………… 259

제 15 장 의식주 문화 / 261

1. 음식문화 ……………………………………………… 261
2. 식당문화 ……………………………………………… 262
3. 식육문화의 발달 ……………………………………… 263
4. 잡식성과 획일성문화 ………………………………… 265
5. 온돌 문화와 침대 문화 ……………………………… 266
6. 옷의 문화 ……………………………………………… 268

제 16 장 결혼 및 장례식 문화 / 270

1. 인사법 ………………………………………………… 270

2. 결혼식문화 …………………………………………………… 271
   1) 미국식 · 272   2) 라티노식 · 273
   3) 프랑스식 · 273   4) 영국식 · 274
3. 장례문화 ……………………………………………………… 275
   1) 기독교 · 276   2) 힌두교 · 276
   3) 이슬람교 · 277   4) 유대교 · 278
4. 색의 신화 …………………………………………………… 279
5. 숫자의 신화 ………………………………………………… 281
6. 3대 문화권의 식사도구 …………………………………… 284
7. 씨름 ………………………………………………………… 285
8. 평균 수명비교 ……………………………………………… 288
9. 중남미의 인종구성모습 …………………………………… 289

참고 및 인용문헌 / 292

저자 소개 / 295

제1장 단일성과 다양성

1. 서열의식과 평등의식

　일반적으로 한국인은 모든 사물이나 사리를 서열적으로 파악해야만이 사고나 행동이 안정되는 성향이 있다. 따라서 서열의식이 비교적 강한 편이다.
　초면에 남남끼리 만나더라도 한국 사람이 가장 먼저 상대방에 대해 알고 싶은 것은 신분과 나이다. 무엇을 하는 사람인가와 동시에 얼마나 높은 사람인가 알고 싶어 한다. 왜냐하면 나의 신분과 그 사람의 신분과의 서열로 파악해야만이 '관계'가 안정되기 때문이다. 동창이면 선배인가 후배인가, 위인가 아래인가를 따지지 않고는 관계가 안정되지를 않고 불안하다.
　처음 만나면 별나게 명함 주고받기를 좋아하는 것도 명함에 기재된 상대방의 신분이나 직위를 앎으로써 자신과의 서열을 설정하기 위한 서열의식이 작용한 때문이다.
　안방이라는 같은 공간도 부위에 따라 서열적으로 파악하지 않을 수 없었던 한국인의 강한 서열의식이 있다.
　우리 몸에 같은 피가 통하고 신경이 통한 인체도 부위에 따라 서열로 파악했다. 예를 들면 목 윗부분은 배꼽 아랫부분보다 몇 곱절 서열이 높았고, 또 오른손은 왼손보다 몇 곱절 서열이 높았다.
　이런 한국인의 서열의식은 일상 속에서도 적잖이 정착되고 생활화되고 있음을 알 수가 있다.
　어떤 말단 사원인 사람이 어떤 업무 때문에 그의 직계 상관인 계장・과장・부장・상무・전무・부사장・사장과 함께 술집에 갔다

하자. 미국 같으면 이만한 사람이 가면 술자리 마다 푯말을 적어 각자가 앉을 좌석을 안내하여 앉혀 준다.

그런데 한국의 술자리는 술상에 백지를 깔고 숟가락과 젓가락을 늘어놓았을 뿐 푯말도 없고 그렇다고 누가 자리를 안내해 주지도 않는다. 술상 자체는 만인에게 평등하게 펼쳐져 있다. 누가 어디에 어떻게 앉으라고 표시도 또 안내도 하지 않는다. 하지만 표시나 안내를 할 필요가 없기에 하지 않았을 뿐인 것이다.

한국인은 한국에 태어나 사회화 하는 과정에서 나도 모르게 대뇌피질에 서열을 기가 막히게 잘 따지는 서열 컴퓨터 하나씩을 지니게 된다. 그리하여 어느 임장(臨場)에서라도 그 서열 컴퓨터가 민감하게 작동하여 자신의 서열에 맞게끔 앉을 자리를 지정해 준다.

사무실의 책상이나, 의자의 크기나 호화스러움이 한국에서는 높은 사람일수록 크고 호화스럽다. 그러나 미국의 사무실에 가보면 대체로 결정권을 가진 스텝은 책상 면적도 하위직 사람의 것보다 좁고 서랍도 사물만 넣어두는 한두 개에 불과하다.

여기서 한국의 서열의식과 미국의 평등의식을 맛 볼 수 있다.

2. 단일성과 다양성

2005년 슈퍼볼에서 MVP의 영광을 안은 하인즈 워드 선수가 한국인 어머니를 둔 한국계하는 본국 신문방송에 연일 크게 보도되었다. 그의 어머니 김영희씨는 흑인 주한 미군과 결혼해서 혼혈아 하인즈를 낳고 곱지 않은 주변의 시선 때문에 한국을 떠나 미국으로 와서 억척같이 일해서 오늘에 이르렀다고 한다. 이 이야기가 알려지면서 본국에서는 혼혈아에 대한 인식을 달리하자는 목소리가 높아 가고 있다. 늦었지만 너무나 다행스러운 일이 아닐 수 없다.

과거 우리는 단일민족이라는 인식을 강하게 주입받아 왔다. 우리 자신들을 피가 다른 민족과 섞이지 않은 순수하고 깨끗한 민족으로 부르며 치켜세워왔다. 그러기에 김영희씨와 같이 한국 여자가 외국남자, 특히 흑인과 결혼하면 십중팔구 비하하고 멸시하기 일쑤였다. 하지만 우리들이 자랑스럽게 여겼던 그 순혈주의는 어쩌면 우리들을 편협한 인종차별 주의자로 만들었을지도 모른다. 현실은 다양성 민족화가 진행되고 있다.

"우유를 많이 마시면 피부가 하얗게 되는 줄 알고 우유를 많이 먹기도 했지요." 하인스 워드의 등극을 바라보는 가수 박일준(52)씨의 감회는 남다르다. 그는 유난히 핏줄의 순수성을 강조하는 한국의 풍토에서 힘겨운 성장기를 보냈다. 피부색 때문에 끊임없는 놀림의 대상이었다. 박씨는 주한미군 아버지와 한국인 어머니 사이에서 태어난 혼혈인이란 점에서 워드와 닮음 꼴이다. "'워드 신드롬'을 계기로 혼혈인에 대한 사회적 시각이 달라졌으면 한다."고 말했다. 그는 1977년 가수 데뷔 때 방송사 관계자로부터 "얼굴에 분칠을 두껍게 하지 않으면 출연이 어렵겠다."는 말을 듣고 좌절하기도 했다. '순수' 한국인인 부인과 결혼할 때 장인의 반대도 엄청났다. 박씨는 1남1녀의 자녀에게 "남과 다른 게 죄가 아니니 부끄러워할 필요가 없다."고 가르친다.

박씨는 1950년대 이후 주한미군으로부터 시작된 '1세대 혼혈인'의 전형이다. 최근엔 1세대 혼혈인은 감소하는 대신 동남아인과의 국제결혼을 통해 태어난 2세대 혼혈인이 대거 늘고 있다. 국제결혼 건수는 2004년 3만5000여 건을 넘어섰다.

한국인과 동남아계 외국인 사이에서 태어난 사람을 일컫는 코시언(Kosian=Korean+Asian)이란 용어도 생겼다.

혼혈인은 우리 사회의 소수자란 점에서 약자에 대해 배려하는 문화가 정착되어야 한다. 혈통을 중시하는 배타적 민족주의가 약자 보호라는 열린 민족주의로 발전할 때 진정한 의미의 선진국이 될 수 있다.

워드 신드롬으로 촉발된 혼혈인에 대한 관심이 반짝하고 끝나는 '냄비 신드롬'에 그쳐선 안 된다. 혼혈인 차별 철폐 운동을 벌이는 '하이패밀리'의 여한구 사무총장은 "순수 혈통주의는 국제화 시대에 어울리지 않는 닫힌 사회를 만든다."며 "워즈 신드롬이 혼혈인과 그 부모들의 인권문제로 사회적 약자에 대한 관심으로 이어져야 한다."고 말했다.

로마인들이 그토록 오랫동안 번영할 수 있었던 가장 중요한 이유는 다양성(Diversity)이라고 시오노 나나미가 쓴 '로마인 이야기'의 책은 말한다. 과거 한때 강대국이었지만 곧 멸망해 버린 수많은 제국들과는 달리 로마는 남을 배척하지 않고 인종과 종교를 넘어서는 정치와 사회구조를 만들었으며 그들이 점령한 식민지의 문화까지도 수용하였고 여러 인재들을 고루 기용하였다. 그 결과 로마제국은 찬란한 문화를 오랫동안 지속할 수 있었다.

역사는 되풀이 된다. 어떤 이는 미국이 로마제국과 같이 오랫동안 번영할 거라고 한다. 그렇게 믿는 가장 큰 이유는 미국이 가지고 있는 다양성이다. 미국은 유럽이나 아시아의 역사 깊은 나라에 뿌리 박혀있는 혈통 민족주의가 존재하지 않는다. 처음부터 이방인들로서 시작되었고 계속해서 이민자들을 받아들여서 세워진 나라이다. 때문에 이민자들과 함께 다른 문화가 끊임없이 흘러 들어와서 기존의 문화와 섞여 새로운 문화를 만든다. 미국처럼 다양한 인종, 문화, 종교, 예술, 관습 그리고 언어가 서로 얽히고설킨 나라는 없다. 이러한 엄청난 다양성은 극대화된 창의성(Creativity)을 낳는다. 창의성은 곧 경쟁력이며 미래에 살아남기 위한 가장 필수적인 요소이다.

미국의 대표적인 기업이라 할 인텔은 헝가리에서 온 이민자에 의해, 인터넷혁명을 일으켰던 야후(Yahoo!)는 타이완에서 온 유학생에 의해, 현재 최고의 주가를 올리는 구글(Google)은 러시아 이민 2세에 의해 창립되었다.

한국은 강대국의 5가지 조건인 영토, 인구, 자원, 문화 그리고 군사 중에 제대로 내세울 것이 하나도 없다. 한국이 유일하게 가진 재산은 사람일 뿐이다. 그 사람들로 인해 조국은 여태껏 눈부신 발전을 하였다. 이 사람들의 생각이 달라져야 한다. 상호 다름을 인정해야 화합과 평화가 오고 통일이 온다.

3. 종적 사회와 횡적 사회

우리의 전통사회가 할아버지 → 아버지 → 아들 → 손자로 사고나 행동이나 문화가 전승되는 종(縱)적 사회인데 비해, 미국의 사회는 종적인 요소를 거부하고 친구 → 나 → 친구로 전승되는 횡적 사회라는데 근본적인 의식구조의 차이를 찾아 볼 수가 있다.

한국에서는 한 살의 차이는 어느 만큼 종적 문화에 성숙하고를 뜻하지만, 미국 사회에서는 그 한 살 차이는 문화적으로 이질을 의미한다. 연상의 사람은 한 살 연하의 사람에게 있어 어른임에는 틀림없으나, 그만큼 녹슬고 부정적인 요소를 내포한 존재인 것이다.

따라서 종적 사회에서는 한 살이 보다 연장하다는 것이 미덕이지만, 미국에서는 한 살이 보다 연하하다는 것이 미덕이다. 성장기에 있는 한국 사람들이 자기 나이보다 올려서 말하고, 자기 또래보다 점잖은 복장을 택하며, 보다 어른답게 언행을 하려는 추향은 종적 문화사회의 필연이다.

반면 미국에서는 언행이나 복장색은 나이가 들수록 파격적으로 젊게 하려는 성향이 지배적이다. 머리가 하얀 노인이 붉은 T셔츠며 붉은 스커트를 입는 율이 오히려 젊은이 보다 높다는 보고가 그것이다.

나이가 한 살 연장이란 것은 그만큼 묵은 요소, 부정되는 요소를 내포한다는 것이며 미국문화에 있어 젊음과 새로운 것은 항상 「보다 좋다」는 것과 동의어인 것이다.

선전문화 및 광고문화가 고도로 발달된 미국사회이긴 하지만, 미국의 광고처럼 새롭다는 것을 강조하는 광고는 없다. 모든 상품광고문에는 커다란 활자인 「ITS NEW!」로부터 시작된다.

우리나라의 광고에서처럼 50년 전통이니 묵고 노련함을 내세우는 광고와는 대조적이다.

유명한 회사의 자동차 일지라도 매년 새로운 연형(年型)이 탄생하는 것도 이 같은 의식구조의 소산이며, 비단 자동차뿐 아니라 의식주 모든 생활용품에서도 색상이나 무늬 또는 모양을 어떻게든지 변색, 변형시켜 자주 새롭게 하는 것도 이 같은 의식구조에 영합한 것이다.

곧 횡적 문화의 산업이나 상업은 이처럼 우리가 살고 있는 종적 문화의 산업이나 상업과는 근본적으로 다르며 따라서, 미국에 있어 무엇을 어떻게 하는 것이 젊은 것인가, 또는 새로운 것인가를 예민하게 포착한다는 것이 굉장히 중요하다.

4. 부부 평등 과 비평등 부부

한국의 부부관계가 모든 측면에서 비평등형인데 비해 미국의 부부관계가 억세게 평등형이란 차이도 이혼에 영향을 주고 있다. 한국의 부부관계는 대체로 네 가지 형으로 대변할 수 있다. 그 하나는 부부의 사이가 주인과 하녀 같은 주종관계로 맺어지는 하녀형, 처가 남편에게 어머니나 누님처럼 대하는 모친형, 그리고 아내가 약자나 인형처럼 보호받고 귀여움 받는 약자형, 남편에게 동화하여 「個」를 무화(無化)시킨 복종형이 그것이다. 근대화 과정에서 미국식의 평등형이 늘어가고 있지만 근대화 이전에는 한국부부란 이 네가지 타입의 어느 한 유형에 속했던 것이다.

이 네 가지 유형은 모두가 부부의 지위나 권력이 불평등한 관계인데 예외가 없다. 평등한 지위와 권력은 「個」의식 곧 개인주의가 왕성해진다.

결혼생황의 불만은 바로 결혼 상대자에 대한 불만이며 상대자의 불만은 성격이 맞지 않는다는 말로 곧잘 표현된다. 성격이 맞지 않는다는 것은 성격이 갖지 않다는 것이 아니라 각기 상대방의 성격에 적응하지 못한다는 것을 의미한다. 부부 어느 한편이 적응력이 없더라도 다른 한 편에 적응력이 풍부하면 결혼생활이 파탄에 이르지는 않는다. 우리 옛날의 부부결합이 불평등하게 부창부수(夫唱婦隨)로 이뤄져 온 것은 아내에게 강한 적응성을 요구함으로써 부부갈등이 별로 없었다. 그러기에 옛날 부녀자는 어릴 때부터 어떤 환경에도 적응하게끔 가르침을 받고 또 글을 읽고 재능을 익히는 등 자아나 세상의 사리(事理)를 익히는 것으로부터 부녀자를 철저히 배제시킨 이유가 이에 있는 것이다. 그러기에 재능이 있는 신사임당이나 허난설헌(許蘭雪軒)같은 재원(才媛)들은 대체로 불행한 일생을 살지 않으면 안 되었던 것이다.

자의식(自意識)을 죽여가면서 적응을 시도한 비인간적이고 전근대적인 그런 적응을 찬양하고 있는 것은 바람직스럽지 않다. 문제는 평등한 지위를 지향하면서 현실에 적응력을 키우는 노력이야말로 미국이 시행착오를 하고 있는 높은 이혼의 불행을 줄이는 슬기가 될 수 있을 것이다.

5. 완전주의와 개성

외국인 글에 의하면 한국에서 한복을 사는데 바지저고리를 같이 사는 것보다 따로따로 사는 것이 싸다고 한다. 가구도 테이블 의자를 전체 한 세트로 사는 것보다 하나씩 하나씩 따로 사는 것이 저렴하다고 한다. 이렇게 한국인들은 완전한 세트를 좋아하고, 낱개 즉, 개별적인 것은 싫어한다.

교육면에서도 이 완전주의가 판친다. 사람에게는 개성이 있고 자질도 천차만별의 차이가 있으며 또 사회에서는 이 천차만별의 개성이나 자질을 골고루 요구하고 있다. 한데 한국의 완전주의는 그 모든 개성이나 자질을 모두 갖추도록 가르치고 있다. 이를테면 각급 학교에서 주는 우등상이란, 모든 과목을 모두 잘한 학생에게 주어지는 상이다. 개성과 자질에 맞는 어떤 과목 하나만 잘했다 해서 우등상이 주어진다는 법은 없다.

반면 미국의 학교에서는 수학의 우등상, 라틴어의 우등상, 미술의 우등상이 따로따로 있고 용기의 우등상, 협동의 우등상, 엘레강스의 우등상도 있다. 곧 완전주의가 아니라 개성주의다. 그러기에 미국 어린이들은 어릴 때부터 자신의 개성과 자질이 무엇인가를 알고 그 개성과 자질 개방에 주력한다.

미국에서 전학시에 내신제가 갖는 비중은 꽤 크다. 한데 이 내신제는 한국인이 생각하는 것처럼 전체 성적의 순위가 아니다. 내신제가 갖는 장점은 바로 이 종합 성적의 우열이 아니라 그 학생의 개성과 자질이 상세히 전달된다는 점이다. 그리하여 그 자질이 지적으로 단련되어 그 자질을 요구하는 사회의 수요에 응해 그 역할을 다한다.

한국 학교에도 평균 12종 이상의 각기 다른 상이 있고 최고로 상을 많이 주는 학교는 25종의 상이 있다. 그래서 한국에도 이 개성을 중요시하는 시상제가 있구나 생각할 수도 있다.

여기 상의 종류가 많은 것은 개성이나 자질별로 시상을 해서 많아진 것이 아니라 시장상, 교육감상, 교육구청장상, 학교장상, 육성회장상 등 온통 유지상(有志賞)뿐이었다. 이 역시 종합 성적순에 의한다지만 사정(私情)에 쏠려 시상하고 있음이 틀림없었다.

완전이란 어렵고 힘들어 그 '완전'을 성취하기란 역사적으로 극히 소수의 사람만이 가능했다.

6. 평균 인간과 개성있는 인간

한국의 농촌은 일반적으로 가난했었다. 자급자족이 어렵지만 그런대로 살았었다. 공존공생의 아름다운 전통이 있어 어려운 사람과 같이 먹고 산다는 농촌 공동체 의식이 있었다. 이것이 공생공존의식이었다. 공동체의 삶의 요구조건은 서로 융화 될 수 있는 평균 인간을 지향하는 것으로 이것을 이상적인 인간상으로 보았다.

만약 유별나게 재능이 많거나, 유별나게 잘 되거나, 유별나게 고생하거나, 유별나게 인색하거나, 유별나게 사치스럽거나, 유별나게 고매(高邁)하거나, 유별나게 타산적이거나, 유별나게 이치를 따지거나 하면 비(非) 평균 인간이라 하여 거부하고, 싫어하고, 배척하였다.

일반평균을 벗어나 남에게 손가락질을 당하지 않는 그런 인간을 지향하고, 교육도 이 비평균을 배제시키는 방향으로 이루어졌던 것이다.

어떤 사람이 잘되거나 누군가가 잘 살게 되면 배리감을 갖고 그것이 질투로, 그 질투가 모략과 헐뜯는 일로 곧잘 진전하는 이유가 바로 한국인의 촌락공동체의 평균 인간 체질 때문인 것이다.

모나지 않는 평균 인간으로서 공존하고 싶은데 누군가가 그 평균성을 벗어나려 하면 발을 끌어내려 평균층에 있게 하려는 심리취향이 곧 시기와 질투로 발전한다.

우리의 직장생활에서 누군가 어려워지거나 불행해지면 서로를 잘 돕지만 출세를 하거나 돈을 잘 벌거나 승진이 빠르거나 하면 숨어서 욕을 하고 흠을 본다. 그래서 누군가 이 비평균 인간을 헐뜯으면 속이 다 시원해지는 카타르시스마저도 느낀다.

이웃집 아이가 우리 아이보다 공부를 잘해도 시기심이 나고 옆집 부인이 비싼 옷을 입으면 왠지 흠을 잡고 싶어 한다. 사촌이 땅을 사면 배가 아픈 심리가 이러한 평균 인간 층의 이탈에 저항을 느끼는 촌락공동체의 체질 때문인 것이다.

우리 민족은 전통적으로 평균인간을 선호하고 남이 하듯이 하는 동조성이 강한 백성이다. 남과 다른 행동 즉, 모나는 행동, 돌출행동을 부정적으로 본다.

우리 자녀 교육도 남과 같이 되라고 훈계한다. 하지만 이스라엘 자녀 교육은 남과 다른 사람이 되라고 한다. 자기 개성을 살려 앞으로 나가라는 것이다. 미국 역시 개성을 중요시하고 개성과 적성을 살려 앞으로 나가도록 권고한다. 그래서 개성 있는 인간이 된다.

7. 집단책임과 개인책임사회

한국사회는 개인책임보다 집단책임이 한결 강한 편이다. 자기가 안내를 담당하고 있는 게이트 넘버의 손님이 아니라고 해서 뻔히 알고 있는 게이트 넘버를 가르쳐주지 않는 한국의 안내원은 없을 것이다. 또 호텔의 계산착오에 대한 손님의 항의를 받은 한국의 회계원이라면 비록 자기가 담당한 건(件)이 아니더라도 정중히 사과하고 전표를 찾아서 확인해 볼 것이다.

손님방의 문이 열렸다고 항의하면 자기 담당업무가 아니더라도 종업원들에게 수소문해서 이유를 알아볼 것이요, 시간 전에 떠난 배에 대한 항의에 접하면 대답해줄 직무에 없을지라도 알아봐서 그 사정을 말하고 다음 배편에 갈 수 있도록 주선해줄 것이다.

곧 한국인은 개인책임한계에서 일하기보다 그 개인이 속한 집단의 책임한계 속에서 일한다는 책임한계의 범위와 집단책임사회와 미국 같은 개인책임사회 문화차이에서 문화충격이 일어난다.

유목상업민족은 개인단위로 움직이기에 개인주의가 발달하고 농경민족은 집단적으로 정착, 집단작업을 해야 하기에 집단주의가 발달했다는 원천적인 이유도 있지만 구미사회가 공업화하고 산업화하는 과정에서 분업화가 발달하고 그 분업의 시스템화가 고도로 발달했다는데도 이 개인책임의 한계의식이 날카로워진 이유를 찾아볼 수 있을 것 같다. 곧 구미사회는 한 개인이 결코 만능의 슈퍼맨이 아니라는 전제하에 조립되었다. 따라서 구미의 개인주의는 개인이 자신을 어떻게 지켜 나가느냐의 처절한 싸움인 것이다. 그러기에 자신에게 관계없는 개인의 책임을 분담해 진다는 것은 어떤 의미에서 다른 개인의 책임영역침해라는 최악의식마저도 갖게 된다.

한국 같은 집단책임사회에서는 비록 내 책임이 아니더라도 같은 집단 내의 일이면 의당히 하는 것이 미덕이다. 그런데 개인책임사회에서는 악덕이 될 수 있다.

제2장 결과주의와 과정주의

1. 우리와 나

한국 사람들은 "나"라는 말 대신에 '우리'라는 말을 많이 사용하고 있다. 따지고 보면 이상한데 한국인은 평범하게 이것을 받아들이고 있다. 예를 들면 다른 것은 다 그만두고라도 <내 마누라가…>(my wife)라고 말해야 될 때에도 「우리 마누라가…」라고 하는 경우가 있다. 그러고서도 아무렇지도 않은 표정이다. 만약 그것을 영어로 직역해서 <our wife>라고 한다면 외국인들의 눈이 휘둥그레질 것이다.

도대체 그 <마누라>를 몇 사람이나 데리고 살기에 <우리 마누라>라고 하는 것일까? 성급한 친구는 한국 사회가 <일처다부주의·一妻多夫主義>라고 속단할지도 모를 일이다.

이렇게 <나>보다 <우리>란 말을 내세운다는 것은 생각하기에 따라서는 좋게도 해석될 수 있다. 언제나 이기적인 사고보다는 공동의식과 공동의 운명을 더 소중히 여겼다는 이론도 있을 수 있으니까…. <내 집>이 아니라 <우리 집> <내 나라>가 아니라 <우리나라>라고 하는 편이 건방지지 않아서 좋다. 공동의식의 애국심이 엿 보인다.

많은 독재자는 일인칭을 많이 사용한다. 히틀러나 무솔리니의 연설에는, 유난히도 <나>란 말이 많이 등장한다. <우리>보다는 <나>를 내세우는 데에서 독재주의가 싹트게 마련이다.

그렇지만 <나>란 말보다 <우리>란 말을 더 즐겨 사용한다 해서 우리 국민이 그만큼 민주적이라고 단정할 수는 없다. 왜냐하면,

<나・自我> 없는 <우리>야 말로 도리어 전제주의(專制主義)를 낳게 하는 요인이 되기 때문이다.
　'나' 라는 개인의식이 부재할 때, 개개인의 권리가 망각되었을 때 언제나 독재자의 검은 손이 뻗치게 되는 것이다. 한국의 비극은 태반이 <나>를 찾지 못한 데에 있었다. 주어(主語)를 상실하고 살았기에 진정한 <우리>도 찾지 못했다. <내>가 <나>를 결단(決斷)하는 독립적인 개인의식, 그 실존의식(實存意識)을 발견하지 못했던 것이다.
　시골 땅의 필부(匹夫)라 할지라도 <나>보다는 언제나 <남>의 시선을 두려워했던 것이다. 거기에서 소위 <외면치레>나 <체면>이라는 풍습이 생겨난 것이다.
　한국인은 자기 아내가 죽는 것보다도 체면이 손상되는 것을 두렵게 생각하는 민족이었던 것 같다. 남의 이목이 두려워 열녀가 되고 남의 눈초리가 무서워서 효부가 되는 수도 많다. <내가 나를 어떻게 생각하느냐> 하는 것보다 <남이 나를 어떻게 생각하느냐>에 더 많은 관심을 쓰며 살아왔다.
　우리는 자기 자신의 감정과 표정은 언제나 감추며 살아왔다. 자기 자신에 대해서 말하는 것보다는 언제나 남의 일을 말하기 좋아한다. <하늘엔 총총 별도 많고 우리네 세상엔 말도 많다>는 민요를 들어봐도 그렇다.
　여기서 말하는 <말>이란 곧 남의 흉을 뜻하는 것이다. <나>와 <너> 사이에서 전개되는 <대화>가 아니라, <토의>가 아니라, <고백>과 같은 <참회>와 같은 독백이 아니라 그것은 오로지 남을 헐고 뜯는 비난이었다. 자기보다 남의 일에 관심을 두고 있기 때문에 그러한 비방이 생겨난다.
　<말로써 말이 많으니 말 모름이 좋아라.>의 그 시조만 해도 그

렇다고 볼 수 있다.

　이렇게 <나>를 감추고 산다. 내 말보다는 남의 말을 많이 하고 살았다는 것은 그만큼 자기 주체성이 박약했음을 의미하는 것이다.

　필요 없는 허례허식이나, 의타적인 태도나, 남의 앞에 나서기를 꺼려하는 것이나 그러면서도 남에 대한 비판을 말하기 좋아하는 것이나…. 그것은 모두 자아의식과 개인<나>에의 인식이 고갈된 데에서 비롯된 현상이다.

　우리는 죽을 순간에 가서야 <나>를 느꼈던 것 같다. 죽을 때만은 <아이고 우리 죽는다> 하지 않고 <아이고 나 죽는다>라고 했으니까 말이다.

　죽음 속에서 <나>를 발견하듯이, 모든 단절(斷切)속에 나를 찾지 않고서는 진정한 <너>와 <나>의 결합인 <우리>도 생겨나지 않는다. (이어령 글에서)

2. 결과주의와 과정주의

　한국인은 결과를 얻기 위해 너무 서두르는 버릇이 있다. 물론 결과를 얻기 위해 일을 한다는 데는 동서양이 다를 바가 없다. 결과를 얻는 대 거쳐야 할 과정을 성실히 밟는 것을 과정주의라 하고, 결과에 너무 집착해 과정을 조금만 밟거나 새치기 하여 결과를 빨리 얻으려는 것을 결과주의라 한다면 분명 한국 사람은 결과주의 편에 속한다.

　우리 한국인은 무슨 일이든 빨리 할수록 미덕이요, 선이며, 가치를 이룬다. 잠을 빨리 자고, 빨리 일어나며, 심부름도 빨리 하고, 밥도 빨리 먹으라 하고, 공부도 빨리 하라 하며, 일도 빨리 하라고 한다. 빨리 하면 체하고 설치는 일도 빨리 하라고 하는 것이다.

이런 습성으로 이 세상에서 우리 한국인의 식사 속도가 가장 빠르게 됐는지도 모른다. 프랑스 사람들의 저녁 식사시간은 보통 2~3시간이 상식이다. 그들은 식사 과정을 즐기기 위해 그 과정을 최대한으로 연장시키고 연장시킨 그 광정을 농도 짙게 즐긴다.

그렇지만 우리 한국 사람들은 아무리 찬이 좋더라도 할아버지, 할머니를 제외하고는 15분 안에 먹어 치운다.

이렇게 빨리 먹게 된 복합 이유 가운데 하나로서 한국인의 결과의식을 들 수 있다. 즉 밥은 배고픔을 면하거나 배부르기 위해서 먹는 것이다. 밥 먹는 행위의 결과가 그것이요, 그 결과를 빨리 얻기 위해서는 가급적 밥 먹는 과정을 단축시킬 필요가 있기 때문이다.

우리는 밥 먹으면서 말하는 것을 예의에 어긋난다고 부덕시했으며, 엄마가 빨리 죽는다는 등 금기를 붙여 놓기까지 했다.

알콜 마시는 속도가 비상하게 빠른 이유 가운데 하나로도 우리 한국 사람이 프로세스 엔조이(process enjoy)를 하는 데 익숙하지 못하고, 리설트 엔조이(result enjoy)를 하려는 의식구조를 들 수 있을 것 같다.

필자가 미국에서 한국 직행 비행기를 탑승한 적이 있었는데 기체 이상으로 일본에 내려 하룻밤을 지내게 되었다. 서양인은 일본을 구경할 수 있어 반겼는데 필자는 한국에 도착할 날이 하루 지연되어 화가 났었다. 하루 늦게 도착해도 문제될 이유가 없는 일정이었는데도 말이다. 이것은 한국인의 결과의식이 무의식중에 발로된 때문일 것이다.

여행의 결과보다 여행의 과정을 중요시하는 서양 인종과는 순발적인 반응이 이렇게 정반대로 달라질 수 있었던 것이다.

한국인이 관광 목적지에 도달하는 결과를 얻으면 그 결과를 배경으로 기념사진 찍기를 좋아하는 것도 그 관광 결과에 너무 집착하기에 발생되는 결과에 목적을 두었기 때문이다.

3. 침묵의 문화와 소음문화

　불어의 파르동(미안합니다), 실 부 플레(영어의 Please의 뜻, 부탁할 때 쓰는 말), 메르시(감사합니다). 아무리 불어를 모르는 사람이라도 이 세 가지 말만 알고 있으면 아쉬운 대로 파리의 생활을 즐길 수 있다고 한다.
　좁은 길을 지나다가 조금만 어깨가 맞닿아도 <파르동> 소리가 들려온다. 물건을 사거나 음식을 시킬 때, 말하자면 남에게 무엇인가를 청하려 할 때 악수를 하듯이 <실 부 플레>란 말을 먼저 내세워야 한다. 그리고 <실 부 플레> 다음에는 으레 꼬리처럼 <메르시>란 말이 따라다니게 마련이다. 이 세 가지 말이야말로 파리의 사회생활을 위한 말이다.
　한국인들은 낯선 사람끼리 여간해서 미안하다거나 감사하다는 말을 잘 쓰지 않는다. 몸에 잘 배어 있지 않은 일상용어이기 때문이다.
　길에서 사람끼리 부딪쳐도 그냥 지나갈 뿐이다. 물건을 사는 사람은 말할 것도 없고 물건을 파는 사람도 성냥이나 담배 정도로는 고맙다는 말을 하지 않는다.
　불란서만이 아니다. 영어권에서는 <파든> <댕큐> <플리즈>가 그와 똑같은 랭킹 제1위의 일상어가 된다. 이탈리아에 가면 <그라치에>, 독일에 가면 <당케>, 덴마크에서는 <타크>, 어디를 가나 마찬가지다. 그런데 한국인은 일반적으로 대인관계의 그 생활에 있어서 무표정하기 짝이 없다.
　다정한 감정, 미안한 감정을 서로 말로 주고받는 표현이 부족하다. 그래서 서양 사람들이 동방예의지국이라는 한국에 와서 제일 먼저 마음상하는 것도 무뚝뚝한 그 무례한 태도에 대해서이다. <길에서 남을 툭 치고 지나가면서도 미안하다는 표시를 할 줄 모른다.> 그 전형적인 한국인의 실력을 유감없이 발휘했던 것이다. 남들을 떠밀고 들어갈 때에도. 발을 밟고도, 빈자리에 비집고 앉으면서도, 또 남들이 길을 비켜주고 짐을 들어줄 때에도 <파르동>이나 <메르시> 소리가 얼른 입에서 나오지 않는다.

이런 예의 바르고 상냥한 서양인들, 남에게 폐를 끼치면 사죄의 말을 하며 감사를 할 줄 아는 사람들, 바로 거기에서 우수한 사회 생활의 질서와 그 명랑한 휴머니티가 생겨나는 것이라고 본다. 어디를 가나 「메르시! 메르시!」 감사로 충만한 그 사회야말로 천국이 아니겠는가? <실 부 플레>로 타인의 마음을 열고 <메르시>로 그 마음의 문을 닫는다.

동양인은 말이 많지 않다(단 동양 변종인 일본인은 예외이다.). 그들은 침묵 속에서 감사를 드린다. 말로 표현하면 어쩐지 간사스러워 보이기 때문에 도리어 미안한 생각과 감사의 염이 불순해질 것 같아서 조용히 자기 마음속에만 새겨두는 방법, 그 은밀한 복화술을 알고 있기 때문이다. 사실 말로는 하지 않았지만 우리는 말로만 <메르시>라고 하는 그들보다 우리에게 길을 가르쳐 주고 자리를 비켜준 그 이방인들에게 몇 배나 진실한 감사를 드리고 있다.

이런 습관 때문에 어느 동양인 유학생은 너무 고맙게 해준 자기 지도교수에게 <댕큐>라고 하지 않고 <아이 엠 소리·죄송합니다> 하고 했다는 일화도 있는 것이다. 그 흔하게 쓰이는 <댕큐>로는 도저히 자기 마음을 표현할 수 없었던 것이다.

동양문화에 비해 서양문화는 한 마디로 말이 많은 문화이다. 동양이 침묵의 문화라면 서양의 문화는 소음의 문화, 그래서 정말 감사할 때, 정말 미안할 때, 그들은 비로소 파르동이나 메르시의 의례적이며 기계적이며 형식적인 그 상투어를 사용한다.
 피상적으로 보면 미안하다, 고맙다는 말들이 범람하는 사회란 아름답고 인정에 넘친 사회같이 보이지만 실은 정반대이다.
 한국인은 감사하다는 말을 강조하려고 들 때 <정말>이란 말을 붙인다. <정말 감사합니다>라고. 정말의 반대말은 거짓말이다. 그러니까 그냥 <감사하다>는 말은 하나의 거짓말, 이를테면 겉치레의 상투어라는 생각이 우리의 의식 속에 깃들어 있다는 증거이다.
 동양인들은 말의 공허를 일찍이 깨달았기 때문에 되도록 말을 절약하려고 했다. 말 저편에 있는 그 침묵으로 말을 배울 줄 알았던 것이다. 특히 한국어가 그렇지 않은가?
 <아이 러브 유>를 직역하면 <나는 너를 사랑한다>이다. 단둘이서 하는 사랑의 밀어마저도 이렇게 꼭 주어와 목저거가 있어야만 뜻이 통한다. 이럴 경우 우리는 보통 나와 너란 말은 빼고 그냥 <사랑해!>라고 말한다. 가장 중요한 <나>와 <너>, 그 주체화 대상이 침묵 속에 매몰 되어 있다.
 미국 친구들은 한국어가 비논리적이라고 하지만 따지고 보면 논리의 유무가 아니라 그것이 겉으로 드러나느냐, 안에 숨어 있느냐의 차이다. 안에 숨어 있는 것은 그냥 없는 것으로 알기 때문에 <침묵>을 <무>로 오해하는 수가 많다.
 우리말에 감사는 곧 침묵으로 표현되는 경우가 많다.
 모든 언어는 침묵의 발언이라는 말이 있다<카 카프>. 서양인들도 침묵의 표준 언어라는 것을 몰랐던 덧은 아니다. 그러나 현대에 와서 비로소 미국인들은 침묵의 값어치를 더욱더 깨닫고 그 세계에 대해서 이제 눈을 열게 된 것 같다.

4. 한국 부자, 미국 부자의 상속세

미국 부자들은 자신이 땀 흘려 번 돈을 대부분 사회를 위해 유익한 일을 하는데 쓰려 하는 경향이 있다. 강철 왕 앤드루 카네기는 '부의 복음'에서 부자는 부의 '수탁인'이며 이를 공공의 이익을 위해 관리할 의무가 있다고 적었다. 이런 생각을 가진 사람들에 의해 스탠포드 대학, 록펠러 재단 등등 수많은 교육 기관과 병원, 자선 단체가 세워졌다.

흔히 '부자들은 세금을 피하기 위한 수단으로 자선을 이용한다.'고 하지만 이는 미국 역사를 잘못 알고 있는 것이다. 카네기와 록펠러, 스탠포드가 떼돈을 벌던 19세기는 상속세와 소득세가 거의 없었다. 1797년 처음 생겼던 상속세는 4년 만에 철폐됐고 1862년 남북 전쟁의 전비를 마련하기 위해 신설됐던 상속세는 최고 세율이 6%에 불과했으며 그나마 1870년 다시 철폐됐다. 1898년 스페인과의 전비 충당용으로 부과됐던 상속세 또한 1902년 사라졌다. 일정 소득 이상 재산의 절반을 정부가 가져가는 현대적 의미의 상속세와 소득세가 생긴 것은 1930년대 루즈벨트 행정부가 들어서면서부터다.

연방 하원은 지난 주 상속세를 완전히 없애는 새법 개정안을 272 대 165라는 압도적 표 차로 통과시켰다. 이 안 찬성자들은 이미 세금을 내며 모은 재산에 소유주가 죽었다는 이유로 또 세금을 물리는 것은 부당하며 현행법 때문에 스몰 비즈니스나 농장주들이 대를 이어 가업을 물려주는 것이 불가능하다고 주장한다. 반면 반대자들은 부의 대물림은 인간 평등정신에 어긋나고 재정 적자를 악화시킨다고 맞선다.

그러나 이런 주장보다 흥미로운 것은 상속세를 보는 미국 부자와 국민들의 태도다. 빌 게이츠와 워런 버핏을 포함하는 많은 갑부들은 그 폐지에 반대한다. 이들은 자신이 쌓은 수백억 달러의 부 가운데 99.99%를 사회에 환원하고 자식들에게 거의 남겨주지 않겠다고 일찌감치 공언해왔다. 반면 상속세 폐지로 덕을 볼 가능성이 거의 없건만 미 국민의 65%는 이에 찬성한다. 남이 이룩한 부지만 정당하게 번 이상 그건 번 사람의 것이라는 생각이다.

만약 한국에서 어떤 돈키호테 같은 국화의원이 상속세 폐지안을 제출하면 어떤 일이 벌어질까. 통과가 안 되는 것은 물론 다음 선거 낙선 또한 불문가지일 것이다. 아니 '수구 꼴통'보다 더한 '악질 반동'으로 몰려 몸 성히 집에 돌아갈 수 있을지조차 의문이다.

하긴 국민들만 탓할 일도 아니다. 사회적 책임을 망각한 채 위장 전입과 불법 증여를 일삼으며 까지 자식들에게 대산을 물려주려는 것이 한국 상류층 대부분의 모습이니까 말이다. 국민들은 상속세를 없애자고 하고 부자들은 이에 반대하는 모습을 한국에서 보는 것은 살아생전에는 어려울 것 같다. (민경훈 글에서)

5. 폭포와 분수 문화

한국인은 폭포를 사랑한다. 으레 폭포수 및 깊은 못 속에는 용이 살며 선녀들이 내려와 목욕을 한다. 폭포수에는 동양인의 마음 속에 흐르는 원시적인 환각의 무지개가 서려있다.

서양인들은 분수를 사랑한다. 지하로부터 하늘을 향해 힘차게 뻗어 오르는 분수, 로마에 가든, 파리에 가든, 런던에 가든, 어느 도시에나 분수의 물줄기를 볼 수 있다. 분수에는 으레 조각이 있고 그 곁에는 시원한 광장이 있다. 그 광장에는 비둘기 떼가 날고 젊은 연인들의 속삭임이 있다.

폭포수와 분수는 동양과 서양의 각기 다른 두 문화의 원천이 되었다고 해도 지나친 말은 아니다. 무엇보다도 폭포수는 자연이 만든 물줄기이며 분수는 인공적인 힘으로 만든 물줄기이다. 그래서 폭포수는 심산유곡(深山幽谷)에 들어가야 볼 수 있고 거꾸로 분수는 도시의 가장 번화한 곳에 가야 구경할 수가 있다. 하나는 숨어 있고 하나는 겉으로 드러나 있다. 폭포수는 자연의 물이요, 분수는 도시의 물, 문명의 물인 것이다. 이렇게 산골 및 도시인 장소만이 그런 것은 아니다. 물줄기가 정반대이다. 폭포수도 분수고 그 물줄기는 시원하다. 힘차고 우렁차다. 소리도 그렇고 물보라도 그렇다. 그러나 가만히 보자, 폭포수의 물줄기는 높은 데서 낮은 곳으로 낙하한다. 만유인력. 그 중력의 거대한 자연의 힘 그대로 폭포수는 하늘에서 땅으로 떨어지는 물이다.

백두산의 백두폭포수는 압록강으로 흐른다.

물의 본성은 높은 데서 낮은 데로 흐르는 것이다. 아주 작은 도랑물이나 도도히 흐르는 강물이나 모든 물의 그 움직임에는 다를 것이 없다. 폭포수로 마찬가지이다. 아무리 거센 폭포라 해도 높은 데에서 낮은 곳으로 흐르고 떨어지는 중력에 순응이다.

분수는 인위적으로 물을 밑에서 올려 떨어지게 한다. 서구의 도시에서 볼 수 있는 분수는 대게가 다 하늘을 향해 솟구치는 분수들이다. 화산이 불을 뿜듯이, 땅에서 하늘로 뻗쳐 올라가는 힘이다. 분수는 대지의 중력을 거슬러 역류하는 물이다. 자연의 질서를 거역하고 부정하며 제 스스로의 힘으로 중력과 투쟁하는 운동이다. 물의 본성에 도전하는 물줄기이다. 높은 데서 낮은 데로 흐르는

도시 한복판의 분수

천연의 성질, 그 물의 운명에 거역하여 그것은 하늘을 향해서 주먹질을 하듯이 솟구친다. 가장 물답지 않은 물, 가장 부자연스러운 물의 운동이다.

세력으로 보면 같은 힘이라도 폭포가 자연 그대로의 힘이라면 분수는 거역하는 힘, 인위적인 힘의 산물이다. 여기에 바로 운명에 대한, 인간에 대한, 자연에 대한 동양인과 서양인의 두 가지 다른 태도가 생겨난다.

서양인이 말하는 창조의 힘이란 것도, 운명의 질서란 것도, 그리고 사회의 움직임이란 것도 실(實)은 저 광장에서 내뿜고 있는 분수의 운동과도 같은 것이다. 중력을 거부하는 힘의 동력, 인위적인 그 동력이 끊어지면 분수의 운동은 곧 멈추고 만다. 끝없이 끝없이 인위적인 힘, 모터와 같은 그 힘을 주었을 때만이 분수는 하늘을 향해 용솟음칠 수 있다.

6. 공업제와 직능제

기업에서 일하는 사람들의 책임감 및 역할이 상호 차이가 있다. 미국 기업과 한국기업의 조직상 근원적인 차이는 그 일의 분담방식에 있다.

미국에서는 일의 질(質)에 따라 한 사람 한 사람 분담시키는 직능제(職能制)인데 비해, 한국에서는 일의 목적에 따라 몇 명의 과원이나 계원이 공동으로 담당하는 공업제(共業制)다.

예를 들면, 미국의 경우 어느 기업의 직원응모요강을 보면 비록 사무계통일지라도 수십 가지의 직종이 나열돼 있게 마련이다. 이코노미스트, 회계사, 법률가, 론 오피서, 재정전문가, 인사전문가, 홍보전문가, 비서 등등 모집요강에 전문가를 구하고 있다. 이코노미스트란 전문직도 네 가지 전문분야로 구분해서 사람을 모집하고 있다.

이렇게 입사부터 전문분야로 들어가 그 전문분야에서 다른 전문분야로 옮기거나 승진해가거나 한다는 법 없이, 그 분야에서만 일을 하는 것이 미국의 직능제인 것이다.

이에 비해, 한국의 신입사원 모집요강을 보면 그저 대학졸업사원 ○○명을 모집한다는 것이 고작이다. 더러는 상경계, 법률계 졸업생으로 제한하는 경우도 더러 있으나 그것은 미국의 직능제와는 전혀 다른 발상에서 나온 것이다.

응모해서 일단 입사를 하면 무슨 일이 자신에게 주어질지 전혀 모른다. 그의 희망이나 전공과목이 다소 참작되길 희망하고 또 참작되는 경우도 없지는 않지만, 그것은 우연이나 다행에 속한 일이다. 그렇게 하여 일단 입사를 하면 희망이나 전공은 대체로 무시당한 체 올해는 영업, 내년에는 재무, 내후년에는 총무로 굴러다닌다.

곧, 한국의 공업식 구조는 ○○과, ○○계, ○○실의 한 멤버일 뿐, 자신의 전문이나 프로페셔널리즘과는 전혀 아랑곳이 없다.

미국 사람들이 개개인이 책임지는 영역이 뚜렷이 돼 있다면 한국에서는 공인이 책임지는 한 영역 속에 개인책임의 영역한계가 소멸되는 그런 구조 속에서 일을 한다.

미국식은 한 사람 한 사람의 직무내용을 전문적으로 분할해 버리기에 일단 일을 맡겨버리면 끝난다. 상호간에 토론 하거나 회의를 하거나 할 필요가 없다. 그러기에 미국의 직장에서는 회의가 별반 없다. 웬만한 회사에서 한 달에 한번쯤 회의 하는 것이 고작이라고 한다.

그런데, 우리나라에서는 조석으로 회의를 하고 그래도 일이 잘 안되어 수시로 회의를 하지 않을 수 없음은, 바로 공업제이기에 잦은 커뮤니케이션, 조정, 정보교환, 시행착오의 교정 등이 수시로 이뤄지지 않으면 안 되기 때문이다.

미국에 이 같은 전문분화주의가 정착하게 된 것은 그 효율성보다, 그것이 미국 사람들의 강한 개인주의와 제각기 개성이 강하고 또 권리의식이 강하다는 의식구조에 들어맞는 제도이기 때문일 것이다.

7. 원숭이 性과 사자 性

항상 움직이는 원숭이

육식동물인 사자는 동물원이나 야외에서도 한번 동물을 잡아먹으면 2~3일 영양 보충을 하지 않아도 되기 때문에 늘 눈을 지그시 감고 누워있는 모습을 하고 있다. 반면 초식동물인 원숭이는 계속 움직인다. 먹고 움직이면서 가만히 있지를 않는다.

초식을 주로 해온 민족은 비단 우리 민족뿐만 아니라 대체로 침착성이 부족하고 반면에 부지런하다는 사실은 영국의 동물학자 데스먼드 몰리스가 입증해 놓고 있다.

빈자리가 더러 있는 기차에 두어 명의 승객이 탔다고 하자. 입구 쪽 빈자리를 잡고는 가운데 자리가 빈 것을 보고 그 자리로 옮겨간다. 그 자리가 창틀 때문에 전망이 가린가는 것을 알자, 전망이 틘 자리로 다시 옮겨간다. 대체로 두어 번 이동함으로써 안착을 한다. 잠재된 원숭이성이 그렇게 하게 한다.

늘 잠만 자는 듯한 사자

최종으로 자리를 잡고나면, 갖고 온 보자기나 백을 펴고 계란 삶은 것을 꺼내 먹는다. 강생회의 아가씨들이 들고 밀고 다니는 아이스크림을 사먹고, 오징어를 사먹고, 사이다, 우유를 사 마신다. 열심히 먹는다.

잠재된 원숭이성이 그렇게 먹게 한다. 먹고 마시고 나면, 방광이 부풀어 올라 열심히 화장실에 오간다. 그래서 한국의 기차 속은 원숭이 우리처럼 온통 장속 같다.

미국에서 기차여행을 한 친구의 말을 들어보면, 절간같이 조용하고 승무원 이외에 나다니는 사람은 거의 없다고 한다. 물론 차속에서 뭐를 먹는 사람도 보지 못했다. 그들에게 잠재된 사자성이 그렇게 하게 된다.

비단 기차 속뿐만이 아니라, 공원이나 해수욕장이나 사람이 모인 장소는, 이 원숭이성과 사자성의 차이 때문에 서양과 한국이 판이하다.

육식민족의 사자성과 초식민족의 원숭이성은 일과 여가의 구조면에서도 판이한 차이를 드러내고 있다. 사자는 먹이를 잡을 때는 비록, 그것이 조그마한 토끼일지라도 혼연의 힘을 집중하여 전력투구를 한다. 곧, 일할 때는 그 일에 전념을 다한다. 일단 잡고 나면 편안히 누워서 쉰다. 일하고, 일하지 않는 생활의 구분이 명확하다.

 그런데 원숭이는 하루 종일 먹기 위해 움직이고, 움직이면서 먹고, 먹으면서 쉬고, 쉬면서 먹는다. 곧, 일한다는 것과 일하지 않는다는 생활의 구분이 애매하다.

 미국사람은 일단 직장에 출근하면, 그 직장의 일에 열중하고 사사로운 일은 전혀 하지 않는다. 하지 않게끔 사고방식이 돼 있고 또, 하지 못하게끔 돼 있다.

8. 돌담과 울타리 문화

 최근 한국 도심지 여러 곳에서 별난 '성형수술'이 유행하고 있다. 학교, 관공서, 회사 등 많은 건물들을 둘러싸고 있는 담들이 무너져 내리는 것이다. 돌담, 벽돌담, 콘크리트 담들 말이다.

 서울, 대구, 광주 등에 있는 몇몇 학교들은 이 담들을 헐 뿐 아니라 운동장 안에 휴식공간을 마련, 동네사람들이 즐길 수 있게 하고 있다.

 '담 헐어 버리기 운동'은 개방문화의 분기점이 될 것 같다. '밖의 사람들을 꺼려하는 의식'에서 '개방의식'으로 바뀌고 있다. 세계화 시대에 살면서 한국은 그동안 속 좁게 문을 닫아두고 살아왔다.

 지난날 한국에는 부잣집일수록 담이 높게 마련이다. 집안에서 별난 북새통이 일어나도 밖에서 알 길이 없다. 이웃들과 담을 쌓고 지낸다.

 이런 돌담 문화는 궁궐에서 유래한 것 같다. 서울의 고궁들을 가보면 모두 돌담 속에 갇혀 있다. 부자들이 이웃들과 담을 쌓고 지내듯이 왕족들은 백성들과 담을 쌓고 지낸다.

 이런 담들은 '나는 남들과 아무 상관을 짓지 않는다.'는 폐쇄문화의 상징이다.

　우리 농촌의 경우는 다르다. 시골집도 집을 가리는 담이 있다.
　우리는 이것을 담이라고 부르지 않고 울타리라고 부른다. 울타리는 수수깡이나 싸리나무를 엮어서 세우는데 남쪽에서는 대나무를 쓰기도 한다.
　울타리는 남들과 담을 쌓기 위해 있는 것이 아니라 토지소유의 경계를 표시하기 위한 수단으로만 존재한다. 오히려 울타리는 집안일을 노골적이 아닌 은근하게 공개하는 매개체가 된다.
　일본은 명치유신 때 문호를 개방한 울타리 문화를, 같은 시기에 대원군은 문을 꽉꽉 잠근 돌담문화를 고집했는데 그 결과는 어떠했는가?
　외국인 기피증이 한국은 어느 수준에 있는지 알 길이 없지만 중국에서 가장 가까운 나라이면서 '차이나타운'이 한국에 없는 유일한 나라인 것을 보면 외국인 기피증이 높을 것 같다.
　한국에는 돌담문화와 울타리 문화가 있다. 돌담 문화는 자기중심의 문화요, 울타리문화는 고락을 남과 함께 나누는 품앗이 개방문화다.
　울타리문화는 가난에서 부자가 되는 길이요, 돌담문화는 부자에서 가난으로 가는 문화다.
　미국은 울타리 문화에 속한다고 볼 수 있으나 한국의 울타리 보다 훨씬 개방적이다. 그래서 미국의 울타리문화가 부를 더욱 축적하는 듯 보인다.

9. 풀이문화와 긴장문화

　동구권이 무너지기 몇 년 전에 "데땅뜨"라는 유행어가 한창이었다. 데땅뜨는 동서 냉전이 가시고 화해를 뜻하는 정치적인 용어이다. 그러니까 그 말을 의역하면 긴장 완화라는 뜻이 된다. 서양 사람들은 이제 와서야 긴장 화해가 인간의 살 길임을 알고 그것의 중요성을 깨닫게 된 것 같다. 그러나 한국인은 이제 와서가 아니라 옛날부터 아주 옛날부터 데땅뜨의 철학을 가지고 있었다. 즉 데땅뜨는 우리 식으로 말해 푸는 것이니까.

우리는 남들의 싸움을 말릴 때 서로 화나 문제점을 풀어버리라고 한다. 이때 풀어버리란 말은 가슴에 맺혀 있는 사감 또는 억울한 일을 물로 씻듯이 잊어버리라는 뜻이다. 누가 더 이익을 보거나 누가 더 손해를 보고 누가 더 잘했고 누가 더 잘못했고 이런 것을 일일이 따진다는 것은 한국인의 기질에 어울리지 않는 얘기다. 서양 사람들은 어떤 분쟁이 일어났을 때 그것을 계산하고 밝힘으로써 합리적 해결로 매듭을 지으려 한다. 그러니까 오히려 그들은 싸움을 따지는 것으로 해결 지운다. 그것이 재판이요 토의이다. 긴장은 고조되고 눈빛은 더욱더 시뻘게진다. 여기에 비해서 잘 잘못을 따지거나 손익을 계산하지 않고 그냥 백지로 돌려버리는 것은 한국인이 분쟁을 해결하는 풀이의 방식이다. 그러기 때문에 풀이는 논리가 아닌 것이다. 풀이는 재판이 아니다. 그것을 뛰어넘는 관용이요, 망각이요, 용서이다.

한국인은 풀이를 중시한 국민이었다. 무엇이든 풀게 한다. 억울한 것도 풀고 분한 것도 풀고 그릇된 것도 풀어 버리려 한다. 그것이 바로 화풀이요, 분풀이요, 원풀이였다. 원한을 푸는 것 거기에서 모든 철학과 생활방식의 문화가 생겨난다. 서구의 문화가 긴장의 문화라면 한국의 문화는 해소의 문화이다. 풀이 문화다. 민속 신앙을 보아도 살풀이라는 것이 있지 않는가. 무속 문화를 보라. 무당의 구실은 죽은 영혼의 원한을 풀어주는 데 있다. 푸닥거리란 말이 바로 그것이다. 푸닥거리는 풀어주는 것에서 비롯된 말이다.

　노래를 부르는 것, 시를 짓는 것, 춤을 추는 것, 그 모든 것을 시름을 풀기 위한 것으로 보았다. 말로 다 풀지 못한 것을 예술의 형식으로 풀려고 한 것이다. 심지어는 한국인은 심심한 것까지도 풀어버린다. 그래서 노는 것을 심심풀이라고 하지 않는가.

　한국인은 풀이의 천재들이었다. 저 어두운 역사 부조리한 사회 구조! 우리나라 사람들은 외세에 짓밟히고 권력자에게 시달리고 가난에 쪼들리며 살아왔다. 그러나 풀 줄을 알았기 때문에 그 고통, 그 서러움, 그 원한들을 바람에 띄우듯이 물로 씻어내듯이 한숨으로 풀고, 노래로 풀고, 어깨춤으로 풀어버렸다. 풀어버리는 능력이 있는 한 어떤 비극이나 어떤 고통도 한국인의 가슴을 찢지는 못한다.

　이상한 일이다. 우리보다 풍부란 경제력을 과시하는 미국이나 구라파 사람들의 얼굴에는 초조와 불안이 감돈다. 구미의 사회를 지배하는 것은 긴장이다. 그래서 그들의 유행어는 스트레스와 노이로제이다. 그것을 견디지 못해 정신병동을 찾아가거나 에펠탑 금문교 번영을 자랑하는 저 고층 빌딩 옥상에서 투신자살들을 한다. 기껏 스트레스를 해소한다고 차를 몰고 시속 100마일로 달리다가 이번에는 교통사고로 죽는다. 마리화나를 피우지 않고서는, 섹스를 통하지 않고서는 바위처럼 억누르는 문명의 스트레스를 푸는 방법을 모른다.

　그렇지만 한국인은 이 스트레스를 푸는 데 있어 단연 선진국의 첨단을 걷고 있다. 우리는 오징어 한 마리에 소주 한 잔 먹고서도 간단히 긴장을 풀어버린다. 한국 사람들이 공중의 장소에서 큰소리로 떠든다거나 둘만 모여도 남들을 비방한다거나 또 세계에서 가장 푸짐한 욕지거리를 잘 한다는 것이 피상적으로 보면 한국 국민의 단점이 되겠지만 풀이의 문화로 해석할 때에는 오히려 긍정적으로 평가되어 마땅한 일들이다.

 한국인에겐 너나 할 것 없이 조금씩 무당 기질이 있다. 한국인이라면 젓만 떨어져도 으쓱으쓱 어깨춤을 출 줄 안다. 아무도 가르쳐주지 않았다. 저희들 스스로의 어깨춤으로 그 핏줄에서 솟구치는 무당 같은 신바람으로 그것을 익혔다.

 한국 사람들은 모이면 남의 욕은 잘한다고 하지만 직장에서 눌려만 지낸 사원들이 계장을 과장을 사장을 욕함으로써 실은 그 분함을 풀어버리는 풀이 운동에 지나지 않는다.

 서양인들은 풀이의 문화를 이해 못했기 때문에 사실 서양에서는 남의 험담을 하는 법이 없다. 그것은 사회적인 타부이다. 속으로 부글부글 끓어오르는 것을 혼자 삭여야 한다. 그러니 합리적으로 해결이 안 될 때 미쳐버리는 것이다.

 우리가 남을 욕하는 것, 헐뜯는 것은 정말 미워서가 아니다. 욕으로써 감정을 푸는 것이다. 욕은 저속하지만 욕으로 풀고 나면 마음은 천사처럼 깨끗해진다.

 한국의 욕은 비뚤어나간 한국적 풀이 문화의 가지에 지나지 않는다. 한국의 욕만큼 다양하고 푸짐하고 걸쭉한 것들도 그 예를 찾아보기 힘들 것이다. 욕을 분석해 보면 분야별로 고루고루 발전되어 있음을 알 수 있다.

 엄격한 가족주의의 억압을 풀기 위해서 생겨난 욕이 바로 어미에비를 들먹거리는 욕들이라면, 경제적인 억압을 풀기 위한 욕이 빌어먹을 놈, 거지같은 놈 등등의 욕이라 할 수 있다. 성적 억압을 풀기 위한 그 욕들은 일일이 여기에 열거하지 않아도 우리들 자신들이 잘 알 것이다. 부조리한 사회 그리고 정치적인 억압을 푸는 욕은 개새끼 등등이다.

풀이의 문화가 부정적인 측면으로 발달한 것이 바로 이러한 욕들이라고 할 수 있다. 결국 긴장에 토대를 둔 부동자세의 서구문화는 오늘날 노이로제 환자와 자살률의 통계 숫자를 증대시켰다면 그리고 마약환자를 새끼 치는데 이었다면, 이제 서구 사람들이 배워야 할 것은 한국의 풀이 문화다.

풀이 문화의 원동력인 신바람과 흥겨움은 생명의 근원적인 율동에서 나온 힘이다. 서구문화는 이것을 죽이고 그 사화산 위에 문명의 궁전을 세웠기 때문에 번영은 있어도 기쁨이 없고 정복은 있어도 행복이 없는 죽은 문화로 전락하고 있다.

지금까지는 우리의 풀이 문화가 겨우 욕이나 하고 춤이나 추고 푸닥거리나 하는 부정적인 측면에서만 발전되어 왔지만 이제는 긍정적이고 창조적인 데로 신명과 흥겨운 창조의 원동력을 승화 시켜야 한다.

10. 단선상향(單線上向)과 다선상향(多線上向)

대중가요에 유행한 것이 있었던 「위를 보고 걷자」나 「출세를 하라」는 것이 모두 우리 한국인의 맘속에 잠재된 어떤 의식에 공명을 일으켰다.

한국사회는 그 사람의 인격이나 교양보다 어느 학교를 나왔느냐로 판단하는 성향이 농후하다. 곧 학력이 그 사람의 계급을 결정한다. 실제로 일류학교를 나오면 일류의 취직자리가 보장되고 그것은 장례의 안정된 생활과 연결된다. 곧 입신출세와 학력은 불가분의 표리(表裏)관계에 있다.

넓은 의미에서의 재능이나 교양을 갖춘 인격의 자질이란 발상력, 구상력, 창조력, 조화력 등으로 세상 살면서 가장 필요로 한 자질이다. 하지만 이 학력사회에서는 수험기술만 고도로 연마시켜 줄 뿐 자질도야를 도외시하고 있다. 오히려 수험수재일수록 이 같은 자질에서 덜어져가는 경향마저도 있다.

우리들의 출세욕은 오로지 외길의 단선(單線)상향을 한다는데서 특성을 지닌다. 단선상향이란 모든 세상 사람들이 공인하는 출세라인에 자신의 소질이나 개성이나 자질을 희생시키고 그 출세라인에 집중하여 기어 올라간다. 외줄에 많은 사람이 기어오르려니까 마치 지푸라기 하나를 두고 기어오르는 수만 개미떼처럼 서로 밀치고 밀어 내고 처박고 처내리고 하는 경쟁이 벌어진다. 이 단선성향 사회는 인구가 늘수록 이 같은 아비규환이 심해질 수 밖에 없다. 또 좌절감을 갖고 평생을 살아야 하는 사람이 늘어간다.

이에 비해 구미인(歐美人)의 출세욕은 상향선이 많고 다양한 다선(多線)상향을 한다는데서 한국인의 출세관과 상당히 대조적이다.

어느 골프 선수가 「골프를 숙달하는 무슨 비결이라도 있습니까?」 하는 질문을 받고 다음과 같이 대답했다. 「실수에 부심하지 않는다는 것이 가장 큰 비결입니다. 나는 곧잘 실수를 하는데 이 실수가 없으면 골프의 생명이 없어지는 것입니다. 그 엉뚱한 곳에 가 있는 공을 조리하는 다양한 창구력, 구상력이 바로 골프의 묘미입니다. 그거 정석대로 반듯반듯하게 날라만 간다면 나는 이미 골프에서 손을 떼었을 것입니다.」

한국사회에서는 그저 정석대로 단선(單線)을 타고 가는 것에 가치를 둘 뿐, 다양한 다선(多線)을 타고 가는 것을 별 볼일 없는 인생, 낙오된 인생으로 가치를 두려하지 않는다.

미국사회에서는 개성과 자질을 존중하여 그 많은 자질과 개성이 분화되어 상향을 하기에 그 외지푸라기의 개미떼 같은 현상은 일어나지 않는다.

우리 한국 학교의 우등생은 국어, 수학, 영어 뿐 아니라 사회생활도, 음악도, 체육도 고루고루 잘 해야만이 우등생이 된다.
  이에 비해 구미 학교의 우등상은 이 같이 모든 것을 잘해야 하는 종합된 단성성 우등상이라는 것은 없다. 수학의 우등생, 미술의 우등생 등 과목별로 우등상을 주고 비단 공부 뿐 아니라 용기의 우등생, 봉사의 우등생, 협동의 우등생, 엘레강스의 우등생 등 그 개인의 자질에게도 우등상을 준다. 곧 학생의 자질을 발굴 조장시켜 주는 다선성 우등상이다. 이것은 바로 다선상향(多線上向)의 보장인 것이다.
  이 같은 출세를 둔 사고방식 때문에 구미인의 출세에 비해 한국인의 출세는 고달프고 힘이 든다.

제3장 동시동조성과 선택성

1. 동조성 획일주의와 다양성문화

　우리 문화의 가장 큰 결함이 획일적인 사고와 이의 집단적 발현 형태인 동조성 또는 순응주의에 있다고 본다. 순응주의나 동조성에는 남과 같이 따라서 하면 되므로 신경 쓸 필요가 없다. 남이 하듯이 하면 되긴 하지만, 자신의 개성이나 특성을 발휘할 수가 없다. 튀다가는 소외될 수 있으므로 개성을 매몰 시켜야 한다. 여기서 창조성이 개발되지 못한다.
　악몽 같았던 군사독재에서 겨우 벗어나 민주화를 경험한 지 얼마 되지 않아서인지 우리 사회는 아직 획일주의의 망령에서 그다지 자유스럽지 못하다.
　개성과 자아를 주장하는 젊은 세대의 등장으로 전과는 달라지는 추세인 것 같지만 우리 문화의 획일주의 및 순응주의는 하나의 고유한 원칙이나 전통이라고 할 만치 강한 것임을 도처에서 확인하게 된다. 요컨대 남들이 하는대로 해야지 남과 다르게 별스럽게 놀아서는 안 된다. 그래봐야 왕따나 당하기 십상이라는 이야기다. '모난 돌이 정 맞는다.'는 옛 속담은 요즈음 와서 '튀면 다친다.'는 정도로 표현만 바뀌었을 뿐인 것 같다. 그래서 계속 지배적인 유행을 쫓아가게 되고 암암리에 동조적 태도가 결국 안전하다는 판단을 하게 된다. 이런 풍토에서는 문화의 다양성을 꽃피울 수 없다.
　새로운 문화가 창조될 수 없다. 획일주의에서 벗어나 다양성 문화를 수용해야 하고 동조성을 파괴하고 새로운 창조성을 발휘해야 한다.

2. 기침과 노크

한국사회에서는 본시 노크(Knock)라는 게 없었다. 노크(Knock)는 사생활의 비밀을 존중하는 서구인들의 예법이요 풍습이다.

이런 풍습이 들어온 지 꽤 오랜 세월이 흘렀지만 아직도 그것이 몸에 배지 않은 우리는 가끔 실수를 범하는 경우가 많다.

노크 없이 변소 문을 열다가 망신을 당하는 수도 있다. 노크 없이 들이닥치는 무뢰한이 많은 까닭인지 심지어 사무실 도어에다 "요(要)노크"이라고 써 붙여둔 데가 있다. 노크를 강요한다는 것도 우스운 일이지만, 사실(私室) 아닌 사무실에서까지 노크를 필요로 한다는 것은 아무래도 수상쩍은 일이다.

노크를 강요한다는 것은 스스로 내실의 비밀을 고백하고 있는 것과 다를 게 없다. "요 노크"의 문자는 "지금 이 문안에선 남이 보아서는 안 될 망측한 일이 벌어지고 있음"이라고 써 붙인 것과 맞먹는 말이기 때문이다.

서양인들은 노크를 하나의 예의로 생각하고 있지만, 그 노크의 심리를 한번 분석해 볼 때 그것은 별로 그렇게 점잖은 에티켓이라고는 생각되지 않는다.

그러기에 우리나라 사람들은 좀 더 점잖은 노크의 방식을 써왔던 것이다. 그것은 바로 기침 소리이다. 노골적인 노크와는 달리 그것은 얼마나 암시적인 것일까?

우리조상들은 으레 남의 내실이나 변소에 들어가려면 큰 기침을 했던 것이다. 물론 "노크"와 마찬가지로 지금 사람이 들어가니 준비하라는 신호임에는 틀림없다. 그러나 그것은 문을 노크하는 것처럼 직접 대놓고 하는 행위가 아니라 어디까지나 은근한 시사에 지나지 않는다. 기침은 노크보다 점잖은 행위이다.

노크 소리를 듣고 방정맞게 "컴인"이니 하는 직접적인 대답이 아니라, 역시 은근한 방법으로 그에 응하는 것이다. 즉, 당신의 기침 소리를 들었다. 들어와도 좋다는 암시를 한다.

이것이 서양과 한국(동양)의 차이다. 말하지 않아도 서로 아는 것, 은밀한 제스처와 이심전심(以心傳心)의 암시가 되도록 직접적인 것을 피하려 든다.

은근한 교통, 이것이 바로 저 내부의 풍경이 보일 듯 말 듯하는 "돌담"의 반개방성에서 엿볼 수 있는 한국인의 마음이다. 반은 열고 반은 닫아 둔다. 갓 결혼한 새 며느리가 있는 건넌방 문 앞에서 군기침 소리를 내는 시아버지의 그 마음, 그것은 저녁 호수의 빛깔처럼 은은한 데가 있다.

미국인들은 반가우면 서로 껴안고 입을 맞추고 한다. 편지에도 "마이 디어"를 빼놓고서는 아버지도 어머니도 아들도 부르지를 못한다.

그러나 한국인들은 어머니란 말 앞에 굳이 "사랑하는"이라는 말을 새삼스럽게 쓰지 않는다. 더더구나 서로 얼싸안고 입을 맞추는 노골화한 애정의 표시도 없다.

한국인에게 노크의 훈련이 되지 않았다는 것은 엄격히 따지고 보면 "사생활"에 대한 인식이 없었음을 의미한다. 서양에서는 사생활이란 생명과 같이 존중시한다. 우리는 주거 침입이나 사실(私室) 침범쯤은 예사로 안다.

따라서 노크라고 하는 것은 서구적인 철저한 개인주의의 산물이다. 우리 사회에 있어 '너'와 '나'의 한계를 내세운다는 것은 '정'이 없음을 뜻하는 것이어서 속된 말로 친한 사람들끼리는 "내 것" "너 것"이 없이 지내는 것을 이상으로 알고 있다.

3. 순종과 투쟁

한이 되고 원이 되는 응어리가 뭘까. 사람의 몸은 한이 되고 원이 되는 동의학적으로 기와 피와 살이 맥락·조화되어 이루어졌다고 생각한다. 한데 그것이 조화돼 흐르지 않고 맺히면 기체(氣滯)·혈체(血滯)·육체(肉滯)로 병이 생기고, 이 흐르지 않고 맺히는 체를 응어리라고 했다. 기가 충만해서 탈출구를 못 찾을 때 '기가 차다'고 하고, 기의 유통이 단절됐을 때 '기가 막히다'고 하듯이, 무형의 기가 외적인 스트레스 때문에 맺혀 있을 때 응어리라고 한다. 불평, 불만, 원망, 탄식 등을 발산하지 못하고 속에 맺혀두는 것을 '옹이지다'고 하고, 입속말로 투덜대는 것을 '응얼거리다'고 하는 것과 응어리는 같은 의미 계열의 말이다.

한국인에게는 역사적으로 민권 위에 관권이, 여권 위에 남권이, 인권 위에 권세가, 인간 위에 삼강오륜이, 상민 위에 양반이, 살아 있는 자손 위에 돌아가신 조상이 타고 눌러내린 바람에, 놀부에게 오장육부(五臟六腑) 말고 심술보 하나가 더 있듯이 '응어리부' 하나가 더 생긴 듯 보인다.

미국의 역사는 외압에 대한 저항과 투쟁의 역사라 해도 과언이 아닌데, 우리 한국의 역사는 이 같은 외압에의 순종이 강요된 역사라 해도 과언이 아니다. 그래서 응어리는 우리 한민족의 고질이 돼버린 것이다. '아리랑'이 우리 민족 정서에 그렇게 꼭 들어맞는 것도 '날 버리고 가시는 님 십 리도 못가서 발병이 난다.'는 응어리 풀이가 주제가 돼 있기 때문일 것이다.

그래서 이 응어리가 오래 풀리지 않으면 한이 되고, 이 한이 사무치고 공감대를 형성하면 원이 되었던 것이다.

한국 무속의 푸닥거리가 살풀이니 하는 '풀이'로 불리는 것도 바로 이 응어리를 푸는 굿이라고 본다.

정의를 위해 서양 사람들처럼 투쟁을 해야 하는데 그러하지 못하고 순종만 하다가 원한이 발산되지 못하고 속에 맺혀 응어리가 되고 한이 된다.

한국 역사에 나라 잃은 슬픔을 알리지 못하고 자결한 충신도 많다. 가슴속에 담긴 애국의 응어리가 풀리지 않아 한이 되고, 이 한이 가슴 깊이 사무쳐서 원이 되어 생을 마감한 경우가 있다.

4. 문패와 번지 문화

미국에서는 집 문 앞에 문패는 없이 번지수만 붙어있는 집에서 살아가고 있다. 단독 주택이나 아파트나 문패가 붙어있는 집은 보지 못했다.

한국에서는 집집마다 문패 없는 집이 없다. 젊을 때 우리의 꿈은 내 문패가 붙은 집에 살아 보는 것이었다. 문패가 붙은 사회와 번지수만 붙은 사회의 그 생활 문화적 차이가 무엇일까. 미국에서 우리가 생면부지의 사람을 찾아가려면 이름과 번지수만 있으면 어디든지 쉽게 찾아 갈 수가 있다.

길을 따라 번지를 합리적인 방식에 의해 배열되었기에 모든 시가지가 예측이 가능한 구조의 덕분이다. 그러므로 번지수만으로도 충분한 사회다.

미국의 집은 번지수는 있으나 문패는 없다.

미국의 번지수는 길이 동서남북으로 바둑판처럼 교차 되여 있어서 집 찾기가 쉽다.

길의 한쪽이 홀수면 길 건너편 번지수는 짝수이다. 누가 그 집에 사는지 문패가 없기 때문에 알 수는 없어도 번지수는 찾기에 편리하다.

단순한 번지수의 합리성이 이 사회를 이루는 기본 골격으로서 예측이 가능한 합리적 사회라는 것이다. 그 합리적인 사고방식이 법과 질서를 우선으로 하는 사회로 이끌고 있음도 알 수 있다. 이것이 번지문화다. 그래서 번지문화는 이성적인 문화라 할 수 있다.

한국에서는 특정인을 찾으려면 우선 통장 반장을 찾아야한다. 통반이란 행정 조직이다. 그 조직의 인맥을 따라가야 한다. 통장을 만나고 반장을 찾고 그래서 사람을 찾는다. 그러므로 이름이 쓰인 문패는 절대적이다.

문패와 문패를 연결하는 것은 인맥이다. 인맥은 사회 바닥에 무수히 깔려있다. 이 인맥을 더듬어 찾지 않으면 살아가는 모든 매듭을 풀 수 없다. 혈연이라는 인맥이 있어 가문 종친이 있고 지연의 인맥, 학연의 인맥 등 수많은 인맥이 갈려있어 이성과 합리성보다는 감정과 인정을 앞세워야 하는 사회 그것이 문패 문화다. 그래서 문패 문화는 감정적인 문화라 할 수 있다.

한인사회에 그 많은 단체들 향우회, 동창회, 종친회 등 우리는 인맥의 고리에 걸려있지 않으면 허전하고 불안하다. 종교, 직업, 취미, 연령, 성별 등 어떠한 형태의 인맥이든 갖으려고 노력한다.

5. 미터법과 임페리얼 시스템

오늘날 미국은 자타가 인정하는 선진국이다. 그 선진 미국에 아직도 후진적인 냄새를 풍기는 것이 많이 남아 있다. 예컨대, 온도를 표시할 때 세계 각국이 모두 섭씨(Celdius)를 쓰고 있는 반면, 미국은 아직도 화씨(Fahrenheit)를 사용하고 있다. 물이 0도에서 얼고 100도에서 끓게 되어 있는

미터와 임페리얼 시스템을 나타내는 두가지 자

섭씨는 누구나 쉽게 이해할 수 있지만, 빙점이 32도이고 비등점이 212도인 화씨는 이해하기가 쉽지 않다. 때문에 미국인들조차 왜 화씨를 사용하게 됐는지 의아해 하기도 한다.

많은 나라가 가로 20cm, 세로 30cm 정도의 A4용지를 규격용지로 쓰고 있는 반면 오직 미국만이 가로 8.5인치, 세로 11인치 크기의 소위 편지지(letter size)를 규격용지로 사용하고 있다.

한국 등 많은 나라가 가정용 전기를 220V로 공급하고 있지만 미국은 여전히 110V를 사용하고 있다.

이렇게 선진 미국에도 후진적으로 보이는 면이 여럿 존재한다. 그 중에도 우리에게 가장 불편을 주는 것은 그들의 도량형이 아닌가 한다. 모든 나라가 미터법(Metric System)을 사용하고 있는데, 미국만 거의 유일하게 인치(inch), 피트(feet), 야드(yard), 마일(mile), 에이커(acre), 온스(ounce), 파운드(pound), 파인트(pint), 쿼트(quart), 갤런(gallon) 등의 임페리얼 시스템(imperial System, 영제국의 법정 도량형)을 쓰고 있다.

미터법에 익숙해 있는 한국인들에게 미국의 이러한 후진성은 여간 불편한 일이 아니다. 미국은 도대체 얼마나 큰 지, 넓은 지, 먼

지, 높은 지, 긴 지, 깊은 지, 무거운 지, 뜨거운 지 도저히 잴 수 없는 나라가 된다.

그렇지만 미국 문화를 알기 위해서는 이해하기 어렵고 후진적으로 보이더라도 화씨나 야드-파운드(yard-pound)에 관한 그들의 버릇을 알아야 한다. 미국이 당장 임페리얼 시스템(imperial System)을 버리고 미터법을 채택한다 해도 그 문화 속에 깊이 배어 있는 야드-파운드의 버릇은 쉽사리 사라지지 않을 것이기 때문이다.

그것은 마치 우리가 일찍부터 척관법(尺貫法)을 버리고 미터법을 써 왔지만 아직도 "무궁화 삼천 리(里)"에 "십 리(里)도 못 가서 발병 난다"고 노래하고 있고, "구슬이 서 말(말)이라도 꿰어야 보배이고" "수염이 석 자(尺)라도 먹어야 산다"는 것을 "삼척동자(三尺童子)"도 안다고 얘기하고 있는 것과 다름없다. 아직도 아파트의 넓이를 통상 평(坪)수로 얘기하지 몇 제곱미터로 잘 얘기하지 않는 것과 같다. 도량형에 관한 우리 문화는 척관법에 바탕을 둔 문화이기에 오래도록 우리에게 남아 있는 것이다.

어느 나라 어느 민족이든 역사를 통해서 습관과 풍속을 형성하면서 문화를 일구어 가게 마련이고, 그 과정에서 언어라는 것이 이를 그대로 반영하게 된다. 그래서 미국 문화는 물론 미국 영어를 익히기 위해서도 화씨냐 야드-파운드에 관한 그들의 습관을 알아야 한다. 한국에서도 TV나 컴퓨터 화면의 크기를 얘기할 때는 몇 인치라는 말을 사용하고 있고, 또 항공여행으로 생기는 마일리지와 같은 말도 사용하고 있으므로 미국식 도량형을 전혀 외면할 수는 없다. 그런데도 국제화 시대에 세계 공통인 미터법만 알면 됐지 척관법이나 야드-파운드까지 알아둘 필요가 어디 있느냐고 한다면 이는 "하나는 알아도 둘은 모른다(ounce wise but pound foolish)"의 꼴이 될 것이다.

야드-파운드가 한국인에게 불편한 이유는 그것이 십진법이 아니라 12진법 혹은 16진법을 다르기도 하고, 측정단위 사이의 관계가 일관되어 있지 않기 때문이다. 미터법에서는 1km=1,000m, 1m=100cm, 1cm=10mm처럼 단위 간의 관계가 10, 100, 1000 등 10의 제곱수로 되어 있어서 이해하기 편한데, 야드-파운드에서는 예컨대 길이를 재는 단위들인 inch-foot-yard-mile 사이의 관계가 1foot=12inches, 1yard=3feet, 1mile=1,760yard(=5,280feet)로 되어 있어서 복잡하다.

복잡하긴 하지만 간혹 우리와 비슷한 점들도 있는데, 그 중의 하나는 1foot(30.48cm)의 길이가 우리 척관법의 한 자(자, 약 30.3cm)와 거의 같다는 점이다. 그래서 우리가 어떤 사람을 '6척 장신'이라고 하면 그 사람의 키가 대략 6feet라는 얘기가 된다.

그리고, 물의 깊이를 나타낼 때 우리는 한 길, 두 길이라는 말을 사용해 왔는데, 이는 보통 사람의 키에 해당하는 길이로 수심을 헤아리던 관습이다.

에이커, 파운드, 온스, 갤런, 쿼트, 파인트 등 미국에서 쓰는 면적이나 무게, 부피의 단위는 길이의 단위보다 더 복잡하고 불편하게 느껴진다. 길이를 제곱, 세제곱한 것이 면적이고 부피이므로 더 불편하고 복잡할 수밖에 없다. 이렇게 미국의 도량형은 복잡한데 게다가 날로 발전하고 있는 과학기술 덕분에 숫자 자체도 더욱 커지거나 더욱 작아지고 있어 사정을 더 어렵게 만들고 있다. 한국에서도 큰 숫자의 단위가 억, 조를 넘어 경(京), 해(垓)에 이르고 있지만, 영어에서도 이미 million(백만), billion(십억), trillion(조)이 모자라서 quadrillion(천조), quintillion(백경)이라는 단위가 쓰이고 있다.

작은 숫자도 deci(십분의 일), centi(백 분의 일), milli(천 분의 일), micro(백만 분의 일), nano(십억 분의 일)로 쪼개지더니 이도 부족해서 pico(1조 분의 일), femto(천조 분의 일)가 등장했다. 배수(倍數)를 나타내는 말도 deca(십 배), hecto(백 배), kilo(천 배), mega(백만 배)에 익숙했었는데, 이제는 gigia(십억 배)로도 모자라서 tera(조 배), peta(천조 배)라는 말이 새롭게 등장하기도 했다.

미국이 정말 어떤 나라인가를 알고자 한다면, 그 길이와 넓이, 높이와 깊이 그리고 무게와 온도를 가늠하고자 한다면, 우리에게 낯설고 후진적으로 보이더라도 그들이 사용하는 야드-파운드에 관심을 기울일 필요가 있다. (장석정 글에서)

6. 등온 육아 문화권의 정과 국소접촉의 사랑

어머니의 등에 아이가 등을 맞대고 앉아서 흙장난을 하고 있는 광경은 농촌에서 흔히 볼 수 있는 정경 가운데 하나다. 정다운 광경이 아닐 수 없다. 모자(母子)의 등짝이 맞닿는 피부 접촉부분에서 보이지 않는 무드가 발생하고 있다.

서양적인 사랑의 피부접촉은 국소(局所)접촉인데 비해 동양적인 정의 피부접촉은 광역(廣域)접촉이다.

예를 들면 사랑은 입술과 입술, 콧등과 콧등, 또는 손과 유두(乳頭), 손과 국부(局部)등 육체의 국소(局所)와 국소와의 접촉으로 표현된다.

이에 비해 정은 볼과 볼, 등과 등, 어깨와 어깨, 복부와 등 등 비국소적(非局所的) 광역 피부접촉으로 표현된다.

서양 사람들의 애무는 입술과 입술의 키스로 스타트 되지만 한국인의 애무는 볼과 볼을 맞대어 비비는 볼때기로부터 스타트한다. 곧 사랑의 문화권과 정의 문화권은 애무의 스타트부터 다르게 나타난다.
　바디 터치(六體接觸)의 문화차이에서 사랑의 문화가 성숙하고 정의 문화가 성숙하곤 한다.
　우리 한국인의 보디 터치는 육아방식에 그 뿌리를 두고 있다. 한국인의 육아방식은 가급적 아이의 체온을 모체의 체온과 등온(等溫)으로 유지한다는데 그 가장 큰 특성을 찾아볼 수가 있다.　서양사람들은 아이가 태어나자마자 모체와 격리시켜 어머니의 체온과 아랑곳없이 자라지만 한국의 아이들은 어머니 체온의 등온권(等溫圈)에서 24시간의 대부분을 지낸다.　안고 바느질을 하고 업고 부엌일을 하며 잠잘 때는 어머니의 팔베개를 베고 등온유지를 한다.
　한국 사람이 서양사람 같은 악수를 하기 시작한 것은 근대화 이후의 일이요 그 이전에는 그 같은 국소접촉의 악수는 없었다.　서양식 악수는 없었지만 한국 나름의 악수는 있었다.
　이를테면 시집간 딸이 오래간만에 친정에 돌아와 어머니를 뵈었을 때 달려가 그냥 두 손을 맞잡고 놓질 못하는 그런 악수가 그것이다.　한데 이 같은 한국의 악수에는 정이 넘쳐흐른다.
　서양의 악수는 각기 한손의 손바닥끼리의 접촉이지만 한국의 악수는 손바닥뿐만 아니라 손등까지 덮는 두 손의 손등과 손바닥이 겹침으로써 접촉면적을 극대화 시킨다.　비단 손등만이 아니라 팔뚝까지 쓰다듬음으로써 체온교류를 심화시킨다.　그러기에 서양의 악수는 국소접촉에 그치지만 한국의 악수는 광역 접촉이다.
　한국인이 정에 성숙한 이유는 등온육아문화(等溫育兒文化)에 기인한 것이며 등온문화는 곧 모태(母胎)향수에서 기인한 것이다. 그러기에 정의 뿌리는 모태라는 논리가 성립된다.
　또 옷물림이라 하여 형제간 끼리 옷을 아래로 물려 입는 습관도 반드시 의료난(衣料難) 때문만이 아니라 옷에 스민 체취와 체온의 물림에 의한 등온지향(等溫志向)으로 정을 들이기 위한 한 방편이기도 했다.

7. 모성문화와 부성문화

일반적으로 한국사회에서는 흉악한 범죄자라도 재판관 앞에서, '조실부모하고 사고무친(四顧無親)인데 먹을 것도 없고 동생들은 배고파 울며…' 하고 무력과 약자를 강조하면, 보통은 눈물을 흘리며 공감하고 또 그에 일단 공감하면 한국의 대중들은 그 흉악 범죄를 잊어버리거나 동정적으로 변하여 용서해준다.

신문에 난 범죄자나 사고로 화를 입은 사람 가운데 3대 독자니, 고학생이니, 고아니, 부모가 병석에 누워 있느니 하는 사적(私的)·이면적(裏面的)인 내용이 보도되고 또 화제의 기삿거리가 되는 것도 한국적이랄 수 있다. 그런 무력성·약자성의의 보도가 독자의 공감대를 형성시키고 표면적인 보도에서 못 느끼는 인간적 여운을 남겨주기

2006년 미식축구 최고선수상을 받은 아들 하인스 워드와 그의 장한 어머니(김영희)
워드는 자기와 어머니를 버리고 간 후 돈방석에 앉자 찾아온 아버지에게 나에게는 어머니밖에 없다고 했다. 모성문화의 한 단면이다.

때문이다. 하지만 미국의 신문에서는 그 같은 사적 요소는 취재도 하지 않을뿐더러 실리지도 않고 또 독자에게 공감을 준다는 법도 없다.

한국인이 인간관계에서 '사정을 한다'는 요소는 굉장한 비중을 차지하고 있다. 곧 통사정을 한다는 것은, 이치·도리나 법적으로 불합리하고 불법이며 되지 않는 일을 약자성·무력성을 강조하여 공감시킴으로써, 무슨 일을 용서받고 또 안 될 일을 해내는 그런 한국적 함수 관계하고 할 수 있다. 그 같은 불합리하고 불법적인 행위를 미국 사람들에게 통사정했다고 들어먹는다는 법은 없다.

한국인에게 대체 어떤 요소가 이처럼 무력에 응석을 떨고, 그것이 힘을 갖게 했을까. 여러 가지 복합요소가 있다고 본다.

그 중 대표적인 것은 한국인은 아이가 어머니에게 의존하고 응석을 부리는 그런 모성 의존적 퍼서낼리티가 강하다는 것을 들 수 있다. 곧 어머니에의 응석은 사리·도리나 법률 같은 이성 사회를 초월한 행위다. 서양인이 이성적이고 독립적인 부성문화(父性文化)라면, 한국인은 정신적, 의존적인 모성문화(母性文化)라 그 응석이 실생활에서 무력 공감에의 응석으로 나타난다.

8. 동시 동조성과 선택성

우리의 평균의식은 일상생활 속에서 동시 동조성 행위로 곧잘 나타난다. 곧 남들과 동조함으로써 평균에서 모나지 않으려 한다.

동시 동조성 행위가 한국인에게 유별나게 강한 것 같다. 서구 사람들과 비겨서 한국인에게 보편화돼 있는 하나의 개연성 가운데 하나가 아닌가 싶다.

서구의 낯선 식당이 아닌 한국의 식당에서도 이 개연성은 예외가 아니다. 윗사람이나 어려운 사람들과 식당에 가서 메뉴를 선택한다 하자. 아마 자신의 구미에 맞는 음식을 선택한다는 법은 없을 것이다. 그 같은 행위는 상대방에 대한 결례요. 무례가 되며 버릇없다는 마이너스 이미지로 되돌아오게끔 되어 있기 때문이다. 그래서 상대방에게 먼저 메뉴를 선택하게끔 양보를 하고, 상대방이 어떤 메뉴를 선택하면 웬만큼 개성이 강한 사람이 아니고는 그 상대방이 택한 메뉴에 동조, '나도 나도' 하는 것이 상식이 돼 있다. 곧 자신의 구미를 무시하고 동조성 행위를 한다.

그러나 서양 사람들이 음식을 먹을 때 개성이나 구미에 맞게 세분해서 가려 먹는 그 개별성은 이 동조성 문화를 지닌 우리를 아연실색케 하고 따라서 문화노이로제에 걸리게끔 한다.

주스 선택도 오렌지냐, 레몬이냐, 토마토냐…, 수프도 너댓가지, 야채에 쳐 먹는 드레싱도 너댓가지 가운데서 선택해야 한다. 고기도 바싹 굽고 중간으로 굽고 하는 기호 표시를 해야 하고 커피도 아메리칸이냐, 프렌치냐, 설탕을 넣느냐 안 넣느냐, 넣으면 각설탕 하나냐 둘이냐…, 끝없는 선택이 강요되는 것이다.

우리나라에서는 술집에 가도 누군가 상석에 앉은 사람이 웃옷을 벗으면 좌중이 모두 따라 벗는다. 상석의 사람이 벗지 않는데 벗는다는 것은 이 동시 동조성의 한국적 생리에 배반되어 결례나 무례감이 수반된다.

여러 회의에서도 개별적이고 반대하는 의사를 존중한다기보다 그 개별적이고 반대하는 의사를 동조화시키는데 시간을 낭비한다. 곧 반대 의사를 변질시키는 과정이 회의요, 만장일치이어야만이 선으로 여긴다. 투쟁이나 노동자들의 단체행동에서 반대 의사는 악이 되고 지탄받고 경우에 따라 폭력으로 제재받기까지 한다. 그러기에 반대 의사는 항상 침묵 속에 사장되고 만다.

유태교의 사교(司敎) 회의에서 한사람의 반대도 없이 전원일치가 되는 안건은 무효가 된다는 회의 원칙이 있다 한다. 우리의 만장일치와는 상반된다.

미국 아이들은 서로 낯선 아이들끼리도 쉽게 공놀이를 하며 놀 수 있고 그것이 상식이다. 공만 들고 집을 나가면 또래끼리면 누구나 친구가 된다. 한데 한국의 아이들은 항상 놀던 아이가 아닌 낯선 아이와는 같이 놀려고 하질 않는다. 개별성은 배척받고 동조성만이 기치를 이루는 논리는 이 같은 어린이들 사회에서도 기승을 부린다.

개별성의 논리는 '미이즘(meism)'을, 동조성의 논리는 '위이즘(weism)'을 탄생시킨다. 위이즘에 있어 미이즘은 배척받고 억압받는다. 유별나게 머리가 좋거나 기발한 발상이나 행동을 하거나 색다른 차림새를 해도 소외당한다.

9. 공사구별 의식

미국 정치에서 공적(公的) 이익과 사적(私的) 이익에 대한 뚜렷한 구별은 한국인에게 많은 시사점을 던져 준다.

미국 카터 전 대통령은 대통령이 되기 전에는 조지아 주의 땅콩농장 주인이었다. 그는 대통령에 당선되고 난 후 이 땅콩농장을 전문 신탁회사에 맡겨 경영토록 조치했다. 이렇게 한 이유는 대통령이라는 직무를 이행하며 행여나 땅콩농장에 이문을 줄 수 있는 정책결정을 하지 않을까 하는 우려를 불식하기 위해서였다.

미국 부시 전 대통령 역시 자신이 갖고 있는 주식을 신탁에 맡겼다. '92년 그의 세금보고서를 보면 이 맡긴 주식 값이 오히려 떨어진 것으로 나타났다. 이를 신탁에 맡긴 이유도 자신이 주식

값에 영향을 주는 정책결정을 할 우려에서였다.

　미국은 정책결정자의 이러한 사적 이익과 공정 이익간의 문제를 법으로 정해 놓고 있다. 따라서 대통령에 당선되거나 공직에 취임하면 그 자리를 통해 사적 이익이 될 수 있는 부분은 신탁 등을 통해 제3자에게 맡긴다.

　클린턴 대통령도 아칸소 주지사 시절 주지사 특권을 이용하여 관계를 갖고 있던 부동산 회사에 특혜를 준 것이 문제가 되어 특별검사가 임명되었다.

　그러나 우리는 이러한 인식이 전무하다. 주식신탁은 고사하고 재벌이 대통령 후보에 나서서 회사 돈과 조직을 이용하여 선거운동을 해도 막지 못하고 있는 실정이다.

　현대(現代) 그룹의 정주영(鄭周永)씨가 정치에 뛰어든 후 이러한 문제가 정식으로 거론된 적이 한 번도 없다. 정씨는 공공연하게 선거운동원으로 현대 직원을 동원하였고 이 과정에서 많은 현대 직원들이 금품살포 등 선거법 위반으로 형을 복역했다. 또 어떤 사람은 당시 국민당으로 차출되었다가 정씨가 국민당에서 손을 떼자 갈 곳을 잃은 사람들도 적지 않았다.

　정씨가 대통령 선거를 앞두고 워싱턴을 방문한 적이 있다. 정씨 행사의 뒤치다꺼리를 해 준 곳은 워싱턴의 현대 사무소였으며 직원들이었다.

　현대 회사가 정씨의 선거자금을 회사 자금에서 빼낸 경우도 있었다. 정씨가 현대라는 조직을 마치 자기의 사조직쯤으로 생각하고 회사 돈을 자기 주머닛돈으로 생각했기 때문이다.

　만일 정씨가 대통령 선거에서 당선됐더라면 우리나라에 막대한 폐해를 주었을 가능성이 높다. 현대는 대규모 관급공사 등을 포함하여 경제정책의 많은 부분에서 정부의 결정에 밀접한 관련을 갖고 있었으므로 이러한 정부결정에 대통령의 사적인 이익이 개입될 수 있었기 때문이다. 그가 만일 정계를 떠나지 않고 국민당을 가지고 있었다 하더라고 폐해는 역시 마찬가지였을 것이다.

  우리는 이러한 사적인 이익과 공적인 이익 사이의 문제를 너무 쉽게 생각하고 있다. 제2의 정씨가 나타날 수도 있고 정책결정자들의 사적 이익에 따른 불공정한 정책결정을 막기 위해서도 이 문제에 대한 제도적인 정비가 하루빨리 이우어져야겠다. (문창극 글에서)

제4장 체면문화와 실용문화

1. 화장지와 티슈

한국에서는 감기의 콧물 때문에 휴지가 따라 다닌다. 미국에서는 감기에 알레르기 때문에 넘쳐흐르는 콧물을 주체하기 힘들다. 알레르기는 여러 가지 원인이 있지만 꽃가루가 주범이다. 미국에는 나무도 많고 꽃도 많다. 이 꽃가루 때문에 봄, 여름, 가을에는 알레르기로 고생해야 되는 환경에 놓여있다. 그러다보니 알레르기 발생 무렵이 되면 크리넥스 티슈박스를 거의 들고 다니다시피 한다. 티슈 이야기가 나왔으니 오늘은 휴지 문화에 관한 이야기를 보자.

10여 년 전 A씨는 알레르기 발생 무렵이 되면 회사에서 근무 중 흘러내리는 콧물을 감당하지 못해 화장실로 달려가 두루마리 화장지 하나를 빼서 책상에다 두고 연실 코를 풀어 대기 시작했다. 며칠씩이나 화장지가 책상위에 있는 모습을 보더니 동료들이 하나둘씩 의아해 했다. 왜 '토일렛 페이퍼(Toillet Paper)'가 화장실에 있지 않고 책상 위에 며칠씩 있는지에 대해서 말이다. 그런 후 정신이 번쩍 들었다. 미국 사람들은 화장지를 철저하게 화장실 안에서만 사용하는 일종의 고정관념(?)이 있다는 것을 알았다.

내가 아주 어렸을 때만 해도 한국에선

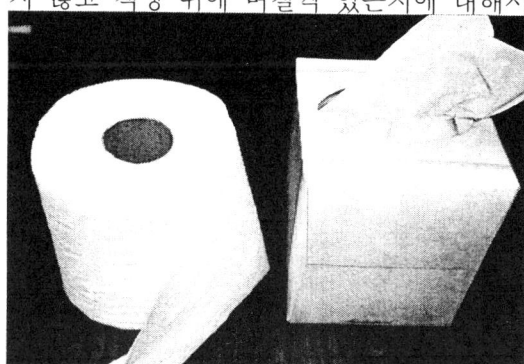

화장실 휴지와 크리넥스 티슈가 나란히 있다.

화장지보다는 신문지나 달력으로 볼일을 다 해결했던 것 같다.
　달력이 아닌 일력이라도 화장실에 걸려 있으면 1월이 채 가기도 전에 벌써 일력은 8월을 가고 있었으니 화장지는 사치품이었던 때가 있었다.
　한국에서 이런 생활을 했기 때문에 우리네 식탁에 화장지를 냅킨 대용으로 사용하는 게 전혀 거부감이 없고, 한국의 포장마차나 호떡집에선 아예 대부분 두루마리 화장지를 포장마차에 걸어놓고 손님들이 셀프 서비스 하게끔 비치를 해두고 있다.
　반면 미국인들은 이런 화장지 용도에 상당한 거부감을 가지고 있다. 미국인들의 휴지 용도는 거의 공식에 가깝게 정해져서 꼭 용도에 맞게만 쓴다.
　환언하면 화장지는 철저하게 화장실 안에서만 쓰고 입을 닦을 땐 냅킨, 코를 풀 땐 티슈, 손을 닦을 땐 페이퍼 타월 등 각각의 용도가 눈에 보이지 않게 문화 속에 자리 잡고 있다.
　아직은 우리에게 이렇게 익숙지 않아서 그런지 어떤 한국분 집에선 티슈를 냅킨으로 사용하는 경우도 있고(화장지보단 낫지만) 어떤 한국 교회에선 화장지를 교회의자에 비치 해 놓은 것도 봤다.
　급하면 화장실 가라는게 아니라 간증으로 감명 받아 나오는 눈물, 콧물을 흘리면 닦으라는 의미에서 말이다.
　한국에서 우리끼리 살면 뭘로 어딜 닦던 그게 우리 문화이니 상관할 바 아니지만 남의 땅에 다른 민족과 섞여 살면 아무래도 이 사람들 문화도 따라줘야 하지 않을까하는 생각이 든다.
　한국 식당의 밥상 위나 주변에서 화장실 휴지를 흔히 볼 수 있다. 감기 든 서양 친구에게 화장실 휴지를 뜯어 주다가 봉변을 당한 친구가 있다. 친절을 베풀기 위해 준 것인데 그 친구는 자기 코를 항문으로 보느냐는 자세다.

2. 신발문화

열대 지방에서 사는 사람들은 신발이 필요 없는 듯 맨발로 다닌다. 반면, 한대지방에 거주하는 사람들은 두터운 털 구두를 신고 다닌다. 이들 신발에 대한 몇 가지 견해가 있다.

첫 번째 관습은 신발이 전혀 필요 없다는 것이다. 열대지방에서는 신발을 한번도 신어 본적이 없다는 사람들이 많다고 한다. 따라서 그들의 발바닥은 딱딱하게 굳어있다. 두 번째 관습은 신발을 항상 신는다는 것이다. 미국인은 신발을 신고 집안으로 들어오는 문화의 영향을 받고 자랐다. 신발에 진흙이나 더러운 것이 묻었을 경우에나 신발을 벗지 그 이외에는 신발을 신고 집으로 들어온다. 세 번째 관습은 밖에서는 신발을 신고 집안서는 신발을 벗는다. 한국 사람과 일본사람들의 습관이다. 이러한 습관은 실용적이기도 하지만 상징적으로도 의미가 있다. 집안은 신성한 공간이기에 신발을 신으면 모욕적이다. 미주 동포들은 대부분 자기 집에 미국사람들이 방문할 때 신을 신고 들어와도 적당히 눈감아 주지만, 같은 식구끼리는 세 번째 견해인 한국 풍습을 대부분 지키는 셈이다.

한국인은 실내에서 신발을 벗는 습관 때문에 호텔 방문 안에서 신을 벗는 여인을 보고 침실로 가자는 신호로 풍속의 차이 때문에 오해로 받아들인 사람도 있다고 한다. 서양 사람들은 신발을 벗는 여인은 몸

한국 사람들은 현관에서 신발을 벗고 들어가고 미국인은 실내에서도 신고 생활한다.

을 허락한 것으로 보는 풍속이 있기 때문이다.

  한 여성이 이탈리아를 여행할 때 경험한 실화다. 로마에서 다음 목적지인 남부 이탈리아까지 가는 열차를 탔는데 너무 피곤해서 자리에 앉자마자 신을 벗고 앞좌석에 다리를 올려놓았다 한다. 그러자 옆자리에 있던 남자가 말을 걸어오기에 이것도 여행의 즐거움이라 생각하고 한동안 얘기를 나누었는데 그가 갑자기 덮치기에 비로소 그 남자의 의도를 알게 되었다고 한다.

  그 여성은 이쯤에서 끝났으니 그나마 다행이다. 미국에서 유학생활을 했던 또 다른 여성은 아는 남자 집으로 놀러가 늘 하던 대로 카펫에서 신발을 벗었다고 한다. 그 날 남자의 침대에까지 끌려간 그녀는 용기를 내서 이 남자를 고소했지만 배심원들은 남자 집에 가서 신발까지 벗은 것은 여자가 먼저 남자를 유혹한 행위라면서 남자에게 무죄선고를 내렸다.

  신발을 벗고 안 벗고의 감각은 각 나라 문화에 따라 정반대가 될 정도로 차이가 있다.

  한국인 중에는 유럽이나 미국을 여행할 때 늘 신발을 신은 채로 다니는 것이 좋다. 약간의 피로감을 느낄지라도 신을 벗지 말아야 한다. 그러나 서양인들은 한국인 집의 현관에서 신발을 벗는 것에 이상한 감정과 저항을 느낀다고 한다.

  한 영국 여성이 일본인 집에 초대를 받았는데 그때 태어나서 처음으로 모르는 사람들 앞에서 신발을 벗었다고 한다. 그녀에게는 그게 굉장한 모험이었던 것이다.

  한국이나 일본에서는 전철 안에서 신발을 벗고 있는 사람을 이따금 볼 수 있는데, 서양인들은 이 모습을 자기 눈으로 보면서도 자기 눈을 의심한다고 한다. 사람들 앞에서 신발을 벗는 것은, 극단적으로 말하면 남 앞에서 속옷을 벗는 것과 같다고 미국사람들은 여기기 때문이다.

3. 한국경찰과 미국경찰

경찰관은 사회의 안녕과 치안을 책임지는 '민중의 지팡이'다. 소방관도 우리의 생명과 재산을 지켜주는 봉사자이다. 군인은 나라를 위해 목숨을 바치는 애국자들이다. 따라서 미국 사회에서는 경찰관, 소방관, 그리고 군인에 대한 존경심이 대단히 높다.

오늘날 한국 사회에서 경찰관, 소방관, 그리고 군인의 사회적 위치는 매우 낮으며 그들의 희생과 봉사에 대한 존경과 감사의 마음도 매우 적다.

경찰을 무시하는 한국인들의 모습은 데모대들의 난폭한 행동, 술 주정뱅이나 일반인들의 모습에서 볼 수 있다. 미국에서 법을 지키지 않는 사람이 나타나면 경찰은 당장에 곤봉을 휘둘러 그 불법자를 사정없이 내리쳤을 것이다. 불법자는 움직이지 못할 만큼 곤봉세례를 받아 쓰러진 다음 수갑이 채워지고 호출된 기동 경찰차에 실려 잡혀가는 신세가 될 것이다.

미국에서는 경찰에 끌려간 것으로 일이 끝나는 것이 아니다. 그는 공무 집행 방해죄, 경찰에게 폭행을 가한 죄 등으로 유치장에 가야 하는 신세가 되며, 보석금이 책정되고 재판을 받아 강제 사회봉사형이나 집행유예, 심하면 체형까지 받았을 것이다.

미국에서는 경찰이 법 집행시 이를 방해하는 자에게는 가차 없이 폭력으로 진압하며, 필요하다고 느낄 때는 대번에 권총 또는 샷건을 꺼내 든다. 상대가 무기를 소지하였거나 무기를 사용하는 듯한 행동을 하게 되면 그 자리에서 사살될 수도 있다.

미국에서 경찰관은 존경받고 연봉도 높은 직업으로 인정받고 있다. 특히 LAPD는 미국 최고의 경찰 조직으로서 시민의 안전을 지키고 봉사한다는 대단한 자부심을 갖고 있다.

한편 한국에서는 경찰관들이 박봉에 시달리며 시민들로부터 무시당하고 교통 위반시 경찰관에게 폭언을 하거나 오히려 자신이 누구라고 큰소리치는 한국인들이 많다.

시위 때 전경들이 오히려 시위대로부터 쇠 파이프로 큰 상처를 입는 경우도 종종 볼 수 있다. 이처럼 한국 경찰관들은 공권력이 거의 없다고 볼 수 있다.

미국에서 법을 지키는 경찰관은 법을 집행하는 과정에 있어서는 절대적인 힘을 가지고 있다.

위와 같은 위상을 가졌을 때에 경찰은 시민들로부터 치안 담당자로서의 신뢰를 받게 되고, 시민은 법을 존중하게 되며, 비로소 올바른 법의 집행이 가능하게 된다고 본다.

이렇게 법을 집행하는 경찰을 얕보고 우습게 여기는 의식을 가진 한국인들이 미국에 이민으로 와서도 미국 경찰을 한국식으로 대하다가 호된 벌을 받는 예가 비일비재하다.

교통 법규를 위반하고도 잘못이 없다고 억지를 쓰며 경찰관들에게 대들다가 길거리에서 호되게 곤봉으로 얻어맞고는 길바닥에 엎드려 두 손을 머리 위에 얹고 갖은 수모를 겪은 다음 유치장 신세를 지는 한인들을 볼 때 참으로 한심하기까지 하다.

미국에서처럼 경찰관, 소방관, 그리고 군인들이 시민의 안전과 국가를 위해 봉사하고 희생하는 것을 존경하고 기념하는 것은 사회질서를 유지하기 위해 필요하다고 생각된다.

이제 우리 한국 사회는 이러한 점을 배우고 실천에 옮기는 지혜가 필요하다고 믿는다.

그러나 경찰에게 절대적인 공권력을 부여하면 부작용이 생긴다.

사회적으로 공권력이 인정되어 질서를 유지하는 수단으로 사용하지만 동시에 공권력 남용을 방지하기 위한 적절한 제도가 마련되는 것이 필요한 것이다.

미국 경찰들로부터 무차별 폭행을 당하는 피해자들의 대부분이 소수민족 출신이거나 최근에는 이슬람임을 감안하면 소수민족으로 살아가는 우리들도 피해자가 될 가능성은 언제나 있다. 실제로 한인들이 경찰과잉 진압의 희생양이 된 경우도 적지 않다는 것을 상기할 필요가 있다.

반면에 한국인 범법자도 문제가 있다. 어떤 사건에 연루된 한인들이 한국계 수사관에게 조사를 받고 나서 불리해지면 반드시 그 수사관이 편견을 가졌다느니 뇌물을 받았느니 하여 경찰 상부에 무고성 투서를 넣어 모함하기가 일쑤다. 이런 투서를 받으면 경찰에서는 내사에 착수하고 조사를 받는 동안 본인은 필요 없는 고초를 겪는 것은 물론 진급에도 영향을 받는다. 실정이 이렇다 보니 코리아타운에 자원하여 봉사해 줄 한국계 경관은 이제 쉽게 나오지 않는다.

미국에서는 어떤 사건이 일어났을 경우 첫 번째로 경찰관의 보고서가 사건을 결말짓는 데에 가장 큰 영향을 끼친다.

미국은 세계가 인정하는 민주주의 국가로서 인권을 존중하는 국가라고 자타가 공인하고 있다. 그러므로 미국에서 질서를 파괴하는 자의 인권은 당연히 보호받지 못하다.

4. 체면문화와 실용문화

미국인들은 참으로 검소하다. 그들은 구두 뒷굽이나 밑창이 닳으면 십중팔구 그것을 갈아 구두의 생명을 배로 연장시킨다. 새

구두 한 켤레가 1백 달러라면 수선해서 신는 데는 그 절반이 50달러나 드는데도 말이다. 우리 같으면 "에이, 그럴 바에야 새것 사지" 할 텐데.

미국에서는 공항이나 대도시 일부를 제외하고는 구두닦이를 찾아보기 힘들다. 구두는 각자 스스로 닦아 신기 때문이다. 또한 도로포장이 잘되어 먼지가 없기에 구두를 닦을 필요성을 느끼지 못한다.

미국인들이 그동안 구두를 수선해 신으면서 절약한 돈과 우리가 구두를 광내는 데 버린 돈의 차이는 얼마나 될까?

우리나라에서 구두닦이가 먹고 살 수 있는 것은 체면 문화와 대접받기 좋아하는 문화 때문인 것 같다. 구두 통에 발을 얹어놓고 누군가로부터 서비스를 받기 좋아하는 것은 어쩌면 하인을 부리던 양반 문화에 뿌리를 두고 있는지 모르겠다.

한국인의 체면 문화와 미국의 실용 문화는 주유소에서도 좋은 대조를 이룬다. 한국은 주유소에 차를 대놓으면 그만이다. 주유소 직원이 알아서 다 해주므로 주유에 소요되는 1분 동안 대접받으면서 즐긴다.

그러나 미국인들은 대기업 사장이건 회사원이건 대부분 차문을 열고 나와 직접 주유를 한다. 물론 이런 차이가 미국 주유소는 셀프서비스가 가능한 시설이 돼 있고 우리는 그렇지 않기 때문이라고 말할 수 있다.

우리나라의 어느 주유소 경영자는 말한다. 대접받기 좋아하는 우리의 체면 문화 때문에 셀프서비스를 하게 되면 장사가 잘 안 될 것이라고, 그래서 전면적으로 셀프서비스를 하는 것은 우리 문화상 어렵다고 한다.

한・미 양국의 문화는 비행기 안에서도 대조를 이룬다. 미국 비행기엔 중년 아줌마 스튜어디스들이 많은 데 반해 왜 한국 비행기 스튜어디스는 예쁜 아가씨여야만 할까? 젊은이로부터 서비스 받기를 좋아하기 때문 일 것이다.

미국의 '야드 세일' 문화는 우리 소비문화의 거품을 반성하게 한다. 미국 가정들은 헌 가재도구나 옷가지들을 이웃들에게 헐값으로 파는 야드 세일을 한 해에 한두 번씩 한다. 그들의 '잔치'에 구경을 가보면 혀를 내두르게 된다. 머리핀 하나, 누런 노트 하나까지 다 내 놓고 팔고, 또 그것을 사간다.

우리는 왜 야드 세일 같은 것이 안 될까? 내 귀한 자식한테 5백원짜리 남의 옷을 얻어 입혀서야 하는 체면 문화 때문은 아닐까?

아파트의 수명과 재건축에서도 두 나라의 문화는 비교된다. 미국의 아파트들은 대부분 40년에서 60년 된 것들이다. 물론 튼튼하다. 그런데 우리나라는 20년도 안 된 아파트를 재개발 한답시고 헐어버린다. 부분적으로 수리하면 멀쩡할 것도 좁은 평수라는 이유 때문에 헐어버리자고 건물주들은 담합한다.

돈도 돈이지만 나도 34평짜리 번듯한 아파트에서 산다고 큰소리 치고픈 체면 문화가 거기에 담겨 있다. 이렇게 체면 문화가 만들어낸 거품 경제의 나라는 검소와 실용이 생활화된 나라에게 당하고 뒤질 수밖에 없다.

5. 체면문화와 양심문화

서양문화권 사람들의 사상을 지배하는 저변에 깔린 문화적 배경은 아무래도 기독교 정신이다. "사람은 외모를 보거니와 나 여호와는 중심을 보느니라." 하는 성경대로 다른 사람의 시선과는 상관없이 마음속을 들여다보고 있는 하나님 앞에서 자신의 '양심'을 중요시 한다.

　반면 한국을 비롯한 동양권은 자신의 양심보다도 남이 나를 어떻게 볼까하는 '체면'을 중시하는 문화권이다. 아마도 유교사상의 영향이지 아닐까 생각한다.

　일반적으로 미국사람들은 보는 사람이 있든 없는 일반규칙이나 교통법규를 잘 지킨다. 의복 같은 것도 남의 시선에 별로 신경 쓰지 않고 자신이 원하는 것을 선택한다. 직업 선택에 있어서도 남에게 보이는 소위 귀천에 별로 신경 쓰지 않고 자신이 원하는 것을 선택한다. 신분이나 외모에 따라 사람을 인격적으로 구별하지는 않는다.

　전쟁 영화에 보면 미군들은 상관 앞에서도 껌 짝짝 씹으며 무례하고 무질서한 것 같지만 아무도 보지 않는 상황 아래서도 명령과 규범에 따라 목숨을 바쳐 자기 임무를 완수한다.

　한국에서 입학시험에 실패하면 스스로의 목숨을 끊는 젊은이가 있는데 이는 남 보기 창피하고 가문의 '체면'에 손상을 주었기 때문이다.

　한국인은 굶는 한이 있어도 좋은 차 좋은 집에 명품 옷을 입어야하고 성형수술을 받아 외모를 꾸며야 한다.

　우리는 빚을 지고라도 화려한 결혼식으로 집안위세를 과시해야 한다. 외모로 판단하는 사회이기 때문에 '체면' 손상 받지 않기 위해서다. 다른 동료 교수들은 박사 학위를 가지고 있는데 나는 갖지 못한 것은 체면 구겨질 일이요, 또 실력보다 간판에 의해 차별 대우를 받기 때문에 무슨 수를 써서라도 꼭 교수는 박사 학위를 받아야만 하는 것이다. 박사 학위가 필요할 것 같지 않은 정치인이나 종교인도 박사 학위를 원한다.

　우리 속담에 '의복이 날개'라고 하는 말이 잇다. 속이 텅 비어 있어도 외모가 화려하고 단정하면 주변 사람들이 존경해 준다는 내용이 내포되어 있다.
 이제 우리의 체면문화는 실용적인 문화, 양심의 문화로 변하기를 바란다. (김홍식 글에서)

6. 성급함과 기다림의 문화

 한국 사람들은 결과를 달성하기 위해 수행되는 과정을 무시하는 경향이 많다. 그랜드 캐니언 관광을 위해 떠난 관광객들은 도중에 나타나는 사막이나 사막 식물에는 관심이 없어 차에서 자거나 놀이에 열중하다가 목적지에 도달하면 사진 몇 장 찍어 기록물을 남기면 결과에 달했다고 만족한다. 또한 한국인이 열을 서서 기다리지 못하고 열서는 것을 포기하거나 새치기하거나, 질서를 문란케 하는 습성은 바로 결과주의가 그 심리적 원흉 가운데 하나랄 수 있다. 줄서서 기다려 질서를 지킨다는 것은 과정이요, 표를 사거나 차를 잡아탄다는 것은 결과이기 때문이다. 그 '점(點)'을 빨리 얻고자 '선(線)'을 기다리지 못하기에 공중 질서가 엉망이 되곤 한다.
 디즈니랜드에 서부 시대의 철도 여행 코스가 생겨 인기를 독점하고 있었다. 30분 기다렸는데도 앞으로 한 시간 남짓 기다려야만 할 것 같아 한국인은 대부분 포기하기도 했다.
 오일 쇼크 때, 미국의 서부에서는 평균 10~15시간 열지어서 있어야만 휘발유 한 통을 살 수 있는 그런 날들이 있었다.
 이 대열에 한국 사람이 끼어 서 있는 것을 본 일이 없다고 들었다. 한국인 경영의 주유소에서 뒷구멍으로 얻기도 했지만, 차라리 차를 며칠 운행하지 못하고 말지 하루의 전부를 기다리는데 쏠 만큼 정신적으로 느긋하지 못한 성미 때문이었을 것이다.

사실 기다리는 데 체질화되지 않고는 한국 사람은 미국이나 유럽의 도시 생활은 불가능하다.

미국인들은 일생에 있어 잠자지 않는 시간의 3분의 1을 기다리는 데 낭비한다고 지적, 미국인들의 인생의 허점을 예리하게 파헤쳐 놓은 사람도 있다.

7. 공짜와 합리성

우리 한국인의 공짜를 좋아하는 성향은 속담에도 잘 나타나 있다. '공짜면 양잿물도 마신다.', '공짜 술 한 잔 보고 십리 간다.', '공짜라면 당나귀도 잡아먹는다.' 등 적지 않다. 심지어는 '벌(罰)도 덤이 있다'는 속담까지 있으니 말이다.

어떤 한국인 교포가 미국에서 야구 구경중 오한이 나기에 때마침 이전에 진료를 받은 일이 있는 미국인 의사가 곁에 있어 상담을 했다. 그러자 의사는 바로 돌아가 아스피린을 먹고 빨리 자도록 충고를 했다. 그런 일이 있은 지 며칠 후 이 의사로부터 상담료로 10달러의 청구서가 날아왔다. 한국인으로서는 도저히 상상할 수 없는 일이고 해서, 역시 지면이 있는 미국인 변호사에게 그 지불 여부를 물었더니 지불하도록 충고를 하더라나. 그 10달러를 보내고 나니 이번에는 또 바로 그 변호사로부터 10달러의 청구서가 온 것이다. 이것이 미국의 풍조다.

약간 과장된 이야기이긴 하나 미국에서는 이만한 전문가의 지식이나 정보를 얻는 데 공짜라는 것이 없다. 지식과 정보는 공기나 물처럼 공짜로 얻는 한국과는 원천적으로 다르다.

더러는 서구 사회에 철저한 팁의 생리가 덤이나 공짜와 같은 것이 아니냐고 의심할지 모르지만 그것은 어디까지나 봉사에 대한 정당하고 응분한 보수인 것이다.

　서구 사람들은 응분보다 비싼 것도 싫어하지만 응분보다 싼 것도 비싼 것 이상 싫어한다. 우리 한국인이 물건을 살 때 그 가치 기준을 덤과 에누리에 둔다면 서구인들의 가치 기준은 그 값의 리즈너블(reasonable) 여부에 둔다고 할 수 있다. 그 물건의 성능, 사용 연한, 외견과 가격이 비싸지도 싸지도 않고 사는 사람 쪽에서 봐 납득이 갈 뿐 아니라 파는 쪽에서도 손해가 가지 않는 값을 리즈너블하다고 한다. 곧 매매 쌍방에서 비용과 효과가 균형을 잡았다고 볼 때 구매 욕구가 가장 왕성해진다.

8. 봉사의 미숙과 성숙

　일반적으로 한국인은 서비스를 할 줄 모른다고 한다. 서비스는 할 줄 모를뿐더러 서비스를 받을 줄도 모른다고 한다. 할 줄도 모르고 받을 줄도 모른다는 이 두 가지 속성이 상승하여 더욱더 한국인으로 하여금 서비스에 미숙하고 서툴게 해왔다.

　사회생활을 하다보면 나와 서로 잘 알고 있는 사람과 나와 전혀 모르고 있는 사람이 있다. 내가 잘 알고 있는 사람들은 내집단(內集團)이라고 하고, 내가 알고 있지 않은 모르는 사람들은 외집단(外集團)이라고 한다.

　낯선 사람과 만났을 때 서양 사람들은 친화성이 작용하는데, 한국인은 상반성이 작동한다. 서비스란 낯선 사람사이에 오가는 친화성의 언동이요, 사인이며 제스처다.

　한국 사람은 나의 내집단 둘레에 큰 성벽을 쌓고 가급적 외집단으로부터의 침해와 간섭이나 관여를 거부하려 든다.

　서양에서는 서비스를 하는 사람이나 서비스를 받는 사람 사이에

서열적 높고 낮음이 없이 평등한 수평 관계에서 주고받기에, 서비스를 받는 사람은 그에 대해 응분의 대가를 치를 줄 안다. 비록 그 대가가 고맙다는 말 한 마디요, 웃음띤 표정을 지어주는 단순한 것일지라도 기부 앤 테이크의 평등한 교환 이론에서 응분의 대가를 한다.

반면 우리 한국 사람은 서비스를 의당 그래야 하고 또 당연하게 받을 사람으로 자신을 당연시하고 서비스에 대한 답례를 하지 않는다. 답례는커녕 오히려 처음 본 사람인데도 서비스를 하는 사람에게 반말을 지껄인다. 이토록 서비스를 받을 줄도 모른다.

그리고 서로가 서로를 잘 아는 내집단 사람끼리 살아왔기 때문인지 말을 통해 자신의 요구나 필요를 전달하려 하기보다 상대방의 눈치나 통찰이나 정보를 통해 자신의 요구나 필요를 알아주길 바란다. 곧 어린애들이 어머니에게 응석을 부려 자신의 욕구를 충족시키려고 하듯이 한국의 고객들은 가게에 들어와 자기를 알아주었으면 한다. 따라서 한국인은 자기 자신에 대해 무엇인가 알아주면 어린애처럼 친밀감을 갖고 접근한다. 고객의 신분이나 가족 상황을 알아서 챙겨 주면 더욱 좋고, 그 사람의 차림새나 용모나 식견을 좋은 관점에서 생각해 주어도 좋다. 그 사람이 지닌 시계나 넥타이나 옷차림이 유명 메이커의 것이면 그것을 알아주어도 좋아라 하고, 또 그 손님의 기호나 성향을 파악해 주어도 좋다고 한다. 서비스받기에 서툰 한국인에게 하는 서비스는 외형적이고 형식적인 언사나 굽실거리는 인사보다는 통찰에 의해 알아주는, 그래서 응석을 충족시켜 주었을 때 가장 서비스 효과가 상승하는 것이다.

9. 네 탓과 내 탓

한국인들이 별나게 자주 쓰는 말로 '별수 없다, 할 수 없다, 차라리…' 하는 것을 들 수 있다.

이런 말들은 자연이나 세상의 흐름에 내 스스로의 의지나 노력을 포기하거나 체념하고 되는 대로 내어 맡긴다는 말들이다. 곧 어떤 상태나 상황에 접했을 때 개인으로서의 어떤 작용을 포기 한다는 것이다. 남의 탓으로 보고 만다.

비가 오지 않아 날이 가물면 내가 가물게 한 것이 아니라 단지 자연의 조화이기에 그것을 어떻게든지 극복하려 들기보다는 할 수 없다고 체념해 버린 뒤 '어차피 하늘의 뜻대로, 세상 돌아갈 대로 되겠지.' 하며, 그것에 거역하고 자신의 의지를 세워 노력하는 것을 포기한다. 의지나 노력보다 '차라리' 남들처럼 행하는 대로 동조하는 편을 택한다.

나의 의지와 노력과 창의력을 남이 하는 대로의 동조속에 소멸시키려는 성향이 한국인의 의식구조 가운데 강렬한 하나의 자질을 이루고 있는 것이다.

서양 세계에서는 '나'라는 개념이 나를 둘러싼 자연이나 세상이나 '남'들이라는 개념보다 '나'라는 개념 속에 넣어 한결 중요하게 생각한다. 왜냐하면 '나'는 모든 것을 결정하는 주체요, 주인공이기 때문이다. 예를 들면 일상 대화에서 몰아적(沒我的)인 한국인은 '나'란 주어를 잘 쓰지 않는다. 이에 비해 주아적(主我的)인 서구 사람들은 반드시 주체인 나로부터 말이 시작된다. 나를 꼭 내세우는 뜻은 그 행동에 책임을 지는 중심인물이 나이기 때문이며, 이로 인해 나는 그 모든 행동에 최종적인 책임을 지게 된다.

우리 한국인이 주체인 나를 일상 대화에서 증발시켜버린 이유는 나의 의견이나 창의력이나 행동이나 책임을 주변 상황에 전가시키고, 주변 상황 속에 자기 자신을 극소화시키려고 하기 때문이다.

그러기 때문에 내가 잘못된 것은 내 탓이 아니라 부모 탓, 조상 탓, 세상 탓, 심지어는 무덤 탓으로까지 돌리고 있다. 내가 일을 잘못했어도 잘못하게 된 주변 여건에 핑계를 돌리고 내가 무엇인가를 파손했을 때고 그것은 내 책임이 아니라 잘 부서지게 만들어 놓았거나 부서질 만한 위치에 놓인 것 때문이라며 외부 상황에 책임을 전가하려 든다. 어떻게 보면 책임을 회피하려는 비겁한 면이 보인다.

10. 부에 대한 질투와 존경

한국 사회나 동포들 사회를 보면 아직도 돈 있는 사람들에 대한 시선이 그렇게 좋은 것이 아니다. 갑자기 돈을 번 사람을 "졸부"라고 부르며 인정하려 들지 않을 뿐만 아니라, 오히려 "지깐 놈이 돈 좀 벌었으면 벌었지" 식이다. 가진 자에 대한 묘한 시기와 질투의 심보이다.

어느 잡지에서 본 기사다.

미국에서 조그마한 가발가게를 하던 분이 로또에 당첨되어 1천8백만 불의 돈벼락을 맞은 적이 있었다. 하루아침에 명사가 되었고, 클린턴 대통령이 주최하는 백악관 연말 파티에는 어김없이 초대되었을 뿐만 아니라, 세인트루이스에서 정치 집회가 열리면 주지사나 시장은 제처 두고 그녀가 클린턴 대통령 바로 옆자리를 차지하는 것이 예사였고 주지사가 그녀의 집을 방문하기까지 했다. 그녀로부터 1백만불의 희사를 받았던 이곳 명문 워싱턴대학교에서는 그녀의 대형 초상화를 학교에 걸고 학교의 대행사에는 귀빈으로 꼭 초대했다.

말할 필요도 없이 정치가는 정치자금 때문에, 학교는 재정 원조를 받기 위한 것이었을 것이다. 하지만 미국 사회는 일반적으로 돈 있는 사람에 대한 대우가 우리 한국사회와는 확실히 다르다. 일단 사회를 위해서 돈을 내놓은 사람은 졸부든 자수성가한 사람이든 명사로서 대접을 해준다.

이러한 서구 문화가 결국 미국의 오늘을 만들었다고 해도 과언이 아니다. 돈 있는 자들에게 명사의 대접을 해주고 상류층에 끼어주면서 사회를 위해 끊임없이 좋은 일을 하도록 유도하는 철저한 자본주의 사회의 단면이다. 많은 사람들이 돈을 내놓은 이유는 돈을 벌어 사회에 기부하면 명사의 대접을 받고, 가문을 빛낼 수 있는 문화 때문이다. 그들이 낸 돈으로 대학이 운영되고, 사회발전에 대한 연구가 활발해지고, 갖가지 사회단체들이 자선활동을 펼치고… 정부가 하는 일보다 더 많은 일들을 하고 있는 것을 볼 수 있다. 당분간 어느 나라도 노벨상을 미국만큼 따낼 수 있는 나라가 없을 것이라는 말은 돈의 물량 때문이다. 하나의 연구에 수백 수천의 기부자들로부터 연구기금을 제공받아 연구하는 사회는 이 지구상에 미국을 따를 나라가 없기 때문이다.

많은 한국인들은 속으로는 돈을 갈망하며 자기도 돈을 벌어 힘을 좀 과시해 보고자 하면서도 겉으로는 돈을 무시하는 척하고, 돈 가진 자들을 경시하는 돈에 대한 이중적 태도를 견지하는 한국인의 문화를 갖고 있는 한 좋은 사회를 만들 수 없다는 생각이다. 적어도 자본주의를 살아가는 사람들답게 가진 자들이 사회를 위해서 큰일을 할 수 있도록 대접해주고 인정해주는 그런 문화를 만들어 갔으면 한다. 부에 대한 질투심은 매몰시키고 가진 자를 존경하는 심성을 갖는 사회가 되었으면 한다.

제5장 검사와 경찰

1. 검사와 경찰

미국의 현행법은 범인을 일차적으로 경찰이 입건하여 검사에게 넘겨야한다. 따라서 경찰은 증인으로 법정에 출두해야 할 경우도 있다.

사람을 죽이고 살리는 칼자루를 잡은 사람이 누구인가가 한미 간에 차이가 있다.

특히 한국에선 법보다는 권력을 잡고 있는 사람을 더 무서워하는 경향이 있다. 조선왕조 500년 동안은 포도청장이 공포의 대상이었고, 지금에 와서는 검사가 그 자리를 물려받은 듯하다. 그래서 검사의 칼날 앞에 영감님이란 소리가 나올 듯도 하다. 물론 많이 개선된 것도 사실이나 아직도 한국에선 힘(?)을 쓸 수 있는 검사가 선망의 대상인 것은 숨길 수 없는 사실이다.

고시 합격 후 사법연수원을 우수하게 졸업해야 검사 지망이 가능하고 그렇지 않으면 변호사를 해야 한다.

지금 한국에선 도대체 검사가 왜 그렇게 무서운 것일까? 그것은 바로 검사가 수사권을 가지고 있기 때문이다. 미국에서 보면 검사는 수사할 대상이 있으면 경찰을 통해 수사권을 행사하고 수사가 끝나면 검사의 기소

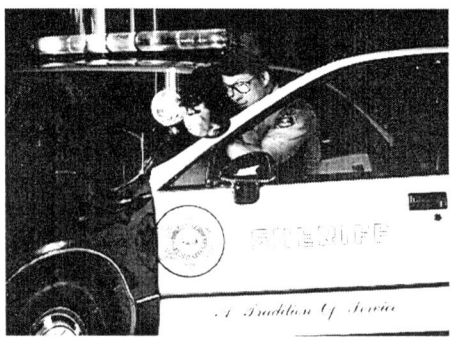

한국 1세 미국 경찰(세리프)

권을 통해 법원에 기소할 수 있다. 따라서 검사의 수사권의 행사 방향에 따라 수사의 대상과 방법이 달라질 수 있다.

최근 한국에서도 경찰의 '수사권 독립'의 목소리가 높아지고 있으나 시기상조라고 생각하는 것 같다. 검찰 측은 경찰이 아직 수사권을 담당할 정도로 수준이 향상되지 않았다고 하고, 경찰 측에서는 수준이 높은 경찰 대학 졸업생이 배출되고 있기 때문에 수사권 독립을 위한 준비가 충분히 갖춰졌다고 주장한다.

오늘날 미국 경찰이 수사권 행사를 통해 법을 집행할 수 있게 된 것은 바로 경찰의 전문성과 고급인력 그리고 수준 향상 때문이다. 시민과 직접 접촉하는 일반 경찰관은 경찰 임용후 법집행과 수사원 행사에 관한 교육을 통해 수사의 독립성과 전문성을 유지하고 있다.

이런 경찰의 수사권은 지방자치와 직접 연결되어 있다. 미국의 민주주의는 지방자치를 바탕으로 하기 때문에 지방자치는 경찰권에 의해 유지된다.

2. 공간전개형(空間展開型)과 시간전개형(時間展開型) 식사

한국식사의 특징은 모든 음식자료가 한자리, 한상에서 일습으로 한 번에 모두 등장하는 것으로 끝나는데 있다. 그러나 중국이나 구미의 식사처럼 주스가 나오고 수프가 나오고, 야채가 나오고, 고기가 나오고, 아이스크림이 나오고, 커피가 나오는 그런 시간전개형이 아니라 한상에 밥이며 국이며 찬이며 전부를 일습으로 차려내는 공간전개형이다. 곧 한판에 끝나고, 끝나고 나면 그치는 일습형의 식사패턴이다.

또한 한국의 식사는 일품성(一品性)이 아니라 잡식성(雜食性)인점을 들 수가 있다. 양식처럼 쇠고기면 쇠고기, 양고기면 양고기로 하는 메인디쉬, 곧 일품성을 중심으로 식사구조가 돼있는 것이 아니라 밥과 국, 김치, 된장, 콩나물, 산나물, 두부, 젓갈, 생선, 고기… 하는 식으로 잡식구조를 하고 있다. 따라서 다품성 식사문화라고도 볼 수 있다.

3. 한미 간의 생활모습의 차이

 미국은 한국과 참 정반대의 것들이 우리 생활 곳곳에 있다. 처음 이민 와서 미국 시골동네 이발소 할아버지가 자신은 가만히 서 있고 회전의자에 앉아 있던 손님을 뱅뱅 돌리며 머리를 자르던 일부터 시작해서 위급상황에서 119가 아닌 911, 114가 아닌 411, 은행에 계좌를 열면 이자를 주기는커녕 수수료를 떼가던 것, 성명을 보면 성이 뒤로 가고 이름이 앞으로 둔갑을 하는 등 참 상반된 것들이 생각보다 많다.
 좌측통행, 우측통행에 관한 것. 지금 생각해 보니 한국의 동요 중에 "차들은 오른쪽 길, 사람들은 왼쪽 길"하는 노래가 있었다.
 학교 복도를 걸을 때도 좌측통행 하라고 배워서 인지 모든 한국 분들이 좌측통행이 몸에 알게 모르게 배어 있었고 미국에서 오래 산 사람은 자기도 모르게 우측통행이 몸에 길이 들여져 있었는데 드디어 한국에서 미주거주민과 충돌이 일어나기 시작 했다.
 한국에서 좁은 골목길이나 등산길에서 마주 오는 사람과 계속 부딪치거나 서로 움찔움찔하며 엉거주춤하는 자세가 자주 발생했다. 처음엔 원인을 몰라 이상하게 생각하고 있다가 한참 후에야 그 원인을 깨닫게 됐다.
 미주동포가 혹시 한국에 가시게 되면 생각 없이 몸이 가는대로 등산길이나 복도 같은 좁은 길을 가보시기 바란다. 한두 번도 아니고 거의 매번 마주 오는 사람과 주춤주춤한다면 이미 미국생활에 익숙해진 증거라고 봐도 무관할 듯싶다.

또 있다. 한국은 남자가 먼저인데 미국은 여자가 먼저라는 레이디 퍼스트(Lady first)를 철저히 존중하고 있다.

그리고 페스트 푸드 같은 셀프 서비스 식당에서 리필이 가능한 음료수를 주문할 때 자주 겪는 일이다. 리필이 가능함에도 불구하고 꼭 어떤 크기의 음료수를 원하는지 물어본다. 리필이 가능하다면 가격이 산 스몰을 시키고 더 마시고 싶으면 얼마든지 더 마시면 됨에도 불구하고 미국인 중에는 돈을 더 주고 큰 것을 시키는 걸 어렵지 않게 본다.

또 크리스마스트리 문화다. 2~3주 장식을 위해서 평균 18년 된 나무를 잘라 사고팔고 하는 문화다. 2~3주 사용하고 버릴텐데.

4. 동서양의 판단 차이 과실치사

얼마 전 한국에서 매일 반미 시위를 하였던 것을 나는 기억한다. 이와 같은 대규모 시위는 미국을 반대 하는 것이 첫 번째 목적이고, 한국에 주둔한 미군들을 향한 반감을 표현하는 데모이고, 더욱 더 자세히 말하자면 두 명의 여학생을 죽인 두 명의 미군 병사들이 무죄로 판결 받은 결과에 대한 반대 데모이다. 시위자들은 두 명의 군인들을 감옥에 넣어야 한다고 요구하고 부시 대통령이 미국을 대표하여 직접 사과하라고 촉구하였다.

시위하는 한국 사람들 입장에 서서 그들의 심정을 이해하려고 많은 노력을 하였다. 반미시위의 근본적인 원인을 곰곰이 생각하면서 동양과 서양의 도덕성, 즉 옳고 그름을 보는 관념의 차이라는 결론을 나름대로 내렸다. 성조기를 태우며 반미감정을 표현하는 시위자들의 감정을 조금이나마 이해할 수 있는 실마리를 기독교 도덕에 관한 책을 읽으면서 발견하였다.

기독교 신학자 어거스틴 성자는 "오로지 악한 행위는 악한 동기에 있다." 라고 말하였다. 이와 같은 원칙이 서양 도덕성이 주축이 되어졌다. 위의 개념을 설명하기 위하여 다음과 같은 예를 들어보겠다.

한 일군이 성당의 높은 지붕 위에서 공사를 하고 있었다. 일하는 도중에 그의 실수로 지붕의 기왓장이 떨어져 지나가는 사람이 죽게 되었다. "이 일꾼에게 잘못이 있는가?" 서양식 전통으로 말하면 "아니다"라는 대답이 나온다. 왜냐하면 그 일군에게 악한 동기가 없었기 때문에 잘못이 없다.

이야기를 조금 바꾸어 보자. 똑같은 일꾼이 건물 밑으로 지나가고 있는 똑같은 사람을 보았다고 하자. 그가 똑같은 기왓장을 집어 들어 그 사람 머리 위에 떨어뜨려 그 사람이 죽었다고 하자. 질문을 다시 하여 보자. "이 일꾼에게 잘못이 있는가?" 서양식 전통으로 따진다면 "예" 라는 대답이 나온다. 왜냐하면 악한 동기를 가지고 한 짓이기 때문에 악한 행위이다.

만약에 위의 대답에 동의하는 당신이라면 당신은 서양식 사고중심이라고 할 수 있겠다. 하지만 많은 한국 사람들에게 위에서 설명한 개념이 잘 이해가 되지 않는 것 같다. 두 가지의 경우가 똑같은 결과를 가져왔다. 일꾼의 행동의 결과로 사람이 죽었다. 만약에 결과를 사실로 인정한다면 두 가지 경우가 다 일꾼이 잘못하지 않았는가.

반미시위의 계기가 된 두 명의 미군의 경우를 보자. 서양식 도덕견해로 보았을 때, 첫째 그들의 동기가 중요하고, 결과는 그 다음이다. 동양적인 도덕견해로 본다면 먼저 결과를 보고 동기는 그 다음이다. 이러한 도덕성 견해차이로 여학생 참사사건은 한국 사람들의 분노를 자아내었고 결국은 한미관계를 심각하게 만들었다.

어떤 동양적 사고는 미국사람들에게 이상하게 생각이 된다. 예를 들어 대구 지하철 참사와 같은 큰 사고가 일어났을 때, 정부관리가 공개적으로 사과를 한다. 관계되는 장관이 직접 국민에게 눈물을 머금고 사과하고 사표를 내는 것을 보게 된다. 이와 같은 반응이 미국사람들에게는 참으로 이상하게 보인다. 책임자가 악한 동기로 그 사건을 저지른 것이 아니지 않는가.

왜 한국 사람들이 미국 대통령에게 두 여학생들의 죽음을 사과하라고 요구하는가? 대부분의 미국사람들은 한국 사람들의 요구를 이해하지 못한다. 부시대통령이 여학생들의 죽음을 애도하고 섭섭함을 표현하였다. 그것이 당연하다고 생각하였다. 그러나 사과는 생각지 못하였다. 미국사람들은 자신이 개인적으로 잘못하여 책임을 소홀히 하였거나 악한 동기로 저지른 잘못에 대하여 사과를 해야 한다고 생각한다.

미국에서 과실치사를 크게 문제 삼지 않는 것은 이런 도덕성의 차이 대문으로 본다. 장갑차에 의해 희생된 여학생의 영혼을 기원하고 미군에 대한 죄 아닌 실수는 미워도 결과는 받아들어야 하리라 본다. (크리스 포오먼 글에서)

5. 문화 차이

법정에서 문화의 차이로 법정판결에 문제가 나타나는 경우가 있다. 또한 문화의 몰이해에서 오는 통역상의 오류라 하면 한 언어에서 다른 언어로 통역을 함에 있어서 말과 말의 뜻은 번역이 되었다고 하더라도 실질적으로 그 언어가 상용되는 두 사회적 문화적 차이 때문에 전혀 터무니없는 다른 뜻으로 해석되는 경우가 있기 때문에 생기는 잘못을 말한다.

보통 미국에서는 상품의 세일을 광고 할 적에 10% 또는 20% 세일이라고 표시하고 이는 정가에서 10% 또는 20%를 깎아서 판매한다는 뜻이다. 그런데 홍콩을 포함한 중국계 사회에서는 이런 경우에 구판(九坂) 또는 팔판(八坂)에 세일한다고 쓴다. 구판이라 하면 90%라는 뜻인데 이 경우에 90%를 깎아준다는 뜻이 아니고 정가의 90% 가격에 판다는 뜻이다. 즉 미국인의 표현 방법과는 전혀 반대되는 접근 방식이다. 그러므로 중국식 표현을 말과 말의 번역으로 90% 또는 90% 세일이라고 번역한가면 이는 전혀 틀린 말이 되고 만다. 대화중 사람의 시선이 어디를 보는 기준에서도 이런 문제가 생긴다. 흔히 대화하는 과정에서 사람을 똑바로 쳐다보지 못하면 거짓말을 하거나 진실정이 없다고들 한다.

미국에서는 이렇게 판단하는 것이 보편적 사고방식이다. 하지만 어떤 남아시아나 중동지역의 나라에서는 특히 여성이 상대방을 똑바로 쳐다보는 것이 금기로 되어 있는 곳이 있는가 하면 심지어는 이를 모독이라고 취급하는 곳도 있다. 그러니 눈을 똑바로 뜨고 쳐다보지 못하는 여성을 진실설이 없다고 생각하는 것은 편견에 따른 오류이다. 이 때문에 가정문제 상담소나 여성 문제를 다루는 기관에서는 자주 문제가 생긴다고 한다.

그리고 한 가지 가장 흔한 예로 한국인들의 대화중에 어린이나 어른 할 것 없이 흔히 "죽인다"라는 표현을 쓰고 있다. 하지만 이 "죽인다"는 말이 진짜 죽이려고 한다는 뜻으로 쓰이는 경우는 거의 없다. 그냥 가만두질 않겠다는 정도의 뜻으로 쓰이는 것이 일반적이다.

이 죽인다는 표현 때문에 형사사건에 연루 되었을 때에는 가끔 심각한 다툼이 될 때가 있다. 폭행을 당했다고 경찰에 신고하는 피해자가 경찰관에서 그 사람이 나를 죽인다고 하면서 두들겨 팼다며 진술한 경우가 있었다. 필경은 폭행을 가한 사람이 홧김에 이런 표현을 쓰면서 폭행을 했다고 하더라도 정말 죽이려는 의도를 가지고 있었다고 할 수는 없는 일이지만 단어 하나하나를 영어로 표현하느라고 "I will kill you" 했다고 신고했기 때문에 경찰이 이 가해자가 살의를 가지고 있었다고 입건한 사건이 있었다.

환언하면 똑 같은 말이라도 한국말로 표현했을 때와 영어로 말했을 때의 뜻이 완전히 다른 뜻이거나 그 비중이 다르게 해석된다. 그러니 말다툼 중에 상대방이 한국인이 아닌 영어로 말해야하는 상대에게 "I will kill you"라고 말한다면 문제는 심각해진다. (박중돈 글에서)

6. 풀이와 부동자세

영국 궁전의 근위병이나 미국 군대는 차렷 자세인 부동자세부터 시작된다. 서양 사람들이 상관이나 임금 앞에서 최대의 경의를 표하는 것도 바로 그 차렷 자세였다. 세계에서 민주적인 군대라는 미국 병사들도 의장대들이나 상관 앞에 서 있는 그 군인들은 부동자세를 취한다. 그러나 어떤가? 서양보다 몇 배나 엄격하고 서슬 퍼런 절대군주라 해도 우리나라의

눈도 깜짝이지 않는 부동자세의 경찰

군인의 부동자세

신하들은 어전 앞에서도 비록 부복을 하여 허리를 구부릴지언정 얼어붙은 동태 같은 부동자세는 하지 않았다. 아니 상소를 하는 선비들은 오히려 허리를 굽히고 머리를 상하로 흔들흔들 흔들면서 <굽어 살피소서>라든가, <이 목을 자르십시오>라고 했던 것이다. 목을 바치는 그 순간에도 그 몸만은 유연하게 흔들흔들했지 부동자세를 취하지는 않았다.

규율이 엄격했던 이조의 선비들은 절도와 격식에 있어 서양의 기사도에 비길 바가 아니었지만 그 옛날 한국의 양반들 몸가짐은 어떠했는가. 자세의 흐트러짐이 없이 곳곳이 경좌를 하면서도 몸은 좌우로 흔들거리는 것이 상례였다. 단정한 자세이지 굳어 있는 부동자세는 아니다.

동양에서 부동자세의 문화를 가진 것은 일본뿐이다. 부동자세를 가진 문화권 그것이 바로 근대 문명과 같은 비생명적 인공의 기계 문명을 낳았다는 논법이 성립될 수가 있다. 물론 부동자세를 배운 그 군대는 무력으로 세계를 지배하고 기계로 온 지구를 정복하는 영광을 누릴 것이다. 그러나 그 문화에는 가장 귀중한 생명의 본질을 상실하고 생명의 리듬을 파괴하는 불행을 잉태하고 있다.

영국 왕실(런던)의 근위병. 부동자세와 행진

한국의 문화는 부동자세의 문화가 아니라 그 정반대의 율동의 문화, 건들건들하는 문화였기에 언뜻 보면 무질서해 보이고 무기력해 보이고 절도가 없어 보인다.
　부동자세의 문화권에 어느덧 우리도 젖어버렸기에 율동은 무질서로 유연한 자세를 무절제한 것으로 간주한 것뿐이다.
　우리의 문화는 부동자세의 문화와는 정반대로 즉 긴장으로부터 시작된 긴장이 아니라 거꾸로 그렇게 굳어버린 부동자세를 푸는 데서부터 시작한다.　일을 시작하기 전에 한국인은 먼저 몸을 푼다. 이 푼다는 것 그것이야 말로 비생명적인 경화된 기계주의로부터 다시 생명을 회복하고 생명의 율동을 창조하는 방법이었다.　마치 산모가 아이를 분만할 때 몸을 푼다고 하듯이 한국인은 무엇인가를 창조하고 생각하는 것을 <푸는 것>이라고 생각했다.　서양에서는 몸을 굳히는 부동자세의 긴장감이 예비 행위로 나타났지만 우리는 도리어 몸의 긴장을 푸는 데 창조의 거점을 두었다.　대체 그 풀이의 문화란 무엇인가!　그것을 좀 더 깊이 따져보자.　우리는 어려운 문제를 해결하는 것을 <푼다>고 말한다.　산수 문제를 풀고 골치 아픈 일을 풀고 수수께끼를 푼다.　문화란 무엇인가!　이 맺혀 있는 것, 굳어 있는 것, 빡빡한 것을 푸는 힘이었다.　타결하고 해명하고 처리하는 것 이것이 다 푸는 것이다. (이어령 글에서)

7. 이민 물결의 변화와 다문화 수용

　공식적으로 미국 땅을 처음으로 방문한 한국인은 민영익으로 그는 한미수호통상조약이 체결된 다음 해인 1883년에 도포와 갓을 쓰고 미국에 전권대사로 파견됐다.　그 후 미국과 협정을 통하여 조선은 미국에 이민을 보낼 것을 결정하고 1903~1905년 동안 이민단 7,226명을 보냈다. 고종은 이를 대환영하였다. 그 당시 여권은 2원(1달러)에 팔려서 왕실의 수익이 되었다. 하와이 땅을 처음 밟았던 이민단은 20여 일의 배를 탄 후 1903년 1월 13일에 처음 도착했다.

이렇게 시작된 한국의 이민 사업은 3년 만에 곧 단절된다. 일본이 조선의 이민이 자기 나라의 이민사업과 경쟁관계가 된다고 여기어 대한제국에 압력을 가함으로써 조선의 이민은 막을 내렸다. 단지 이승만이나 안창호 같은 극소수의 망명객들이 일제 강점기에 미국으로 갔고, 그 후에는 6.25전쟁에 의해 난민이나 국제결혼 및 다른 지위로 소수가 미국행을 했을 뿐이었다.

그후 1965년 새 이민법이 시행되면서 대규모 한국인 이민이 출현하여 코리아타운이 이루어지게 됐다. 현재 미국의 한국계 이민은 증가일로에 있으면서 미국 사회에서 새로운 이민세력으로 성장하고 있다. 근래에서 아시아계의 사회적 진출이 두드러져서, 그들은 미국에서 개인당 가장 높은 평균소득을 올리기도 한다. 아시아계 중에서 보다 일찍이 이민을 시작한 중국이나 일본 이민은 4~5대째가 많이 있으나, 한국계는 이민 2세가 성년을 이루고 있는 중이다.

1950년 이전만 해도 미국은 영국계 위주의 사회에서 유럽인 전체를 포함하는 백인 위주로 변하고, 또 지난 반세기 동안 흑인, 히스페닉계, 동양인에 대해 차별을 없애고 변신하려 한 결과 다문화의 기반 조성을 이룩해가고 있다.

즉, 세계 제2차대전 이전에 미국은 앵글로-색슨적 주류문화에 따라 동일한 스타일로 살아야만 했던 멜팅 포트(용광로)였다. 어떤 주에서는 아시아인을 포함한 비백인과 결혼을 인정하지도 않았다. 그러나 지금의 미국은 모든 민족적 구성원들이 자신들의 문화를 즐기며 개성 있게 살아가는 샐러드 보울의 사회가 됐다.

이로 인해 오늘날 미국 사회는 예전의 인종차별적인 양상이었던 많은 부분을 고쳐나갔다. 이런 다문화적 가치관의 성과는 3,000여 명의 민간인이 갑자기 희생된 9.11테러를 겪고도, 그 후에 아랍계 미국인에 대한 집단적 보복이 거의 일어나지 않았다는 데서도 찾아볼 수 있다.

1964년에 세워진 민권법으로 미국인들은 인종과 피부색을 이유로 더 이상 법적인 차별을 받지 않게 됐다. 그리고 민권법의 시행을 확실히 하기 위해 소수민족우대정책(Affirmative Action)을 세워서 지난 40년간 체계적으로 소수민족과 여성에게 공공부문에서의 고용과 입학에서 우대조치를 취해 왔다.

소수민족우대정책은 세계 곳곳에 파급효과를 가져다주었다. 한국의 경우 고용부문에서 여성에 대한 할당제를 요구하는 것도 그 중의 하나이다. 미국에는 아직도 풀어야 할 인종적 과제가 많이 남아 있다. 그것은 소수민족에 대한 사회 경제적. 문화적 차별을 일소하는 것이며, 이 일은 앞으로 오랜 시일이 걸릴 것이다.

백인 위주의 문화에서 다문화주의적 사회로의 변신은 지난 반세기 동안 미국이 이루어놓은 변화 중에 가장 훌륭한 것이다. 한국은 5천년의 역사 속에서 단일민족으로 구성된 단일문화를 유지해 왔으나 조국의 현대화로 유입된 다양한 인종에 의해 다인종사회가 되고 다문화주의로 서서히 변하고 있다.

제6장 예약 문화

1. 예약 문화

　서구에 거주하는 이상 "한인들의 예약문화가 한 단계 좀 더 성숙해야 할 필요가 있다." 한인들의 경우 미리 시간을 예약하는 문화는 대부분 잘 지켜지고 있는데 반해 예약한 시간을 지키는 문화에 대해서는 고쳐야 할 점이 아직도 많다는 지적이다.
　예를 들면 미용실을 운영하고 있는 한 미용사는 일부 한인들의 예약문화를 '소비자 위주의 일방적 예약' 이라고 지적했다.
　미용실을 찾는 손님들의 경우 자신의 귀중한 시간을 손해 보지 않기 위해서 자기에게 가장 편리한 시간에 미용실과 미리 시간약속을 하게 된다. 미리 시간 약속을 하지 않고 무작정 미용실을 찾아갔다가 한, 두 시간쯤 기다리는 것은 다반사이기 때문에 시간의 손해를 보지 않으려는 한인들은 대부분 미리 예약을 하게 된다. 여기까지는 문화인답다.
　그러나 일부 한인들의 경우 시간 약속을 사전에 아무런 통보도 없이 일방적으로 지키지 않기 때문에 '소비자 위주의 일방적 예약' 이라고 이 미용사는 말했다. 미용실의 경우 한 손님이 먼저 예약을 하게 도면 그 시간대에 다른 손님과 예약을 할 수 없게 된다. 이 미용사는 또 "예약한 손님이 약속한 시간에 오지 않으면 그 손님을 기다리던 미용사들은 할 일없이 손 놓고 놀 수밖에 없다."고 말했다. 특히, 비슷한 시간대를 원하는 '비싼 고객(?)'의 예약까지 거절해 가며 예약시간을 비워놓았는데 전화 한 통화 없이 손님이 나타나지 않을 때는 몹시 속상하다고 말했다.

예약을 하면 손님은 기다리지 않고 즉시 서비스를 받을 수 있어서 좋고 미용실은 손님이 오는 시간을 미리 알 수 있기 때문에 필요한 만반의 준비를 갖출 수 있어 최상의 서비스를 제공할 수 있어 예약은 '누이 좋고 매부 좋고' 일거양득의 효과를 얻을 수 있다. 소비자위주의 일방통행식 예약, 즉 예약을 한 손님이 일방적으로 약속 시간을 지키지 않는 현상은 미용업계에 국한된 것이 아닌 한인 대상 비즈니스의 공통된 현상이라는데 문제가 있다.

미리 예약을 해야 오랫동안 기다리는 불편함을 최소화 할 수 있는 병원, 호텔, 골프장, 자동차 정비소를 비롯한 각종 서비스업, 심지어 식당에 이르기까지 예약을 지키지 않는 현상이 한인사회에 광범위하게 퍼져 있는 것으로 지적되고 있다. 필자도 모 잔치를 위해 초청장을 보내면서 참석 여부와 몇 명이 참석할 수 있는지를 알려 달라고 반송 봉투에 우표까지 붙여 보냈는데 30%가 회답이 없었다. 무응답에게 전화로 확인한 후에야 참석 여부를 알 수 있었다. Hotel측과 인원 계약을 해 놓고 돈까지 지불했는데 10% 정도가 불참했다. 주최 측의 식비만 날아간 꼴이 되었다. 이런 것을 피하기 위해 한인들은 "불가피하게 약속을 지키지 못할 경우에는 최소한 전화로 미리 양해를 구해 달라"는 것이다.

대부분의 미국 업소들의 경우 일방적으로 예약을 파기하는 손님들에게 벌금을 부과하고 있다. 이것을 알고 있는 한인들은 금전적 손해를 보지 않기 위해 미국인 업소에게 한 예약은 지키려고 노력하고 약속 시간을 지키지 못하면 미리 전화로 예약을 취소하기도 한다. 반면에 손님의 일방적인 예약파기에 벌금을 부과하지 않기 때문인지 한인 업소들에게 한 예약을 지키지 않아 영업에 손실을 가져오는 것은 한인사회가 앞으로 고쳐나가야 할 문제로 지적되고 있다. (양동욱 기자 글에서)

2. 자원 봉사와 기부 문화

　미국의 자원봉사와 기부문화는 부유층뿐만 아니라 서민층에 이르기까지 광범위하게 퍼져 있는 전통이며, 미국 사회를 지탱하는 근간이라고 생각된다.

　자원봉사의 영역이 확대되고 봉사의 개념도 이제는 다분히 현대적인 색채를 띠어, 지극히 개인적인 목적과 믿음을 위해 자신만의 방법으로 실행하는 평범한 일로 간주되는 추세다.

　환경문제를 중요시 여긴다면 환경보호단체 자원봉사자로 나서고, 가족 중에 병에 걸린 사람이 있어 같은 환자들을 돌보고 싶다면 병원이나 양로원에 가서 봉사하고, 자녀와 시간을 보내고 싶은 사람은 학교나 도서관에, 정치적인 관심사가 있다면 정당에, 그리고 불우이웃을 돕고 싶으면 커뮤니티 센터나 무료 식사를 제공하는 수프 키친에 시간을 할애하는 것이다.

　이는 곧 봉사활동이 누구나 할 수 있고, 또 실제로 많은 사람들이 실천하고 있는, 생활의 일부로 인식되고 있음을 의미한다. 주변에 조금만 관심을 기울이고, 바쁜 스케줄을 조금만 조절하면 자신의 관심사나 주요 이슈를 위해 기여하는 뜻 깊은 경험을 누릴 수 있다는 뜻이기도 하다.

　이렇듯 연중 전체 미국인의 55%인 1억900만 성인이 참여하는 봉사활동. 연말연시를 맞아 평소 무심코 지나치던 주변 사람들과 사물에 대해 색다른 푸근함을 전달하고 싶은 마음이 든다면, 혹은 신년계획으로 의미 있는 활동을 다짐하고 있다면, 이번 기회에 봉사활동을 숙고해 보는 것은 어떨까. 시간 여유가 있는 주말을 이용하여 개인적인 충족을 위해서, 또는 가정의 새로운 전통을 만든다는 취지에서 충분히 해볼 만한 가치 있는 경험이 될 것이다. 이것이 미국을 사는 방법이요, 미국사회를 지탱해 나가는 애국정신이다.

　미국의 자원봉사와 기부현황을 연구하는 비영리단체인 '인디펜던트 섹터(Independent Sector)'의 통계에 의하면, 2000년도에 자선단체에 기부한 가정은 89%, 가정 당 평균 기부액은 1천6백20달러에 달한다고 한다. 이는 기부가정 수입의 1%에 해당되는 금액이다.

　남한은 북한을 돕는데 년 일인당 2.5~3.6불정도 지원한 것은 수입의 0.1%에 불과하다. 이렇게 돕는데 대단히 인색하여 얼마 주지도 않고 퍼 주었다고 한다.

　미국 사람 중 자신이 졸업한 대학교에 기부를 하는 경우, 일반적으로 학생들의 장학금이나 교수들의 연구비, 혹은 학교 발전 기금 등으로 기부하는 기금이 사용되며, 그 활용 방법을 기부자가 선택할 수도 있다. 이미 본인이 선호하는 자선단체나 비영리단체를 갖고 있는 동포들도 많겠지만, 기부를 결정하고 기부할 단체를 찾고 있는 경우에는 다음의 사항을 참고하면 도움이 될 것이다.

　우선적으로 기부하는 금액에 대해 세금공제와 자본이득 면세 등의 세제상혜택을 받기 위해서는 자선단체나 비영리단체가 IRS(Internal Revenue Services)의 Section 501(c)하에 등록이 되어 있는 단체이여야 한다. 이는 IRS의 웹사이트상의 Publication 78 항목에서 확인해 볼 수 있다.

　다음으로는 기부하는 금액이 많고 적고 간에 기부되는 돈이 적절하게 사용되는지를 알아보는 것이 중요하다.

　자선단체에 직접 연락하여 단체의 목적에 맞게 돈이 사용되는지, 너무 많은 부분이 운영비(Administration Cost)로 사용되는 것은 아닌지 등을 물어보아야 한다.

　기부자에게는 그러한 권리가 있으며, 또 당연히 물어보아야한다. 단체가 기부금의 사용처에 대한 정보를 많이 줄수록 그 운영이 투명하다고 볼 수 있다.

3. 이름 문화

　이름을 사용하는 문화가 한미 간에 차이가 있다. 앞뒤가 상이하다. 미국에선 자신의 이름이 퍼스트 네임으로 불리는데 반해, 한국인들은 성씨를 주요시 하고 "김, 이, 박"으로 자신을 소개하는 경우가 많다. 미국인들은 왜 그 많은 김 씨나 이 씨와 차별화 되지 않게 자신을 그저 김 씨 중의 하나로 소개하는지 이해하지 못한다.
　우리도 미국 문화를 받아들이고 미국인들과 친근해지기 위해 우리도 다른 사람들에게 자신을 소개할 때 성 대신 이름을 사용하자.
　그리고 영어로 '미스터' 라는 호칭은 아무개 씨라고 높여 부르는 경어이지만 한국에선 아랫사람을 부를 때 통용된다. 아랫사람을 부를 때, 미스터 '김' 이라고 부르는 관습은 바람직스럽지 못하다. 자신을 겸손하게(?) 미스터 김으로 불러달라고 요청하는 것은 종종 보는데 미국인들에겐 존칭을 써주기를 요구하는 것으로 오해될 수 있다. 이런 오해 소지를 없애기 위해서 자기를 높이는 용어 사용은 탈피해야 한다.
　'레이디 퍼스트'를 원칙으로 아는 미국인들은 차나 엘리베이터를 탈 때, 문을 열어줄 때, 여자를 먼저 보내고 뒤따라가는데, 한국인들은 남자들이 앞서가는 것을 당연하게 여긴다. 여자가 종종걸음으로 따라오든 말든 앞서 걷는 한국 남자를 미국인들이 보면 참으로 예의 없다고 여길 수 있다.
　미국은 동양과 달라 여성 상위 시대임을 잊어서는 안 된다.
　우리의 문화는 관습상 어른의 이름 석 자를 함부로 불러선 안 된다. 그러나 미국에선 어른이나 아이나 한결같이 마구 이름을 불러대니 그들의 문화를 알고 있는 우리 어른들은 이해 하지만 그런 경우를 처음 접하는 사람들의 입장에선 혼란을 느끼는 것이 당연하다.

이런 한국의 문화속에서만 자란 아이들을 학교에 처음 데리고 가면 선생님의 이름을 과감하게 부르지 못하고 쭈뼛거리다 어쩔 수 없이 불러야 할 땐 우리나라 학교에서 부르는 식으로 '티처'라고 부른다. 그러면 전후 사정을 잘 모르는 그들의 입장에선 이해하기 힘든 어색한 표정으로 학생을 바라본다. 따라서 미국에선 선생님에게도 '미스 아무개', 혹은 '미스터 누구'라고 부를 수 있도록 사전에 아이들을 훈련시켜 두는 것이 좋다.

우리나라를 포함한 동양권에서는 문화의 관습상 어른의 이름을 함부로 부르는 것을 예의 없는 행동으로 생각하기 때문에 미국에 와서도 그것이 쉽게 바뀌지 않아서 가끔 실수를 범할 수 있다.

4. 나무 보호법

2002년 7월 중순 LA타임스의 캘리포니아 섹션에는 자신의 집 뜰 앞의 나뭇가지를 시의 허가 없이 자른 부부가 1만 달러의 벌금을 물게 됐다는 기사가 실렸다. 개인의 재산과 권리보장이 철저한 미국에서 벌어지고 있다고 믿기 어려운 일이 일어난 것이다.

이들 부부는 나뭇가지가 너무나 울창해 새 집의 지붕을 훼손시킬 것을 우려한 나머지 집을 보호하기 위해 나뭇가지를 쳤다고 주장했다. 하지만 문제는 캘리포니아 주에는 환경 보호법에 의해 함부로 가지를 칠 수 없는 나무들이 있다는 사실이다.

몇 년 전에 타주에서 이사를 온 그들은 자신들이 관할구역의 법안에 대해 무지했고, 그들에게 집을 팔았던 브로커가 그 법안에 대한 언급을 해주지 않았기 때문에 저지른 일이라며 책임회피를 하고 있지만 현재 받아들여 지지 않고 있다고 한다. 그 뿐 아니라, 만의 하나 가지치기를 했던 그 나무가 죽어버릴 경우, 지금 물어야 하는 1만 달러의 벌금은 4만 달러의 벌금으로 늘어날 가능성조차 있다고 한다.

희귀 및 멸종 위기의 동물을 보호하고자 생긴 희귀 동물 보호법과 흡사한 나무 보호 법안이 바로 우리들의 앞뒷뜰에 그리고 집안 도로에 뿌리를 박고 있다는 사실을 모르는 한인들이 있다.

자기집에 있는 나무이지만
함부로 잘라서는 큰 일(나무 보호)

나무 보호법이 적용되는 나무는 가로수뿐만이 아니라 심지어는 내 집 뒷들에 자라고 있는 나무까지도 전적으로 개인 소유가 아니라 시에서 관할권을 갖고 있다는 사실이 시민들에게는 놀라운 일일 수도 있다.

로스앤젤레스 인근 클레어몬트시는 그 도시 안에서 자라고 있는 1백 12종의 나무 한그루 한그루의 정보가 시의 데이터베이스 안에 저장돼 있다고 한다. 어찌 보면 섬뜩하기까지 하다. 버젓이 내 소유인 집터의 땅 속에 뿌리를 박고 있는 마무라 할지라도 그 나무가 보호법이 적용되는 종류일 경유, 집주인으로서 허용된 법적 권리는 오직 그 나무에 물을 줄 수 있는 것이라고 클레어몬트시의 '나무 보호 멤버(Tree Board Member)'는 주장한다.

토지법(Land Use Law)을 다루는 변호사의 말에 의하면 '나무보호법안'은 각 시마다 조금씩 다르며 LA 카운티 내에 소속돼 있는 88개의 시가 제각기 보호하는 종류의 나무와 법안도 다르다고 한다.

로스앤젤레스 서부 유명 인사들이 많이 살고 있기로 이름난 말리부시는 '10:1'이라는 법안이 있는데 나무 한그루를 옮길 적마다 열 그루의 나무를 대신 심어야 하며 그 열 그루의 나무들은 어김없이 그 동네에서 자라난 나무에서 떨어진 씨로부터 성장했다는 것이 증명돼야 한다는 것이다.

파사데나 시의 경우는 나무 보호 관련 법안만 자그마치 36페이지나 된다고 한다.

떡갈나무를 시 지정 식물로 정해 놓고 신주처럼 모신 곳도 있다.

5. 장애자의 나라

미국은 장애자들의 인권을 위해 철저히 보호하고 있다. 따라서 미국에 오래 살고 있는 한인은 장애인을 돕는 마음이 자연스럽게 몸에 배어 간다. 미국에서는 어디를 가나 장애인들에게는 우선권을 준다. 정부는 장애인들을 위한 생활 수당을 지급하고 생활 속의 불편을 덜어 주기 위하여 엘리베이터 시설이 없는 건축 허가를 내주지 않는다. 도로마다 장애인들의 휠체어 통행을 위하여 보도 일부분에는 턱이 없다. 뿐만 아니라 장애인을 위한 자동차가 무료로 운행되며 거동이 불편한 장애인들에게는 도우미를 지원해 준다.

관공서 및 상업용 건물에는 장애인을

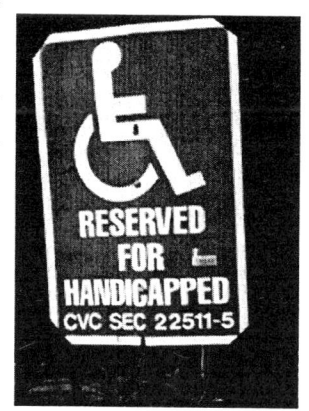

주차장의 장애자 표시

위해 가정 편리한 곳에 주차장을 마련해 두고, 화장실도 장애인에게 편리하도록 설비되어 있는 등 그들이 받는 혜택은 일일이 다 열거할 수 없을 정도이다. 정부의 혜택도 혜택이지만 장애인들에게 대한 미국인들 개개인의 의식은 정말 존경심이 우러날 정도이다. 그들은 어려서부터 장애인을 도와야 한다는 산교육을 철저히 받는다. 초등학교에서 수화를 가르친다는 사실은 미국인들의 장애인들에 대한 의식을 단적으로 보여 주는 예이다. 장애인이라고 놀리거나 천대시하는 일은 미국 사회에서는 찾아볼 수 없다. 이상과 비해서 한국의 장애자 보호 정책은 미미하다. 좀 더 장애자를 위한 보호 정책이 요청된다. 장애인의 인권은 철저히 존중되어야 한다.

6. 화장실 문화

세계를 관광해 보아도 미국처럼 화장실이 편리한 나라는 없을 것이다. 그러나 미국도 여자화장실이 남자화장실보다 수가 적은 관광지가 많아 여자 화장실 이용자의 기다리는 시간이 길다. 여자는 소변과 대변을 같은 곳에서 작업을 하기 때문이다. 그러나 무료다. 해외의 공중 화장실은 대부분 유료다. 무료 화장실에 익숙해져 있는 우리는 화장실에 돈을 내고 들어가는 것에서부터 이질감을 느낀다.

따라서, 관광부서에서 발행하는 여행자들을 위한 안내 책자에는 각 도시의 무료 화장실이 정리되어 실리기도 하고 인터넷 사이트 경험담에는 기차에서 볼일을 보고 내린다든지 박물관의 화장실을 이용하는 등의 노하우(?)들이 소개되기도 한다.

그러나 로마에 가면 로마법을 따르듯 해외의 특색 있는 화장실 문화를 제대로 알고 체험해 보는 것이 여행을 즐기는 기본이다.

유럽 남단 이탈리아는 화장실이 유료이긴 하지만 시내에서 화장실 찾기도 쉽지 않은 나라다.

급하면 식당에 들어가서 화장실을 구걸(?)하는 수밖에 없는데 주인들의 화장실 인심이 매우 인색하다. 프랑스의 베르사유 궁전에는 정원에 단 4개의 유료 화장실만이 있을 뿐이다. 그 많은 관광객 수에 비하면 턱없이 부족한 수준이다. 유럽 여행 중 운이 없는 경우에는 길게 늘어선 줄 앞에서 많은 시간을 허비할 수도 있다. 관광지에서 급하게 화장실을 찾게 되는 경우가 허다하므로 화장실을 발견하면 미리 볼일을 봐 두는게 좋다.

동양의 대국 중국의 화장실은 문이 없기로 유명하다. 수도 베이징이나 대도시들은 2008년 올림픽을 대비하여 화장실 보수 작업에 나섰다. 그리고 이제는 청결하고 현대적 시설을 갖춘 화장실이 늘어나고 있지만 시내를 벗어나 외곽으로 나가게 되면 문과 칸막이가 없는 화장실이 여전하다.

외국의 화장실에서 가장 당황하는 것이 휴지가 아닌 물을 사용하는 경우다. 특히, 터키와 이집트, 말레이시아 등이 그러한데 이 지역의 화장실 역시 유료가 많다. 지역에 따라 다르겠지만 대체로 시설은 열악하나 자주 청소를 해서 깨끗한 편이다. 화장실에는 휴지 대신 양동이 하나와 수도가 있어 물로 뒤처리를 한다. 이때 이곳 사람들은 왼손을 이용한다. 즉 왼손으로는 더러운 것을 취급하고 오른손으로는 밥을 먹거나 악수를 하니, 만약 중동 사람과 만날 일이 있다면 왼손으로 악수하는 것은 큰 실례를 범하는 것임을 유의해야 한다. 하지만 이 방법에 익숙지 않은 여행자들은 이 지역의 화장실을 이용할 때 잊지 말고 휴지를 들고 가야 한다. (백두현 글에서)

7. 중개 문화

한국은 누가 무엇이라 해도 중개문화권에 속한다.

한국 사람이 싸우려 들 때 곧잘 하는 말이 있다. 「말리지 말라」면서 손에 침을 뱉고 팔뚝을 걷어 올린다. 말리지 말라는 것은 말리려 드는 또는, 말리게 마련인 제3자가 곧 중개인을 의식하고 하는 말이다. 한국인의 싸움은 반드시 이 중개인이 개입 된다는 개연성이 없이는 이 같은 말이 나올 수 없는 것이다.

싸움을 시작하는 서양 사람들이 「말리지 말라」면서 싸울 수 없는 것과 대조적이랄 수 있다.

그리고 한국인이 쌈을 시작할 때 가급적 자신이 먼저 얻어맞는 피해자 입장에서 싸우려드는 개연성이 있다. 「때려! 때려!」하고 볼을 내밀며 싸우려 드는 그것이다. 싸우면 이겨야 하는 직결문화에서는 먼저 맞아야 하는 그런 바보짓이 어떻게 가능할 수 있겠는가. 피해자로써, 약자로써 쌈에 임한다는 것은 곧 그 쌈을 말리는 3자 곧, 중재자들을 의식하고 쌈을 중재할 때 유리한 입장에 서고 싶은 그런 중재를 의식하고 기대하기에 가능한 소행인 것이다.

이와 같은 싸움의 한국적 논리는 개인싸움 뿐만 아니라, 경영자와 노동조합과의 싸움에서 또, 법정의 싸움에서도 적용되고 있다.

노동자와 경영자란 원칙적으로 격돌할 수 있는 성질의 것이요 격돌하면 구미의 경우 어디까지나 쌍방 간의 싸움, 쌍방 간의 교섭으로 매듭짓는다. 한데 우리나라에서는 쌍방을 조정시키는 조정기관이 있어 이에 개입하여 중재를 한다. 노사 협조하는 이름 아래 왕성하게 개입하여 타협, 중재를 시킨다. 곧 제3자가 나타나 그 균형을 잡는다.

한미간의 재판도 그렇다. 원고-피고의 이해와 잘잘못을 법에 의해 가림하는 것이 재판이다. 직결문화의 미국에서는 사소로운 분규, 심지어는 부모 형제에 얽힌 약간의 이해나, 이웃이나 동료 간에 얽힌 사소한 이해마저도 재판으로 해결하려든다. 곧 이해당사자간의 중재를 거부하는 문화이기에 법정으로 몰고 간다. 중개문화인 한국에서는 웬만큼 큰 이해관계가 아니면 중재로서 화해 해 버리지 법정에 몰고 간다는 법은 없다.

싸움 및 이해관계로 법정에 제소한 문제일지라도 그 화해율은 37%에 이른다고 한다. 미국의 2.5%에 비해 압도적인 화해율이 아닐 수 없다. 화해를 한다는 것은 중재에 큰 가치를 부여하는 의식구조의 소산이다.

판결을 내리는 재판관도 구미에서는 잘잘못을 가리는 것이 지상(地上)의 본명으로 삼고 있는데, 우리나라에서는 가급적 화해시키는 것이 본명이요, 명재판관으로 알려져 온 것이다.

8. 운전 문화

우리가 차를 탄다는 것은 자기가 원하는 목적지를 가기 위함이다. 때로는 빠른 길로 가는 방법도 있을 것이고, 아니면 돌아서 가야 하는 경우도 생긴다.

고속도로를 달리면서 종종 보게 되는 현상이 있다. 3차선의 길을 달린다고 할 때 가장 안 쪽 차선으로 차들이 빨리 달리고 가장 자리 차선으로 조금 느린 차들이 달리는 것이 일반적이다.

때로는 앞차가 천천히 가는 바람에 그 차를 추월하기 위해 차선을 바꾸기도 한다. 그런데 가만히 생각해 보면 앞차가 천천히 가는게 아니라 내가 빨리 가려고 하는게 아닌가 하는 생각도 든다. 옆 차선으로 나를 추월해 휙 지나는 차를 보게 되기도 한다. 급한 일이 있기에 추월하리라 본다. 그러나 앞일은 아무도 모른다. 어느 정도 달리다 보면 속력을 내어 달리던 차선이 꽉 막혀 있는 경우도 보게 된다. 먼저 달리던 차들은 막혀 있고 다른 차선으로 늦게 오던 내가 그 차들을 추월하게 되는 경우도 있다.

자기 차선이 지금은 다들 잘 달리는 듯 하지만 저 멀리 앞쪽에 어디서 무슨 일이 일어나고 있는지는 아무도 모른다. 그런데도 모두 급히 가려고만 한다.

오래 살려면 차는 여유 있게 몰아야 한다. 충분한 시간을 가지고 출발해야 한다. 초조함 없이 운전을 즐기기 위함이다. 미국과 한국에서 보는 운전자의 자세가 다르다. 서울에서 운전할 때는 늘 '전투태세'다. 조금만 주춤거리면 옆 자동차의 창문이 스르르 열리고 "여보, 영감 집에서 잠이나 자지 왜 차는 몰고 나와서!"로 시작되는 험한 욕설이 터져 나온다. 한국에서 운전하는 노인들 중에 이 말 안 들어본 사람은 아마 없을 것이다. 그럴 때마다 가슴에 참을 인(忍)자를 수없이 새기면서 도를 닦는다.

오늘날 미국의 운전세계도 사실 서울에서 듣던 만큼 얌전하지는 않다. 여기서도 경적 울리고 마구 끼어드는 얌체 운전자를 심심치 않게 본다. 손가락으로 욕을 하며 지나가는 놈도 있다. 참아야 하는 수양이 필요하다. 출퇴근 시간의 교통체증도 장난 아니다. 그래도 다른 운전자를 모두 적으로 보고 얌체들과의 전쟁을 벌일 각오로 운전하는 서울에 비하면 평화롭고 평화롭다.

미국에 와서 처음에 운전할 때는 어딘가 끼어들어야 할 상황이 되면 서울에서와 마찬가지로 호시탐탐 기회를 엿보며 초조하게 기다린다. 그런데 주변의 운전자들이 선선히 차의 속도를 줄이고 먼저 빨리 가라고 손을 흔들어 준다. 그것은 '어려움에 빠진 사람을 도와준다.'는 태도였다. 한국에서는 내가 양보하면 왠지 손해 보는 것 같았는데, 이곳에선 베풀 수 있어서 오히려 기쁘게 느껴진다. 양보란 타인에 대한 배려인 동시에 나에게 남을 도울 여유가 있음을 확인하는 행동이다.

가만히 생각해 보면 미국에서의 일상이 한국보다 덜 피곤한 것은 '약자를 돕는다.'는 태도가 생활 속에 깊이 스며 있기 때문이다. 제 새끼 챙기는 것을 제외하고 약자를 돕는다는 것은 애초에 인간의 본성과는 반대되는 행동이다. 정글의 법칙이란 힘센 자가 제 마음대로 하는 것을 의미하지 않는가.

일상 생활 중 한국에서 가장 좌절했던 순간은 가진 자가 인색하고, 배운 사람이 배운 값을 못하고, 지배하는 자가 편협함을 드러낼 때였다, 가장 힘세고 가장 사나운 자가 제일 많이 먹는 세상은 결국 야만의 사회를 의미한다. 운전을 잘한다는 것은 결국 남을 배려할 여유가 그만큼 많다는 뜻인데도 그 힘이 약자를 무시하고 압박하는 데 쓰이니까 한국의 거리는 '정글'이 된다. 남에게 양보하고 남을 배려하는 운전문화가 필요하다.

9. 어머니날 아버지날

한국에서는 가정의 달인 5월로 들어서면 제일 먼저 5일이 어린이날이고, 8일이 어버이날이며, 15일은 스승의 날이어서 그 때마다 선물을 준비, 감사해야 한다. 그러나 미국은 우리와 달리 어버이날이 분리돼 있어 해마다 5월 둘째 일요일이 어머니날이고, 6월 셋째 일요일이 아버지날이며 어린이날과 스승의 날은 아예 없다.

그러나 미국 아이들도 어머니날과 아버지날은 우리처럼 부모에게 기념 카드와 선물을 드리는 것은 물론, 집을 나와 있는 경우 그 주말에 부모 집을 방문, 함께 식사하는 것을 보았다. 또 집에 가기가 어려운 경우에는 전화로 인사를 대신하기도 했는데 재미있는 것은 아버지날보다 어머니날 전화 통화 건수가 훨씬 많단다. 또 아버지날엔 전화를 걸어도 받는 쪽에서 전화 요금을 내야 하는 수신자 부담 콜렉트 콜이 많다는 소리를 들어 역시 자녀에게 부모 사랑은 아버지보단 어머니임을 다시 한 번 실감했다.

10. 파틀럭 파티와 샤워 파티

미국은 파티의 나라다. 이름과 이유만 생기면 파티를 한다. 미국인들은 정말 자주 파티를 연다. 그것도 개인적으로 친한 사람들뿐 아니라 회사 동료, 상사, 부하직원, 거래처 사람까지도 집으로 초대하곤 한다. 한국 같으면 밖에서 따로따로 만날 사람들을 모두 자기 집으로 초대하고 거기서 이웃사람과 친구들까지도 함께 부른다.

한국 같으면 일 때문에 갖는 모임이라면 일과 관련된 사람들만 모이고, 취미생활을 위한 모임이라면 회원들만 모인다. 그런데 미국인들의 파티에 자주 참석하다 보면 점점 아는 사람이 많아지게 된다. 또 원칙적으로 부부가 함께 참석해야 하는 것도 우리와 다른 점이다.

그리고 파티라 해도 다크 슈트나 롱 드레스를 입는 디너파티부터 뒷마당에서 여는 가벼운 바비큐 파티까지 실로 다양하다.

파티 종류가 어떤 파티인지 잘 모르면 복장을 고민하게 되는데 그럴 때는 복장에 대해 단도직입적으로 물어보면 된다.

선물로 와인이나 케이크 같은 음식물이 좋을 때도 있지만, 실례가 될 때도 있다. 점심식사나 저녁식사처럼 초대하는 사람이 미리 모든 메뉴를 준비했을 때 디저트를 가져가는 것은 오히려 실례가 된다. 와인도 별로 반기지 않는다고 하는 사람도 있고, 와인은 그 자리에서 따지 않으면 되니까 선물해도 괜찮다는 사람도 있다. 결국 제일 무난한 선물은 미리 꽃을 보내는 것이다.

음식보다는 안주와 술을 내는 허물없는 모임이라면 와인이나 초콜릿을 가져가는 것도 좋다. 또 미국에는 모임에 오는 사람들이 각자 요리나 음료를 하나씩 가지고 모이는 파틀럭(Potluck) 파티라는 것도 있는데 이때는 자기에게 지정된 것만 가져가면 된단.

그리고 한국에서는 추석이나 설을 꼭 챙기는 풍습이 있지만, 서양인들은 크리스마스 외에 일 년 중 정해진 시기에 무언가를 선물하는 관습은 거의 없다. 그 대신 그들은 결혼, 출산은 물론 생일이나 결혼기념일, 퇴직 등 인생에서 의미 있는 날에는 정성들여 선물을 준비한다.

그리고 미국에는 신부나 첫아이를 임신한 여성을 위해 선물을 퍼붓는다는 뜻의 샤워 파티가 있다. 이것은 그 여성의 친구들(본래는 여성만)이 결혼생활이나 신생아에게 필요한 것을 골라서 선물하는 미국인다운 파티이다. 선물은 아니지만, 미국인들은 기회가 될 때마다 자주 카드를 보낸다.

어떤 파티에 초대할 때도, 초대해 줘서 고맙다고 인사할 때도 전화가 아닌 카드를 보낸다. 만약 파티에 참석할 수 없으면 카드라도 보낸다. 축하만이 아니라 병문안이나 문상도 카드를 이용한다. 크리스마스카드는 말하자면 우리의 연하장과 같은 느낌으로 일 년에 한번 하는 인사를 대신한다.

제7장 미국의 평등관

1. 애완동물의 대우

　미국에는 애완동물 공동묘지가 있다. 묘지에는 동물의 이름과 내력을 밝히는 여러 묘비가 있다. 또한 묘비에는 동물 주인의 국적에 따라서 여러 나라말로 애도하는 글들이 쓰여 있다. 이로보아 동물을 사랑하는 주인의 마음을 알 수 있다.
　공동묘지에는 죽은 애완동물을 매장할 것인지 화장할 것인지를 조언해주는 카운슬러도 있다.
　미국인들은 애완동물중 강아지를 유난히도 사랑한다. 애완동물을 키우는 미국인의 약 85퍼센트는 자신의 생명이 위험하더라도 애완동물을 구할 것이라는 각오가 돼 있다고 동물보호협회가 발표했다.
　미국인들은 이혼할 때 강아지 양육권을 갖기 위해서 자녀 양육권 소송과 똑같은 절차를 거치는 커플도 늘어난다.
　아이를 돌봐주는 베이비시터처럼 강아지나 고양이를 운동시키고 똥을 누이고 친구가 되어 주는 애완동물 시터도 늘어난다. 애완동물 시터도 믿지 못해 휴가를 떠나지 못하다가 강아지 캠프로 휴가를 가서 강아지가 수영을 배우거나 발가락 사이에 붓을 끼워 피카소의 그림을 따라 그리는 모양을 대견스럽게 바라보고 격식대로 결혼까지 시키는 애완동물 주인도 많다.
　애완동물을 위한 상품 박람회가 열리면 기발한 아이디어로 만든 물건을 늘어놓은 수백 개 부스에 사람들 발 디딜 틈이 없어 밀려난다. 사람과 애완동물이 함께 먹는 과자라든가 강아지를 위한 빵집,

애완동물을 위한 보험 등은 이미 오래 전에 뉴스에서 빠졌다.

지금 미국에서는 강아지가 인간의 친구 자리를 넘어 동반자가 되더니 이제는 사람의 권리가 동물의 권리에 자주 밀린다.

미국의 애완용 강아지 대접은 사람이상으로 받음.

사람들에게 애완동물은 소유물이 아니다. 그래서 자신들을 강아지 주인이라고 하지 않고 강아지 보호자라고 한다.

할아버지, 할머니들은 손자보다도 애완동물을 더 사랑한다. 할아버지 할머니들은 나라에서 주는 생활비인 웰페어의 상당부분을 강아지에게 정성껏 바친다.

하루 종일 앵무새에게 얘기하는 사람의 대부분은 자신의 자녀에게는 앵무새에게처럼 그렇게 다정하지 않다. 반대로 손자들이 집안을 어지럽히면 화를 내는 할아버지, 할머니의 대부분은 잠깐 안 보는 사이에 강아지가 가구를 물어뜯으면 정서불안이라면서 걱정을 한다. 의견 충돌이 있는 자녀나 뒤치다꺼리가 많은 손자들보다 주인을 100퍼센트 따르고 사랑하기만 하는 애완동물에게 정을 쏟는다.

기르던 강아지가 길을 잃고 집에 돌아오지 않자 신호등에 강아지 모양과 찾아준 사람에게는 2,800불의 사례를 주겠다는 광고를 붙인 동물 애호가도 있다.

미국은 이런 동물 애호국이기 때문에 개고기를 먹는 사람을 식인종으로 보고 개를 학대하면 벌금, 집행유예 또는 감옥 생활을 하도록 법이 되어있다. 그러나 미국인이 기르는 작은 강아지(애완동물)는 보신탕의 재료는 아니다.

2. 애완동물 팔자

　서양의 개 팔자는 웬만한 사람 팔자보다 훨씬 더 좋다. 애완동물을 이렇게 좋아하는 민족은 없을 것이다. 특히 개, 고양이를 좋아한다.
　영주권이 없어 하루하루 불안에 떨면서 지내는 불법 체류자들에게는 어쩌면 미국의 강아지야말로 부러움의 대상이겠다. 식사도 방부제가 없는 메뉴로 입맛대로 드시질 않나, 미용실에 수시로 드나들면서 몸매 관리에 힘쓰시고, 결혼도 혈통과 계보를 따져 뼈대 있는 가문을 만들어 가고 있다.
　죽을병에 걸리면 안락사까지 보장되어있다. 죽은 개는 호화로운 장례식에 묘비까지 제공된다.
　한국에서처럼 화풀이 대상으로 발길에 걷어차이거나 여름 복날 무사히 넘기기에 마음 졸이는 우리나라 개들과는 달리 미국의 견공들께서는 인권, 아니 견권(犬權)이 보장되어 있다. 구타당하기는 커녕 제대로 돌봐 주지 않으면 당장 동물 학대 죄로 고소당한다. 성질 사나운 견공께서 지나가는 행인들을 물어뜯을 경우를 대비해서 보험까지 들어 놓는다.
　미국에서 애완동물을 학대했다가는 "사단법인 동물학대 방지협회"로부터 엄중한 항의와 압력을 강하게 받는다.
　슈퍼마켓에 가면 개먹이나 고양이 먹이 등 애완동물 먹이가 즐비하고, 아예 한 코너를 따로 마련해 놓고 있다.
　개나 고양이 그림이 그려져 있는 통조림을 사람용으로 알고 싼 맛에 사와서 낭패를 본 이민 초년생도 있다. 동료 소방관의 점심에 개밥을 넣고 웃다가 인종 차별 행위라고 법정에 등장한 일도 있다.

애완동물을 기르는 사람은 개 곁에 담배 피우는 사람이 오는 것도 싫어한다.

일반적으로 10가구 중에 6가구의 미국인이 애완동물을 기르고 있다고 한다. 우리가 TV만 보아도 애완동물 사업이 얼마나 호황을 누리고 있는지 알 수 있다. 3분이 멀다고 터져 나오는 광고가 모두 애완동물에 관한 것이다. 다양한 먹이, 인조 뼈다귀, 개껌 등은 물론이고 애완동물이 좋아하는 장난감과 털을 손질해 주는 각종 빗들, 수많은 액세서리들, 방부제 처리를 하지 않은 강아지 밥 등 이런 애완동물 사업이 연간 무려 100억 달러에 달하는 규모라고 하니까 어마어마하다.

이렇게 애완동물에 집착하는 미국인들의 형태는 무엇을 시사 하는 것일까. 자본주의 사회가 궁극적으로 추구하는 돈으로 메울 수 없는 공허감, 또 극도의 개인주의 생활이 불러일으키게 마련인 인간적 소외감이 그 원인이 아닐까 생각된다.

남편이 옆에 있어서 혈압이 올라가다가도 애완동물이 나타나면 혈압이 정상으로 돌아온 실험결과도 있다. 또한 알코올 중독자나 마약 중독자가 애완동물을 보살피는 곳에서 일을 해서 중독 문제가 해결된 예도 있다. (이몽룡 글에서)

3. 양담배의 이중성

미국정부는 담배가 건강에 해롭다는 것을 홍보하기 위해 91년 한 해만도 8천만 달러를 퍼부었다.

이제는 공공건물에서는 담배를 피우지 못하며 비행기의 경우 아

예 금연이다. 이도 부족하여
담뱃갑에 우리처럼「담배는
몸의 건강에 해롭다」는 식
의 막연한 문구 대신에 왜
어떻게 해로운지 구체적인
문구를 집어넣어야 하고 잡
지 등에 담배광고를 못 하도
록 전면금지해야 한다는 운
동이 벌어지고 있다.

양담배 가게

 이런 영향으로 실제 미국 국민의 흡연율은 지난 '70년 이래 무려 30%나 떨어지고 있으며 청소년들이 담배를 배우지 않도록 학교마다 특별교육까지 시키고 있다.
 이렇게 정부가 금연운동에 막대한 예산까지 들여가며 앞장서고 있으면서 이율배반적으로 담배재배 농가에게는 담배재배를 권장하기 위한 농산물재배 보조금을 지급하고 있다. '92년만 해도 지금까지 미국남부의 담배재배 농가에게 3백 36만 달러의 재배장려금을 지급했다.
 담배생산을 줄이면 자연히 금연가가 늘 것이고 이렇게 되면 금연홍보를 위한 예산도 자연히 절약할 수 있을 터인데 금연을 하라고 돈을 쓰면서 또 생산도 장려하니 이율배반 현상이다.
 이러한 정책의 이율배반 현상은 이유가 있다. 재배장려는 미국 국민을 위해서가 아니라 수출을 독려하기 위해서다. 미국 담배의 주요고객인 한국, 대만, 터키 등에 미국산 담배를 수출키 위한 장려금인 것이다.
 '91년의 경우 미국 내의 애연가가 32%나 줄었는데 미국의 담배수출은 15억 달러로 '90년도 보다 1억 달러가 늘었다. 미국 내에서 줄어드는 양을 해외에서 벌충을 하고 있는 것이다.
 미국 내에서는 담뱃갑에 경고문의 강도가 낮다 하여 이를 다시 고치는 마당에 미국은 다른 나라의 담뱃갑의 경고문이 너무 세다고 시비를 걸고 있다. '92년 봄 칼라 힐스 미 무역대표는 대만 정부에 대해 담배 경고문을 약화시키도록 요구했다.
 미국의 담배업자들의 로비는 유명하다. 금연을 강조하는 의원들에 대해서는 상대방에 정치자금을 지원하여 떨어뜨리게 할 정도이니 하물며 외국에 대해서는 어떤 행패를 부리고 있을지 가히 짐작이 가고도 남는다.
 현실이 이런데도 우리의 양담배 소비는 늘어만 간다 하니 우리가 비싼 달러를 주고 미국 국민들도 외면하고 있는 미국 담배업자들을 먹여 살려 주는 꼴이 되고 있다. 애연가들, 특히 양담배 애용자들에게 경고가 됐으면 싶다.
 양담배 애호가들 정신 차려야 할 시점에 왔다. (문창극 글에서)

4. 표현의 자유

 지금 미국인들이 이뤄낸 혁명중에는 완전한 표현의 자유가 있다.
 그러나 "일부 사람들은 미국인들이 표현의 자유를 지나치게 많이 갖고 있다고 비판한다. 예를 들어 성조기를 태우는 것도 표현의 자유로 보호받아야한다는 것이다.
 지난날 대법원에서 약 10여 명의 미국인들에게 성조기 방화에 대해 질문을 던져 봤다.
- "성조기 태우는 게 어때서요? 아무 문제없어요(20대 대학생)."
- "표현의 자유는 아무리 많이 가져도 지나치지 않아요(40대 아주머니)."

- "아무 이유도 없이, 그저 장난으로 성조기를 태우는 사람은 드물지 않겠소? 뭔가 표현하고 싶은 욕구가 있으니 그렇게 했겠지 (70대 노인)."

국민들의 창조성은 국가 발전의 중요한 원동력이다. 미국의 보이지 않는 힘 가운데 하나는 표현의 자유를 마음껏 누리면서 키워 온 미국 사람들의 창의력이라고 할 수 있다.

1984년 공화당 전당대회가 열리고 있던 텍사스 주 달라스에서 그레고리 존슨이라는 청년이 성조기를 불태우며 항의 시위를 벌였다. 그는 상징물의 훼손을 금지하는 텍사스 주법에 따라 기소됐다.

그 사건에 대한 최종 판결은 사건 발생 5년 만에 1989년 대법원에서 이뤄졌다.

"성조기를 태우는 것은 정치적 표현의 하나다. 헌법이 보장한 표현의 자유에 따라 이런 행위도 보호받아야 한다."

이 무렵 비슷한 시기에 그것과 유사한 사건에 관한 판결이 내려졌다. 미국의 한 미술가는 자신이 그린 성조기를 박물관에 전시했는데 장소를 출입구 바닥으로 택했다. 따라서 박물관에 들어오는 모든 관람객들은 그 성조기를 밟을 수밖에 없었다. 그 미술가는 성조기를 출입구에 전시함으로 성조기 훼손 혐의로 기소됐는데 최종 판결은 "그것이 작가의 사상을 나타내는 한 그런 전시는 보호돼야 한다."는 것이었다.

위와 같은 판결들에 분노한 미국의 이른바 애국주의자들은 이때부터 연방헌법을 개정하기 위한 운동을 시작했다. 약 1백여 개의 시민단체로 구성된 시민국기연합은 성조기 보호 조항을 담은 헌법 수정안을 만들기 위해 의회를 중심으로 많은 로비 활동을 펴왔다.

성조기 보호 단체들은 표현의 자유를 무한대로 보호하는 대법원에 더 이상 기대할 것이 없었기 때문에 의회 쪽을 선택한 것이었다. 상·하원에서 모두 제적 의원 3분의 2의 동의를 받을 경우 특정 헌법 조항에 대한 수정이 가능하기 때문이다.

그리고 현재의 미국 헌법은 입법 기관인 의회가 해서는 안 되는 금지 조항을 갖고 있다. 즉 미국 헌법은 의회가 국민의 표현의 자유를 제약하는 어떤 법도 만들어서는 안 된다고 규정하고 있는 것이다.

그럼에도 불구하고 의회는 성조기를 보호해야 한다는 여론을 등에 업고 1996년 봄에 그 헌법 조항에 도전을 했다. 결과는 실패였다. 표결에서 상원 의원의 3분의 2를 넘기지 못하고 세표 차이로 부결되었던 것이다.

의회의 토론에서 2백여 년이나 금과옥조처럼 지켜온 표현의 자유 조항을 훼손할 수 없다고 주장했다.

"성조기는 중요하다. 하지만 표현의 자유는 더욱 중요하다."

성조기와 관련해 표현의 자유를 줄곧 강조해 온 미국의 현대사를 더듬다 보면 한국에서 성조기가 어떤 대접을 받아왔나를 생각해 보게 된다. 성조기의 나라 미국에서는 성조기를 유린할 표현의 자유가 보장돼 왔지만 정작 한국에서는 성조기를 이용한 반미 시위가 국가보안법 대상이 돼왔다는 사실이 아이러니가 아닐 수 없다.

한국은 아직도 국가보안법이 존재하고 있다. 클린턴 대통령은 한때 국가보안법이 한국인의 인권을 유린하고 있다면서 그것의 철폐를 김영삼 정부에 요구한 적이 있다.

세계와 미국은 이미 냉전의 시대를 한참 지나 실속을 찾아 달음박질치고 있는데 우리는 국가보안법을 붙들고 냉전 시대라는 코뚜레에 코를 꿰고 있지 않나 본다.

5. 더치페이와 국민성

한국어 사전에는 '각자 부담(더치페이)'이라는 단어가 없다. 한국에서는 보통 여럿이서 밥 먹으러 갔을 때는 그중 제일 나이 많은 사람이 돈을 내곤 한다. 동료와 갔을 때에는 그 날 제일 지갑이 두둑한 사람이 내기도 한다. 물론 연장자라 해도 정년퇴직을 하거나 해서 돈을 벌지 않는 사람은 돈을 내지 않는다. 즉, 지불할 수 있는 입장에 있고 그 자리에서 제일 형편이 좋은 사람이 모두에게 한턱내는 것이다.

현해탄 건너 일본에서 태어나고 자란 재일교포 젊은이가 우리나라에 왔을 때, 새로 사귄 사람들과 술자리를 갖기로 했다. 그는 일본에서 학생들끼리 미팅할 때처럼 술값을 1인당 얼마씩 나누어서 내려고 했다. 그런데 막상 계산할 때가 되자 모두 잘 먹었다는 말만 하고 아무도 돈을 내지 않았다. 그들 가운데 가장 친한 친구에게 "더치페이 하는 거 아니야?" 하고 물었더니 의아해하더란다. 한국에서는 보통 "모여서 술 한잔하자."고 얘기를 꺼낸 사람이 술값을 내야 한다는 사실을 재일 교포는 몰랐던 것이다.

요즘에야 더치페이를 당연하게 생각하는 젊은이들이 늘고 있지만, 예전에는 각자 회비를 내라고 하면 치사하게 생각하는 사람이 많았다.

한국 사람들에게 '각자 부담'한다는 의식이 없다고 하기보다는 우리의 생활 속에 뿌리내리고 있는 유교의 가르침이 '각자 부담'을 바람직한 행동으로 보지 않는다는 데 기인하는 것 같다. 윗사람이나 조금이라도 위에 있는 사람이 남을 대접하고 챙기는 게 곧 우리의 미덕이다. 맛있는 것을 돈 안 내고 먹게 되면 다음에는 아랫사람에게 한턱내면 된다. 그렇게 생각하면 나대신 돈을 낸 사람에게 빚졌다는 생각은 안 해도 될 것이다.

6. 전국이 균형 잡힌 나라

미국은 중앙과 지방의 차이가 두드러지지 않다. 전국이 균형 잡히게 발전 되었다. 많은 나라들은 인구가 많은 대도시를 수도로 삼고 있어 국가의 힘이 수도라는 중앙에 집중되는 현상을 보이고 있다. 특히 한국은 '한국 = 서울'이라는 등식이 성립할 정도로 모든 것이 지나치게 서울에 집중되어 있다.

그렇지만 미국은 그렇지 않다. 엄격히 말해서 미국에는 중앙이라는 개념이 없고, 오직 여러 지방 또는 지역만 있다고 하는 것이 맞을 것이다. 그래서 수도인 워싱턴에 백악관이 있고 정부 관청들이 있지만 그렇다고 그곳을 반드시 중앙이라고 하지 않는다. 또, 뉴욕이나 L.A같이 인구가 많고 도시가 크다고 해서 이를 중앙이라고 하지도 않는다.

일반적 및 전통적으로 정치, 경제, 교육, 문화 활동이 어느 한 지역에 집중되지 않고 전국에 분산되어 왔기에 미국에는 도시와 시골의 차이가 두드러지지 않고 동서남북이 고르게 발전할 수 있었다. 원래 미국이 시작되었던 대서양 연안의 동부 지역에 비하면 서부는 한참 뒤늦게 개발되었지만, 현재 동서의 격차는 전혀 없다. 또, 역사적 배경 때문에 북부에 비해서 남부가 산업화에 조금 뒤졌다고 평가되기도 하지만, 그 남북 격차도 대부분 해소되었다고 할 수 있다.

입법부를 보면 미국의 하원의원은 지역마다 인구비례로 선출되지만 권한과 지위가 더 높다고 여겨지는 상원의원은 주의 크기나 인구에 관계없이 각 주에 두 명씩을 선출하게 되어 있다. 그래서 인구가 3천만 명이 넘는 캘리포니아 주나 50만 명도 채 안 되는 와이오밍 주나 똑같이 두 명의 상원의원을 선출한다. 이것은 각

주가 동등하다는 것을 상징하며, 이로써 정치권력의 집중이나 편재가 방지되고 따라서 나라 전체가 정치적으로 균형을 이루고 있다.

그러나 미국도 연방정부라는 중앙정부가 있지만, 각 주가 엄격한 자치를 시행하고 있기 때문에 중앙정부의 힘이 막강하거나 비대하지 않다. 한국에서는 아직도 옛날 과거시험 보듯이 각종 선발시험이나 자격시험을 중앙정부가 주관하고 있지만, 미국에서는 공직은 물론 의사, 변호사, 회계사 등을 선발하는 절차가 주 정부의 자치로 이루어지고 있다. 한국에서 정부가 관장하는 많은 사항을(국립대학, 국립병원, 국립 연구기관, 훈련기관, 복지기관 등) 미국에서는 지방자치단체나 민간인이 담당하고 있어서 '중앙 집중'이 원천적으로 배제되고 있다.

물론 미국에도 대도시에 큰 상점이 많이 몰려 있는 것은 사실이다. 하지만 미국에서는 일찍부터 우편판매나 지면판매(catalog sales), 온라인판매가 발달되었기 때문에 물건을 사기 위해 사람들이 한 곳으로 몰리지 않아도 되었다. 미국에서 각종 체인점이나 프랜차이즈(franchise) 영업이 성행하게 된 것은 땅이 넓기 때문이기도 하지만, 그것이 중앙으로의 집중을 방지하는 역할로 작용한 것도 사실이다.

원래 미국의 큰 은행들도 각 지역에서 출발한 지방은행이었다.

미국의 신문들도 대부분 지방신문으로 존재하고 있다. 「워싱턴포스트」나 「뉴욕타임스」 「시카고트리뷴」이나 「L.A.타임스」 등은 세계적으로도 권위 있는 신문들이지만, 그 이름 앞에 각각 도시 이름을 달고 있는 것에서 짐작할 수 있듯이 모두 지방 신문들이다.

미국의 라디오와 TV방송도 각 지역에 흩어져 있음은 말할 것도 없다. NBC, CBS, ABC, FOX 등 미국 전역에 방송되는 네트워크가 있지만, 이들은 아침, 저녁 중요시간대의 전국/국제 뉴스나 오락

프로그램만 제작하여 지역방송국에 배포할 뿐이고, 나머지 프로그램은 모두 지역방송국들이 자체적으로 운영하고 있다.

훌륭한 교육기관인 크고 훌륭한 대학들이 전국의 구석구석에 자리 잡고 나름대로 발전해 왔으며, 이 역시 미국의 균형 있는 발전에 큰 역할을 담당했다. 물론 미국 역사의 원점인 동부 지역에 오래된 대학들이 다소 몰려 있긴 하지만, 전국에 흩어져 있는 각 대학들 또한 오랜 학문적 전통을 이어 오면서 미국이라는 힘의 바탕을 이루어 왔다. 미국의 대도시마다 유명한 대학들이 있지만 예일, 프린스턴, 듀크, 스탠포드, 코넬 대학 등과 같은 명문 사립대학들과 기타 우수한 주립대학들이 중소도시나 작은 시골에도 자리 잡고 있다.

이렇게 미국에서는 교육도 지방마다 자치권에 따라 실시되고 있다. 그 결과 학교 운영방식이나 교육방침 또한 지역에 따라 다르게 운영되고 있는데, 이는 획일화의 극단을 보이고 있는 한국의 교육과 사뭇 다른 모습이다. 재미있는 것은 미국은 땅도 넓고 지역도 다양해서 방언이 다양하고, 독특할 법한데 사실은 그렇지 않다는 점이다. 남부 방언과 흑인 사투리 등이 다소 두드러지긴 하지만 그 밖의 뉴욕 사투리, 보스턴 사투리, 캘리포니아 방언 등은 다른 나라처럼 심하지 않다는 평이다.

미국에 중앙이 없다는 말은 정치, 경제, 교육, 언론, 스포츠 등 많은 분야의 힘이 한 곳에 집중되어 있지 않다는 것을 의미한다. 미국은 각 지역이 그들만의 특색과 개성을 지니고서 발전을 모색하고 있어 힘을 키우는 방법과 모양이 각기 다르지만, 그 결과 나라 전체의 힘은 보편화되어 있다.

이렇게 미국의 많은 부문이 중앙에 집중되지 않고 고르게 발전하게 된 것은 우선 땅이 넓기 때문이라고 말할 수 있다. 어쨌거나 미국은 구석구석에서 각 분야마다 튼튼한 뿌리가 내려지고 기초가 다져질 수 있었기에 국토의 균형적 발전을 이룰 수 있었으며, 이를 토대로 국력을 키워 왔다. 중앙을 드러내고 나면 남는 게 없을 것 같은 다른 여러 나라들과는 다르다.

7. 모순된 미국

  사실과 다른 면이 많은 나라가 미국이다.
  예를 들면,
- 첫째로 외국에서 흔히 추측되고 있는 것은 미국은 매우 기계화된 사회이며, 따라서 거의 도시화된 사회하고 생각하는 것이다. 그러나 미국은 그 영토가 방대하므로 아직도 국민들이 모두 근대화된 도시에만 사는 것은 아니며, 농촌 지방에 거주하는 사람들과 도시에 거주하는 사람들 사이에는 상당히 그 이해관계가 대립되고 문화시설에 차이가 있다.
- 둘째로, 미국에서는 가장 교육이 강조되고 누구나 교육을 받아야 될 것으로 믿어지고 있다. 사실상 오늘날 미국에서도 적어도 많은 학생들이 대학에 다니고 있으며, 이 고등 교육률은 전 세계의 어느 나라보다도 높다.

  이것은 말할 것도 없이 오늘날 미국사회는 극히 기계화되고 전문화되고 있기 때문에 교육을 받지 아니하면 사회에 나가서 인생 경쟁에 승리할 수 없는 까닭이다. 따라서 몇 년 전까지만 해도 고등교육 받은 사람, 특히 자연 과학 계통의 교육을 받은 사람에게 대한 존경은 상당하였던 것이다. 그러나 이 반면에 오늘날의 미국에서와 같이 교육을 받았다고 하여 혹은 받는다고 하여도 별로 존경을 받지 못하는 사회도 없다. 예를 들면, 일본이나 한국이나 대만에서는 학생들이라고 하면 교육을 받는 사람으로서 장래에 그 사회를 지도할 젊은이들이라고 생각되는 까닭에 될 수만 있으면 그들을 존경하려고 한다.

그렇지만 미국에서는 학생들이라고 하여 특별한 대우를 하는 일은 없다. 어떠한 의미에서 미국에서는 지식계급들에 대하여 특히 인문과학을 연구한 지식층에 대하여 상당히 적대시하는 경향을 보이고 있다.

- 셋째로, 미국에서는 만인평등이며, 사람이면 누구나 자유를 누릴 수 있다고 각국 사람들은 믿고 있다. 그러나 미국사회를 조금만 자세히 분석해 보면 미국과 같이 빈부의 차이가 현저한 사회가 없는 듯하며 자유를 향유할 수 있는 수가 제한된 사회도 없는 듯하다. 이러한 의미에서 만인평등이니 기회균등이니 하는 것은 아직도 한 정치적 표어에 지나지 않고, 오직 미국국민들의 소수에나 적용되는 표어라고 아니할 수 없다. 이제 이 미국사회에서의 빈부의 차이를 자세히 분석할 수는 없으나 일반적으로 말하여 백인들 사이에서도 아주 가난한 사람이 많고 흑인들 사이에서도 부자가 있는 것이 사실이다. 그러나 이것은 극히 개괄적인 이야기이며, 비교적으로 말하면 흑백인 간의 차이를 가장 현저하게 하고 있는 것은 그 수입의 차이라고 하겠다.

- 넷째 미국에서는 가장 민주적 이념과 질서가 국민들에 의하여 존중되고 있다고 외국에서는 믿어지고 있다. 그러나 좀 더 자세히 관찰하면 서양의 소위 민주 사회들 중에서 미국과 같이 폭행이 많이 자행되는 사회는 없다. 어떠한 정치학자들 중에서는 미국에서는 1865년으로부터 1963년까지 약 100년 동안에 4명의 대통령이 암살되었으며, 또 3명의 대통령이 암살미수에 그쳤고 또 무수한 흑인 민권운동가들 또한 암살되었음을 발표하고 있다. 그러므로 브

라운(H. Rap Brown)과 같은 과격한 흑인 지도자들은 이러한 미국 사회가 내재하고 있는 폭행을 미국사회에 극히 고유한 것이며, 이것은 어떠한 교육이나 점진적 운동만 가지고는 교정할 수가 없다고 주장하고 있다.

그리고 미국에서는 경찰관들의 행동에 대하여 백인들과 흑인들 사이에서 상당히 그 평가가 다르다. 백인들 사이에서는 16%밖에 경관들이 폭행을 하거나 모욕적 언사를 쓴다고 지적하고 있지 않음에 반하여, 흑인들 사이에서는 38%가 경찰관들이라고 하면 필요 이상으로 국민들을 못 견디게 굴며 자칫하면 모욕적 언행을 사용하는 자들이라고 대답하고 있다.

8. 모두가 거꾸로

일반적으로 미국과 미국인은 종종 합리주의라는 말로 대변된다. 그런데 미국에 관심을 가지고 살펴보면 많은 것들이 한국의 경우와 정반대라는 것을 알 수 있다. 성과 이름을 반대로 쓴다든가 어순이 반대라는 것에서부터 주소를 쓰는 모양이나 돈을 세는 방법, 손짓하는 모습 등 많은 것들이 한국과 반대로 나타나고 있다. 그러다 보니 그들의 사고방식이나 행동양식도 우리와 반대로 나타나고 있다. 한국이 많은 면에서 미국과 정반대라면 미국은 합리주의적인데 한국은 합리주의적이지 않다는 말도 되는가.

우선 우리와 상반된 미국의 여러 모습을 이해하는 것이 미국의 문화를 이해하고 나아가 영어를 익히는데 큰 도움이 될 것이다. 영어는 여러 면에서 한국어와 다르지만 어순이 다르다는 점이 가장 두드러진다.

한국인들은 고마워도 고맙다는 말을 못하고 미안해도 미안하다는 말을 못한다는 얘기를 들어왔다. 조금 과장한다면 지하철에서 발을 밟은 사람은 미안하다는 말이 없고 자리를 양보 받은 사람은 고맙다는 말이 없다. 수십 년을 같이 산 부부간에 평생 사랑한다는 말 한마디 없었다는 얘기가 거짓말처럼 들리지 않는다. 반면에 미국인들은 하루에도 수없이 "Thank you" "You're welcome" "I am sorry" "Excuse me" "I love you"라는 말을 식은 죽 먹듯이 사용하고 있다.

사람을 가까이 오라고 부를 때 우리는 손등을 위로 하고 손끝을 아래로 흔들면서 부르지만, 미국인들은 반대로 손등을 밑으로 하고 손가락 한두 개를 자기 쪽으로 구부리면서(우리가 개가 고양이한테 하는 것처럼) 사람을 부른다. 손가락으로 물건의 개수를 셀 때에도 우리는 손을 편 상태에서 엄지손가락부터 접어 나가면서 세는데, 미국인들은 반대로 가볍게 쥔 주먹에서 새끼손가락부터(다른 손으로) 하나씩 펴나가면서 셈을 한다.

미국인들은 엄지손가락을 위로 세우거나 아래로 거꾸러뜨려서 찬반이나 호, 불호를 나타내고, 가운데 손가락을 잘못 펴 보이면 그들에게 큰 욕이 된다. 그들은 입맞춤이나 껴안기도 우리보다 더 쉽게 자주 하고 대화할 대도 상대방에게 가까이 접근해서 대화를 한다.

미국인들의 돈(지폐) 세는 모양도 우리와 다르다. 우리는 보통 왼손으로 돈 다발의 허리를 접어 쥐고 오른손 엄지와 집게손가락으로 돈의 오른쪽 위 귀퉁이를 하나씩 앞으로 젖히면서 세어 나가는데, 미국인들은 돈을 접지 않고 그대로 한 손에 든 채 다른 손으로 한 장씩 옆으로 잡아 빼면서 센다.

한국에서는 고액권일수록 더 훌륭하다고 여겨지는 인물이 담겨 있지만, 미국의 경우 가치가 낮을수록 더 중요한 인물이 들어 있다. 지금은 유통되고 있지 않지만 과거 만 불짜리와 천 불짜리 지폐에는 체이스(Chase)와 클리브랜드(Cleveland)가 있었고, 백 불짜리에는 프랭클린(Franklin), 이십 불짜리에는 잭슨(Jackson), 십 불짜리에는 해밀턴(Hamilton)과 같이 (최소한 우리에게는) 잘 알려지지 않은 사람이 들어 있는 반면 오 불짜리에는 링컨(Lincoln), 일 불짜리에는 워싱턴(Washington)이 그려져 있다. 권위와 무게를 중시하는 한국 사회와 달리, 국민들이 흔히 사용하는 돈에 가장 추앙하는 인물을 그려 넣음으로써 늘 보고 기리자는 그들의 합리적인 생각이 담겨 있다.

한국인의 주거생활은 집에 들어 올 때 신발을 벗는 데서부터 시작한다. 그러나 미국에서는 집에서 신발을 신고 있는 사람이 많다. 한국과 미국의 문화는 잠자는 버릇에서도 차이를 보인다. 침대나 침실을 따로 두지 않고 방이나 마루에서 가족들이 같이 누워 자던 우리에게는 그것이 가족이나 공동체 중심의 의식구조를 더욱 굳게 만들었을 것이다. 하지만 태어나서부터 부모와 떨어져 따로 자는 미국인들의 버릇은 그들의 철저한 개인 중심주의와 연결되는 것 같다.

미국의 개인주의와 우리의 공동체주의는 실로 여러 가지 부문에서 상반된 모습을 나타내고 있다. 모든 것을 '나'의 입장에서 보고, 생각하고, 행동하는 미국인들은 자기밖에 모르는 이기주의자처럼 보일 수도 있다. 반면에 다른 사람과의 관계를 중시해온 우리는 가족 등 공동체를 중심으로 생활을 풀어 나간다.

미국인들은 자신이 독자적으로 소유하고 있지 않는 것에도 많은 경우 'my'라는 소유대명사로 지칭한다. 나의 학교(my school), 나의 회사(my company), 나의 집(my home), 나의 마을(my town), 나의 나라(my country) 그리고 모두가 함께 섬기는 하나님까지도

나의 하나님(my god)이다. 물론 한국에서는 우리 학교, 우리 회사, 우리 집, 우리 마을, 우리나라가 되고, 심지어는 자기 배우자마저도 우리 남편, 우리 아내라고 하여 세상에 유례없는 표현을 사용하고 있다. 공동체의식이 언어에 배인 극단적인 예라고 하겠다.

미국인들이 우리보다 일반적으로 기부에 더 열심이고 자원봉사에 더 적극적이고 입양에 더 개방적이고 헌혈, 장기기증도 많이 하고 있는데, 이는 누구에게나 선한 사마리아인이 되어야 한다는 그들의 기독교 신앙관과도 일치한다.

반면에 우리는 어떤 모양으로든지 고리로 연결되고 울타리로 공동체를 이루는 상황에서 친밀한 관계를 유지하려는 성향이 강하다. 삼강오륜을 바탕으로 하는 우리의 동아리의식은 다행인지 불행인지 우리나라를 전 세계에서 동창회, 향우회, 종친회 등의 활동이 가장 왕성한 나라로 만들었고, 급기야는 많은 일이 학연/지연/혈연 등의 연결고리에 따라 결정되는 파행적 연고주의(nepotism)와 지역감정이라는 망국병을 낳고 있다.

한국에서는 몇 년도에 대학에 들어갔느냐에 따라 학번이라는 것이 정해지고, 이에 따라 선후배를 가리는 것이 보통이다. 그러나 미국에서 동창이나 선후배를 따질 때 가령 'class of 99'라고 하면 우리처럼 99학번, 즉 1999년도에 대학에 들어간 것을 의미하는 것이 아닌 1999년도에 졸업했다는 것을 의미한다.

한국문화가 외관과 체면, 명분과 형식(forms)을 중시하는 문화라면 미국 문화는 내용과 실속, 내면과 실용성(contents)을 앞세우는 문화라는 것 역시 정반대이다. 냉수만 마시고도 배부른 듯 이를 수시는 것이 우리의 외식(外飾)주의라면, 겉으로는 못생기고 투박하더라도 일을 제대로 해내기만 하면 된다고 생각하는 실용주의가 그들의 철학이다. 그래서 미국의 자동차나 집, 그 밖의 많은 기구/

물건이 우리 것에 비해서 큰 덩치에 볼품도 없지만 속을 들여다보면 알차고 실속 있고 내용이 튼튼한 경우를 많이 본다.
 '모난 돌이 정 맞는다.'고 하면서 유별난 사람들은 탐탁지 않게 생각하는 것이 한국 사회라면, 아무 특색 없이 '통계에 잡히는 숫자가 되지 말고(Don't be another statistic)' 될 수 있는 한 남들과 다를 것을 장려하는 것이 미국 사회라는 점도 정반대이다. 한국의 유례없는 획일주의는 온 나라를 한 가지 색깔로 칠해 놓고 이른바 일류병이라는 고질병을 낳고 있다고 우리도 자성(自省)하고 있는 터이지만, 그 바람에 혁신과 탐구력에 의해서 성패가 갈리는 경쟁에서 필수불가결의 요소인 창의성을 기르지 못하고 있는 실정이다.
 그러나 서로 다르고 반대로 보일망정 '어느 쪽이 옳고 어느 쪽이 그르다'라는 판단을 내리려 해서는 안 된다. 문화의 서로 다름을 간파하자는 것이 세계화의 첫걸음이자 요체라고 한다면 어느 쪽이 더 낫다는 판단을 하려 드는 것은 어리석음이다. 본질적으로는 한 문화가 다른 문화보다 우수하다고 아무도 단정할 수 없다. 합리성이라는 것도 보기 나름이요 이해하기 나름이다. 많은 분야에서 정반대 현상을 보이고 있는 한국과 미국의 두 문화가 앞으로 그 간격을 좁혀 나갈 것은 분명하지만, 어떤 부분은 오래도록 차이가 남을 것인가. 특히 서로가 자신들의 굳어진 의식을 과감히 떨치지 않으면 말이다. (장석정 글에서)

9. 미국인의 평등관

 전통적으로 모든 사람은 평등하며, 누구도 다른 사람보다 우월하게 태어나지 않았다는 믿음을 미국인들은 굳게 가지고 있다. 어느 한 사람의 의견도 다른 사람의 의견만큼 값어치가 있으며 경청할

만하다는 생각을 가지고 있기 때문에, 미국의 선거에서 보면 "1인 1표"를 주장한다.

　대체적으로 미국인들은 어떤 사람이 자기들에게 눈에 띄게 경의를 표하면, 일반적으로 상당히 거북해한다. 미국인들은 자신들에게 절을 한다던가, 경의를 표한다던가, 노골적으로 존경의 대상이 되는 것을 좋아하지 않는다.

　보통 미국인의 사고방식으로는 남성만 평등하게 태어난 것이 아니라, 여성도 평등하게 태어났다. 실제로는 이 이상이 지켜지지 않을 수도 있지만 미국인들은 여성과 남성은 평등하기 때문에 똑같이 존중되어야 한다고 일반적으로 생각한다. 여성은 남성과 다르지만, 남성보다 열등하지는 않다.

　그렇다고, 미국인들이 성별, 나이, 재산, 혹은 사회적 지위에 따라, 다른 미국인을 차별하지 않는다는 말은 아니다. 미국인들도 차별을 한다. 단, 잘 드러나지 않게 차별을 한다. 말투, 말하는 순서, 단어 선택, 좌석배치 등을 통해, 미국인들이 인정하는 사회적인 신분 차이가 드러난다. 고위직에 있는 사람들은 먼저 큰 소리로, 더 오래 말하는 경향이 있다. 이들은 식탁의 맨 윗자리에 앉거나, 가장 편한 의자에 앉는다. 고위직에 있는 사람들이 하위직 사람들보다 더 마음대로 상대방의 말을 가로챈다. 고위직에 있는 사람은 하위직에 있는 사람의 어깨에 손을 얹기도 한다. 두 사람 사이에 신체 접촉이 있는 경우라면, 고위직인 사람이 먼저 손을 댄다.

　이제 미국인의 평등관에서 눈에 띄는 점을 살펴보면 한 사람의 인생에 있어서 그 출발점이 어디든 상관없이, 누구나 높은 사회적 지위에 오를 수 있는 기회가 있다.

　그리고 그 사람이 아무리 불운하더라도, 그것에 관계없이 누구나 기본적으로 정중한 대우를 받을 수 있다는 것이다.

평등이라는 개념은 미국인들이 일반적인 행동을 할 때, 또 다른 사람과 관계를 맺을 때, 상당히 허물없이 지내도록 만든다.

마찬가지로, 조지 부시 미국 대통령(제43대, 2001. 1. 20~현재)도 야외에서 조깅을 하는 동안에 조깅복을 입고 있는 사진을 자주 찍는다.

이렇게 잘 알려진 미국인들이 친근한 모습을 겉으로 드러내는 이유는 다른 사람을 허물없이 평등하게 대하려고 하기 때문이다.

10. 줄을 잘 서야

이민자들이 미국에 살려면 줄을 서서 기다리는 데 익숙해야 한다. 슈퍼마켓에서도, 화장실에서도, 은행에서도, 주차장에서도, 음식점에서도 어느 곳에서나 사람이 모이는 곳에서 볼일을 보려면 줄을 서야 한다. 그런데 미국의 경우 우리와 줄서기 방식이 좀 달라 까딱 잘못하면 망신당하기 쉽다.

어떤 동포가 미국에 간 지 얼마 안 됐을 때 자동차로 여행을 하던 중 아이들이 화장실을 가고 싶다고 해서 고속 도로변 휴게소에 있는 화장실로 들어갔다. 그 곳에는 화장실이 4칸쯤 있었는데 서너 명쯤 되는 사람들이 한 곳에 몰려서 기다리고 있었다.

이런 경우 한국에서는 보통 화장실 칸마다 줄을 서서 기다리다 앞사람이 나오면 들어가는 게 상례이다. 그래서 이민 초년생은 당연히 급하다는 아이들을 사람들이 서 있지 않은 칸으로 빨리 들여보냈다. 그 순간 누가 '여기가 줄'이라고 얘기했다.

그러나 이민 초년생은 그들이 서 있는 데 신경을 쓰지 않았기 때문에 그 소리가 초년생에게 하는 얘기인 줄 몰랐다. 하지만 순간 눈치를 보니 사람들은 칸칸이 줄을 서는 것이 아니라 전체적으로 줄을 서 있다가 어느 곳이든 먼저 나오는 곳으로 차례차례 들어가는 것이었다. 갈 곳이 많아도 한 줄로 서서 먼저 끝난 곳에 앞에서부터 간다. 이것이 미국의 줄서기다.

미국 사람들은 슈퍼에서 한번 장을 봤다 하면 엄청스레 많이 본다. 아마 맞벌이 부부가 많고 장을 보려 해도 슈퍼가 우리처럼 집 앞에 있는 것이 아니고 대개 차를 타고 가야 하기 때문인 듯했다.

따라서 한사람이 카트에 가득 싣고 온 것을 계산하려면 꽤나 시간이 걸리기 때문에 가능한 짐이 적은 사람을 찾아 그 뒤에 줄을 서야 한다. 그러므로 필요한 물건을 구입하고 나면 어느 계산대의 줄이 제일 짧은가를 먼저 보고 그 다음엔 앞사람의 구입량을 다시 살펴 줄을 잡는다. 이처럼 머리를 굴려서 줄을 서도 반드시 길었던 줄보다 빨리 끝나란 법이 없다.

캐셔가 계산을 하다가 물건 값을 잘 모르는 것이 나오면 그 물건 값을 확인하는 과정에서 어떤 땐 매니저까지 동원하는데, 뒷사람은 아무리 바빠도 그 과정이 끝날 때까지 하염없이 기다려야 한다. 그것이 싫으면 아예 줄을 바꿔 서면되지만 그 때 또 다른 줄로 가서 서려면 너무 늦기 때문에 울며 겨자 먹기로 기다릴 수밖에 없는 것이다.

필자도 이런 경우를 몇 번 경험했다. 속으로야 화가 나지만 그 날의 재수 없음을 한탄하며 그저 우아하게 기다릴 수밖에 없었다. 그래서 줄을 잘 서야 된다는 말이 있는 모양이다. 자동차를 운전하다보면 자기 차선이 빠른 것 같아도 앞차의 방향 변화로 늦어져 줄을 잘못 섰음을 느낄 때가 많다. 그러나 미국인들은 '세월아 가라.'는 식으로 먼 산만 바라보고 개의치 않는다.

한국에 있을 때 같으면 "좀 빨리 할 수 없냐."며 소리라도 한번 질렀겠지만 어쩌랴, 남의 나라 땅에서 끽소리 못 하고 기다릴 수밖에. 우리는 그 때마다 팔팔했던 우리 성질이 녹슬어 감을 느끼며 혼자 웃는다.

누군가의 말을 빌리면 우리나라 사람들은 매사에 차례를 기다리는 것에 훈련이 안 돼 반드시 줄을 서야 하는 곳, 예를 들어 택시 정류장 같은 곳에서도 괜히 줄에서 조금 삐져나와 선다는 소리를 들은 적이 있다.

11. 성급한 문화와 줄서는 인내

미국 사람들은 줄서는데 익숙해진 듯 보인다.

우리가 미국에 와서 사회생활을 하면서 제일 먼저 보고 배우는 일중 하나가 줄을 서는 일이다. 햄버거를 하나 사기 위해서도 줄을 선다. 은행이나 우체국 혹은 관공서에서 일을 보기 위하여 줄을 서서 차례를 기다리는 것은 너무나 당연한 일이 되어 버린 것이다. 필자는 타코 가게를 들어가기 위해 좌회전 기회를 기다리던 중 반대쪽에서 오는 차가 먼저 들어가서 뒤를 따라 들어갔다. 물건을 주문하고 돈을 내려고 하니 앞차 운전자가 이미 지불을 했다고 한다. 이름도 성도, 누군지도 모르는 사람이다. 이유는 그 운전자가 필자를 세치기 했기 때문이란다. 이런 기회를 또 기다리고 있지만 다시는 그 후 이런 행운이 없었다. 줄서는 것은 지위의 고하가 있을 수가 없고, 백인이니 흑인의 구별이 없으며 돈이 많고 적은 것이 상관없는 듯하다. 어찌 보면 줄에 서서 기다리는 것을 미국 사람들은 즐기는 것 같기도 하지만, 특별히 바른 지름길을 찾으려고 하지 않고 순서에 의해서 자기 일을 보는 보통 사람의 습성이 몸에 밴 생활 태도인 것이다.

한국 사람들은 줄을 서면서도 샛길이 어디 있지 않나 호시탐탐 길을 찾고 있다. 이런 성급한 문화가 우리의 특급 문화로 등장하고 있다.

고층 건물에서 엘리베이터를 탈 때에도 과히 좋지 않은 특급 문화가 나타난다. 미국에서는 특히 문 밖을 나갈 때 남성은 문을 열어 주어 여성을 먼저 내보내는 것이 당연한 예의인데, 성급한 남성들 중엔 먼저 내리는 용감성을 발휘하기도 하고 한 수 더 떠 엘리베이터에서 여성이 내리려는데 그보다 먼저 올라타는 행위도 간혹 목격할 수 있다. 또한 승강기는 자동식이어서 우리가 가고자 하는 층의 번호가 적혀 있는 단추만 누르면 되는데, 한 번만으로 부족해서인지 몇 번 씩 누르는 태도도 우리네의 특급 문화에 의한 버릇이 아닌가 여겨진다. 한국인이 사용하는 건물의 엘리베이터의 버튼 중 닫힘(Close)의 문자는 너무 자주 눌러 지워져 있는 상태가 많다.

11. 미국은 어떤 나라인가

미국은…
- 땅이 넓은 나라, 특히 평평한 땅이 많은 나라
- 잔디가 많은 나라(토양 보존이 잘된 나라)
- 곳곳에 뛰어 놀 수 있는 운동장, 놀이터, 공원이 많고 도서관이 많은 나라
- 선택의 나라, 기회의 나라 그리고 다양성의 나라
- 불법 체류자가 원주민보다 더 많은 나라
- 여러 인종의 피가 섞인 혼혈아들이 많은 나라
- 세계의 성씨와 종교가 거의 다 들어 와 있는 나라
- 기독교의 깊고 굵은 뿌리가 남아 있는 나라

- 기부, 입양, 자원봉사, 헌혈, 장기기증 등에 너그러운 나라
- 모르는 사람에게 사랑을 나눠주는 선한 사마리아인의 나라
- 한국에 세브란스 병원을 짓고 이화, 배재, 정신, 경신, 숭실 등의 많은 학교를 세운 나라
- 좋은 일하고도 욕먹고, 도와주고도 뺨 맞는 나라
- 9.11테러 같은 사태를 앉아서 당하고 있는 나라
- 자유와 정의와 평등과 기회균등과 아울러 사생활을 중시하는 나라
- 주민등록증이 없는 나라(운전 면허증으로 족한 나라)
- 일단 사람으로 태어났으면 모두 똑같다고 여기는 평등한 나라
- 의원도 공항에서 일반인들과 함께 몸수색을 받는 나라
- 이름 부르기를 아주 좋아하는 나라
- 한국이나 도미니카 출신도 할 일을 잘 하기만 하면 영웅으로 대접해 주는 나라
- 활자로 찍을 수 있는 뉴스는 다 신문에 찍는 나라
- 큰 회사나 대학이 조그만 시골에 있어도 상관없다고 여기는 나라
- 스포츠에 미친 나라(특히 미국식 축구 같은)
- 프로레슬링 선수나 배우가 주지사나 대통령도 될 수 있는 나라
- 다양성을 두려워하지 않는 나라
- 정당의 당사도 없고 당수도 없는 나라
- 100세 된 상원의원이 있는 나라
- 국립묘지만도 100개가 넘는 나라
- 집 청소하고, 잔디 깎고, 낙엽 긁고, 눈 치우고 또 집 고치느라 세월 다 보내는 나라
- 언제 어디서나 농담과 해학과 놀이를 즐기는 나라
- 매일 노는 것 같이 보이는 나라
- 동서남북과 숫자를 잘 챙겨서 거리를 만들고 길을 닦는 나라

- 선진국이라지만 아직도 곳곳에는 후진국 냄새가 물씬 나는 나라
- 역사가 200여 년밖에 되지 않지만 맏형 노릇을 하도록 다른 나라들이 기대하는 나라
- 별로 먹을 게 없는 것 같지만 사실 세계의 모든 음식을 다 맛볼 수 있는 나라
- 정크 푸드를 너무 즐기다 보니 서너 사람 중의 한 사람은 비대증에 걸린 뚱뚱한 나라
- 그 크기와 넓이와 높이와 깊이와 무게와 부피를 이상한 방법으로 재는 나라
- 전깃불에서 인터넷에 이르기까지 수많은 발명과 혁신을 이루어 온 부러운 나라
- 캠퍼스에서 총기사고가 빈발하는 나라
- 전 세계에서 유학생이 몰려드는 나라
- 시민권자 아기를 출산하려고 임산부들이 들어오는 나라
- 장애자들을 위한 천국
- 영어가 국어인데 영어를 잘 못하는 국민이 아주 많은 나라
- 영어는 못해도 되지만 운전을 못하면 살 수 없는 나라
- 모든 게 뒤집어진 나라
- 세계 각지로부터 우수한 사람들이 들어와서 활동하게하고 또 그런 사람들을 데려다 길러내고 있는 나라.

제8장 자립정신

1. 자립정신

자립정신을 키우기 위한 청소시키기

한국인 방문객들은 대다수의 미국의 10대 아이들이 스스로 돈벌이 일을 하는 것을 알고 무척 놀란다. 10대 아이들은 신문을 돌리거나, (10대들이 가장 흔하게 취직하는)즉석 음식점에서 일하거나, 가게 점원 노릇을 하거나, 할인점에서 선반에 물건을 진열하거나, 동네 슈퍼에서 식료품을 봉투에 담거나, 잔디를 깎거나, 다른 육체노동을 해서, 오락을 즐기거나 옷이나 차를 사려고 스스로 돈을 번다. 어떤 아이들은 대학 등록금을 마련하기 위해서, 자기 수입의 일부를 저금하기도 한다. 부모의 입장에서는 직업을 가진다는 것은 아이들에게 독립적으로 행동하고, 자기 시간과 돈을 관리하고, 자기 결정에 대하여 책임을 지는 등, 돈으로 바꿀 수 없는 훈련을 받게 하는 것이다. 규칙적으로 직장에 보고하고, 상사의 감독 아래에서 일상적인 업무를 수행하는 것이 16살 아이에게 "좋은 훈련"이라고 생각하는 것이다.

전통적이고 전형적인 "보통 가족"의 경우, 아이들은 18살이 되면 -즉, 고등학교를 마치면-부모 집에서 나갈 준비를 한다. 미국인들은 고등학교 이상의 고등교육기관이면 모두 "대학"이라는 말을 쓰는데 "대학에 가거나" 직업을 찾는다. 아이들이 1년이나 2년 정도 더 부모와 같이 살기도 하지만, 이때가 지나면 아이들은 "혼자 힘으로" 살아야 한다.

현대 미국인들은 "빈 둥지 증후군"이라는 말을 쓰는데, 자식 중 막내가 집을 떠났을 때, 부모 중 특히 엄마가 느끼는 심리적 충격을 가리키는 말이다. 부모가 자기 아이들을 오랫동안 헌신적으로 키웠다가 아이가 끝내 떠나면, 부모들은 허탈감에 빠진다. 부모들은 남은 시간과 힘을 어디에 쏟아야 할 것인가? "빈 둥지 증후군"이란 지루함, 우울함, 그리고 더 이상 매일 자기 주위에 아이들이 있지 않기 때문에 부모에게 엄습해 오는 목표상실감이 뒤섞인 증세이다. 해결책으로 아이들이 떠난 뒤에, 많은 여성이 취업이나 재교육을 받거나, 사회적 또는 정치적인 관심사를 추구한다.

가끔 빈 둥지가 일시적이기는 하나 다시 채워지기도 한다. 대학에 가버렸던 아이가 여름방학 동안 집에 오기도 한다. 직업을 가졌던 아이가 직장을 잃고, 자기 가정을 돌볼 수입도 없어지는 경우가 있다. 결혼을 했던 아이가 결혼생활이 파경을 맞거나, 심지어 이혼을 하고 손자·손녀들을 데리고 자기 부모 집으로 돌아와 살기까지 한다.

가족생활의 또 다른 큰 전환점은 할아버지·할머니가 노쇠해지거나 돌아가시면 찾아온다. 나이 많이 드신 부모들 대부분이 양로원에 들어가거나 거처를 자식의 집으로 옮기기 전까지는, 따로 살 수 있으면 따로 살려고 한다. 나이든 부모가 성장한 아이들과 같이 산다는 것은 생각하기 어렵기도 하고, 꼴사나운 일이라고 미국인들은 생각한다. 독립심과 자급자족이라는 이상은 너무나 미국인의 뇌리에 깊이 박혀서, 억지로 의존할 수밖에 없는 상황이란 아이들뿐만 아니라 나이 들고 노쇠한 부모들까지도 받아들이기 힘든 아주 불편한 상황이다.

2. 미국인의 사생활

　미국에서 보면 개인주의에 부여하는 가치와 밀접하게 연관을 맺고 있는 것이 많다. 미국인들은 사생활에 큰 중요성을 부여한다. 많은 사람들이 사태를 파악하거나 소모된 정신적 에너지를 충전하기 위한 "자신만의 시간, 또는 혼자만의 시간이 필요하다"고 미국인들은 생각한다. 미국인들은 대부분 혼자 있는 것을 싫어하여 누군가가 같이 있어 주기를 원하는 사람들을 보면, 잘 이해하지 못한다. 미국인들은 이러한 사람들을 나약하거나 의존적인 사람으로 간주하는 경향이 있다.

　만일 부모들이 경제적인 여유가 있다면, 아이들은 각자의 침실이 있다. 어린아이일지라도 자기만의 침실이 있다는 사실은 혼자만의 시간을 가지며, 자신의 소유물을 놓아둘 수 있는 자신만의 공간을 가질 자격이 있다는 생각을 고취시킨 것이다. 즉 남의 것이 아닌 자기만의 옷, 자기만의 장난감, 자기만의 책 등을 자기 방에 놓아둘 수 있는 공간이 필요하다는 것이다.

　대부분의 미국인들은 사람들이 그 어떤 누구와도 공유하지 않는 자신만의 "개인 생각"을 가지고 있다고 생각한다. 의사, 변호사. 정신과 의사 등의 사람들은 고객의 개인적인 정보가 다른 사람에게 알려지는 것을 방지하는 "비밀유지"에 관한 규약을 지켜야 한다.

　개인만이 소유하는 사생활에 대한 미국인의 태도는 외국인이 이해하기는 어려운 경우가 허다하다. 미국인들의 집, 마당, 심지어 사무실은 열려 있어서 아무나 들어가도 되는 것처럼 보이기는 하나 반면에, 미국인들의 마음속에는 다른 사람이 쉽게 넘어서지 못하는 경계가 있다. 이 경계를 넘어서면, 미국인들의 몸은 눈에 띄게 굳어지며, 태도도 냉랭해지고 쌀쌀해진다. 미국인의 프라이버시를 이해하고 주의해야 한다.

3. 미국의 개인주의

　미국인들은 아주 어릴 때부터 자신을 자신의 처지와 운명에 대해 책임을 지는 별개의 개인으로 생각하도록 훈련을 받는다. 이들은 한국인과 같이 자신을 긴밀한 유대관계를 가지는 상호 의존적인 가족, 종교 집단, 부족, 국가 또는 기타 집단의 일원으로 여기도록 훈련을 받지 않는다. 개인주의에 강한 애착을 갖고 있다.

　미국에서는 다른 나라에서처럼 가족, 국가 혹은 신을 섬기는 것이 자신들의 운명이라고 믿도록 길러지는 아이는 거의 없다. 일반적으로 미국의 어린이는 자신의 성향대로 삶의 목적과 직업을 스스로 정할 수 있다고 생각한다. 미국은 아이들을 강인한 개인으로 기른다.

　최근, 높아 가는 주택비용 같이 변화하는 경제 요인에 비춰보면, 젊은이들이 부모의 집에 얹혀사는 것이 점점 더 용인되기는 하지만, 고등학교를 졸업하면 독립한다는 생각은 여전히 굳건하다. 경제적으로 독립생활을 할 수 있다면, 미국 젊은이는 스스로 따로 나가던가 아니면 대학을 가서 부모와는 떨어져서 사는 것이 보통이며, 그렇지 않고 부모와 같이 사는 경우에는 "엄마 치마폭에 싸여 있는" 미숙아 취급을 당하던가, 아니면 정상적이고 독립적인 삶을 꾸릴 능력이 없는 사람 취급을 당한다.

　얼마 전 사회과학자들의 연구에 따르면, 미국문화가 세상에서 가장 개인적인 혹은 호주 다음으로 두 번째로 가장 개인적인 성향을 띤다.

　미국의 젊은이들은 자신을 별개의 개인으로 인식하도록 교육받으며, 세상의 다른 사람도 그렇게 할 것으로 가정한다. 부모의 의견이나 전통을 따르는 문제나, 다른 사람에 대한 의무를 다하는 문제에 과도하게 관심을 가지는 외국인을 만나게 되면, 미국인들은 그런 사람은 덫에 걸렸거나, 심성이 나약하여 우유부단하거나, 아니면 "지나치게 의존적"인 인물일 것이라 가정한다. 미국인들은 누구든 "자유롭게 자신의 결정을 내릴 수"없는 상황에 처하면, 마땅히 분개해야 한다고 가정한다. 또한 미국에서 어느 정도 살고 나면, 사람들은 외부의 억압으로부터 "해방된"듯이 느끼고, 그래서 "자신이 가장 좋아하는 일을 하고", 또 "자기 마음대로 할"수 있는 기회를 가진데 감사할 것이라고 생각한다.

자기 자신이 아니라 외부의 사회적 요인들이, 자신을 "다른 사람과 똑같이" 만든다는 생각은 이들의 자존심을 상하게 한다.

미국인들은 개인주의적이고, 남에게 의지하지 않으려는 독립적인 사람을 이상적인 인물로 생각한다. 독립적이며 스스로 결정을 내리는 "개인"을 찬양한다는 면에서, 미국인들은 참으로 독특하다.

미국인들이 이상화시킨 개인은, 정부나 그 어떤 외부의 세력이나 기관이 각 개인에게 무엇을 강제로 시키지 않는 자유스러운 분위기를 선호한다. 미국인에게 개인의 자유라는 말은 강하고 긍정적인 의미를 지닌다.

이와는 대조적으로, 다른 문화권에서 온 사람들은 미국인들이 "개인의 자유"라는 딱지를 붙여서 정당화시키는 일부 행동을 자기중심적이고 남을 배려할 줄 모르는 행동으로 간주한다. 미국인들은 가능한 한 남의 일에 간섭을 하지 않으려는 모범적인 개인주의자들이다.

우리는 미국인들이 자유롭고 남에게 의존하지 않는 개인이 이상적인 인간이라는 것을 이해해야 한다.

대표적인 미국인의 개인주의적인 면을 다음 몇 가지 예에서도 볼 수 있다.
- 많은 미국인들은 전통적이거나 가족 중심적인 사회의 사람들만큼 자기 부모를 공경하지 않는다. 이들의 시각에서 본다면, 특정의 부모에게 태어났다는 것은 일종의 역사적이거나 생물학적인 우연의 일치였을 뿐이다. 자녀가 어릴 때는 부모는 아이에 대한 의무를 이행하지만, 자녀가 "독립할 나이"에 이르면, 긴밀했던 자녀-부모관계는 느슨해지고, 종종 단절되는 경우마저도 있다.
- 나이가 22살이 넘은 또는 더 늦은 나이의 자녀가 부모와 같이 사는 경우, 부모에게 방값과 밥값을 지불하는 것은 흔한 일이다. 연로한 부모가 성인이 된 자녀와 사는 경우도 그렇게 한다. 방값과 밥값을 지불하는 것은 독립심, 자기 의존, 그리고 자신에 대한 책임감을 나타내는 한 방식인 것이다.
- 개인주의에 몰두하는 미국인들한테서 흔히 들을 수 있는 말이 있다. "네 스스로 결정해야 해.""네가 네 자신을 돌보지 않으면, 아무도 그렇게 해주지 않아.""자신의 이익을 챙겨라.""네 뜻대로 해라."

4. 대륙 법계와 영미 법계

오늘날 세계의 법체계는 대륙법계 국가와 영미법계 국가 그리고 이슬람 법체계로 크게 나눌 수 있다. 우리나라는 로마법 및 독일법이 시초라고 볼 수 있는 대륙법계 국가이고 미국은 영미법계 국가이다.

여러 민족과 국가들이 위와 같이 세 개의 법체계로 크게 분류된다고 보면 그 체계간의 차이는 상당히 클 것이며 기원 이래로 많은 변화를 겪어오면서 현재의 법체계를 이루었기 때문에 이러한 차이를 파악하는 것이 현대의 법치국가를 사는 우리에게는 반드시 필요한 것 중의 하나일 것이다.

대국적으로 보아 대표적인 영미법과 대륙법의 가장 큰 차이는 대륙법은 성문법, 즉 법전으로 구성된 법만이 법이며, 영미법은 판사가 내린 판결문이 법이라는 것이다. 그래서 어떤 사건이 발생하면 한국은 법전을 뒤지고 미국은 판례를 찾는데 심혈을 기울인다. 따라서 대륙법계 국가인 한국의 경우는 사회적 현상에 앞서 법을 능동적으로 수정 변경하는데 시간이 걸린다. 국회의 회기 중에 해당법의 수정을 해야 하며 한번 정해진 법은 그 효력을 다룸이 어렵기 때문에 그 작업이 오래 걸리는 것이다.

하지만 미국은 판사의 판결이 그러한 법령보다도 우선하기에 사회의 변화에 대응하기가 쉬운 편이다. 그러나 국가의 권력이 중앙집중적이고 오랜 기간 군부정권 하에 있었던 한국의 경우는 정부의 법집행 권한이 상대적으로 컸었고 이를 바꿔나가는데 시간이 오래 걸린 것이며, 미국의 경우는 미란다 원칙부터 시작하여 판사가 그 시대적 상황에 맞게 판결을 통하여 법원칙을 만들어나갔기 때문에 자유민주주의 및 인권의 보호를 근 1세기 이상 국가의 기본 틀로 삼아 놓은 미국에서는 우리나라 같은 무조건 철망을 쳐 놓고 모든 운전자를 조사하는 음주검문 방식은 허용되기 어렵다는 점이다.

상법상 회사관련법, 금융법 등은 우리나라의 근대화 이후 미국법을 많이 받아들이고 적용하여 적용함에 있어 큰 어려움은 없을 것이다. 하지만 민법상 호적이나 이혼 상속 등, 한국의 전통적인 모습이 스며들은 부분이나 형법상 형량에 있어서는 각 나라가 중히 여기는 범죄가 서로 다른 경우가 있다. 따라서 같은 죄라도 판사의 형량이 달라질 수 있다.

　이상과 같은 법적 차이점을 잘 이해하여야 당황스러운 결과에 대비할 수 있을 것이다.　일전에 신문을 통해 애완동물 학대 혐의로 한인이 체포되었다는 기사를 접하였다.　개를 평상시에 항상 개줄에 묶어 키우는 것이 한국에서는 그리 잘못된 행위로 인식되진 않았으나 미국에서는 그 이웃이 보기에 동물학대라는 중대한 범죄였으며 미국의 사법당국도 체포해야 하는 범법행위로 간주하여 법 집행을 하였던 것이다.　미국의 개 팔자는 한국의 사람보다 난 대우를 받는 경우가 허다하다.

5. 숙명론에 대한 반응

　미국은 건국 역사가 짧기 때문에 국민들은 역사가 깊은 나라에서 온 사람들보다는 역사와 전통에 대하여 일반적으로 관심이 덜한 편이다. "역사는 중요하지 않다.　중요한 것은 미래다."라고 대다수의 미국인들은 말한다.　미국인들은 앞날을 생각한다.　미국인들은 미래에 일어나는 일은 자기가 통제할 수 있거나, 최소한 자신들의 영향권 안에 있다는 생각을 가지고 있다.　원숙하고 분별 있는 사람이라면, 미래를 위한 목표를 설정해서 목표를 향해 체계적으로 일을 한다고 미국인들은 생각한다.　사람은 혼자 하든, 공동으로 협력해서 하든, 하기로 결정해서 적절한 계획을 세워서 일에 착수하면, 물리적·사회적 환경의 많은 측면을 변화시킬 수 있다고 미국인들은 믿는다.　변화는 개선을 낳는다고 생각한다.　새로운 것은 옛 것보다 더 낫다고 믿는 것이다.

　이민 온 사람들이 미국인이 되고 싶으면, 무엇이든 고칠 수 있다고 믿어야 한다.

미국 해병대에 전해 내려오는 격언에 따르면 "어려운 일은 시간이 걸린다. 불가능한 일은 시간이 좀 더 걸릴 뿐이다."

진보와 더 나은 미래에 대한 미국인의 근본적인 믿음은 과거를 눈에 띄게 존중하는 남미, 아시아, 그리고 아랍 같은 문화권 출신들을 특징짓는 숙명론적인 태도와 뚜렷하게 대조를 이룬다. 과거를 중요시 여긴 문화권에서는 미래는 운명, 하느님, 혹은 최소한 그 사회를 지배하는 소수의 권력층이나 가족의 손에 달렸다고 흔히 생각한다. 일반적으로 사람이 자신의 미래를 어떻게든 꾸려 나갈 수 있다는 생각은 순진하거나, 오만하거나, 아니면 신성 모독적이라고 믿는다.

대체적으로 미국인들은 바람직하지 않은 상황을 수동적으로 받아들이려는 사람을 보면 안타까워한다. "왜 그 사람들은 어떻게든 해보려 하지 않는가?"라고 미국인들이 물어볼 것이다. 미국인들은 세상의 많은 사람들이 자기 주위의 세계를 변화시킬 수 있는 것이 아니라, 복종하거나 최소한 같이 조화를 이루며 살아가야 한다고 생각하는 것을 미국인들은 깨닫지 못하고 있다고 본다.

6. 관습 차이의 변화

식사가 끝날 무렵에 손님이 왔다고 하자. 손님에게 식사를 권해 보자. 미국 손님은 한번 권했을 때 먹고 싶으면 먹고 먹기 싫거나 배가 부르면 사양한다. 그러면 더 이상 권할 필요가 없다.

그러나, 한국 손님은 배가 고파도 한번 권해가지고는 사양하며 응하지 않는다. 몇 번 권해야 못이기는 척하며 식사에 동참한다. 이런 면에서 한·미간의 관습 차이를 볼 수 있다.

관광을 떠나려고 하는 사람들이 다른 나라에 가려고 할 때에는 여러 종류의 차이점과 맞부딪칠 것을 각오해야 한다. 사람들은 보통 날씨나 음식이 다를 것이라고 생각한다. 또 사람들은 차를 탈 수 있는지, 전기는 들어오는지, 집에 난방이 가능한지와 같은 일상생활의 물질적인 측면에서 차이가 나리라고 생각한다. 그리고 자세히 모르지만, 관습도 다를 것이라고 예상한다.

현대 미국의 관습을 모두 열거하기 어려운 다른 이유는 이런 관습이 조금씩 바뀐 경우가 너무 많기 때문이다. 우리가 지금 이야기하고 있는 미국문화의 토대인 백인 중산층 가운데에서도 조금씩 차이나는 관습이 많다. 이러한 차이는 주로 지역에 따라 다르다. 도시와 시골 사이의 차이, 남북 간 차이, 해변 지역과 내륙 지역의 차이 등이 있다.

자기가 신봉하는 종교적인 배경이 다르면 관습의 차이가 많이 나는데, 종교 활동에 관한 것뿐만 아니라 가족생활과 축일행사에 관련한 관습에서도 차이가 많이 난다. 민족적 정체성도 관습의 차이를 만들어 내는데, 사람들이 먹는 음식과 축일을 거행하는 방식에서도 영향을 준다.

외국인들이 자기 나라를 벗어나면 다른 관습에 마주치리라 생각하는 것처럼, 미국인들도 외국인들의 행동이 미국식에 익숙하지 않다는 것을 예상은 하고 있다. 일반적으로, 미국인들은 외국인들이 보통 공손하며 고의적으로 법을 위반하지 않는다고 믿으며, 자신들의 관습을 따르지 않더라도 그런 외국인을 눈감아 준다.

많은 미국인들은 자기들도 축일과 관련해서 관습적인 활동이 있다는 점을 인식하고 있다. 새해 전야에 자정까지 깨어 있는 것도 이러한 관습 중의 하나이다. 특정한 종교와 관련이 있는 많은 축일들이 이제는 대부분의 미국인들에게는 종교적 의미가 사라져 버렸다. 예를 들면, 밸런타인데이는 원래 밸런타인 성인을 공경하는 가톨릭 축일이었는데, 이제는 대부분의 미국인들이 종교에 관계없이 경축하고 있다.

   미국인들은 모든 사람들이 대체로 평등하기 때문에, 거의 모든 사람들과 상대적으로 형식을 잦추지 않고 이야기를 나누는 것을 관례로 생각한다.

7. 기본적인 식탁

여기서 간단한 식탁 문화를 살펴보자.

- 식사도중에 술을 너무 많이 마시지 마라. 과음하는 것은 사람들이 제일 싫어하는 행동 중의 하나이다.

식탁에 오른 각종 술. 과음이 문제다.

- 상대방에게 좋은 인상을 주기 위해 반듯이 앉아야 된다.
- 식사를 하지 않을 때는 손을 무릎 위에 올려놓거나 손목을 테이블의 가장자리에 위치시키고 손을 올려놓으면 된다. 팔꿈치를 테이블에 올려놓는 것은 음식이 나오는 중간에는 괜찮지만 먹고 있을 때는 올바른 행동이 아니다.
- 맛을 보기 전에 양념을 치지 마라.
- 입을 연체로 음식을 씹지 말고 큰 소리를 내면서 음식을 먹지 마라. 입속에 음식이 조금 있을 때는 말을 해도 되지만 하나 가득 있을 때는 말을 하지 마라.
- 수프를 수저로 떠서 소리를 내면서 먹지 마라. 수프를 접시에서 자신으로부터 먼 쪽으로 수저로 떠서 한쪽 끝으로 조금씩 먹어라. 수프가 너무 뜨거우면 식을 때까지 내버려두어라. 불어서

식히려고 하지 마라.
- 음식이 이 사이에 끼고 이를 혀로 제거할 수 없을 때는 테이블을 잠시 벗어나 거울이 있는 장소에 가서 일행이 모르게 음식을 제거하고 돌아오라.
- 긴급한 경우가 아니면 테이블을 벗어나지 마라. 화장실을 가야 하든지 갑자기 아프면 죄송하다고 말하고 자리에서 일어나야 한다. 자리에 돌아왔을 때 몸이 갑자기 편치 않았다고 말하면서 사과의 뜻을 전하면 된다.
- 식탁 위의 어떤 것에 손이 미치지 않을 경우에는 그 물건에 가까운 사람에게 공손히 요청하라.
- 식기를 바닥에 떨어뜨렸을 때, 만약 그것에 손이 닿으면 집어 들고 새것으로 달라고 요청하면 된다. 손이 닿지 않으면 일단 떨어졌다고 이야기하고 깨끗한 것을 부탁하면 된다.
- 음식이 접시에서 미끄러져 테이블에 떨어지면 포크 등을 사용하여 접시의 가장자리에 놓아두면 된다.
- 음식의 이상한 부분이나 단단한 뼈 등을 냅킨에 뱉어내지 마라. 그러한 음식을 먹을 때 사용했던 식기로 일단 받아낸 다음 접시의 가장자리에 놓아두어라. 가능하다면 접시의 다른 음식으로 덮어두는 것이 좋다.
- 격식 있는 모임에서는 가급적 칼과 포크로 먹을 수 있는 음식을 주문하라. 손으로 먹는 음식은 지저분해질 수 있다.
- 공식적인 식사모임에서는 먹고 남은 음식을 가져가기 위해서 봉지(doggy bag)를 달라고 요청하지 마라. 비 격식적인 모임에서는 괜찮다.

8. 가족의 변천

일반적인 미국 가족은 그 구성원이 남편, 아내, 그리고 아이 2~3명이었던 적이 있다. 가장은 주중에는 매일 아침 직장에 갔다가, 주말에는 쉬거나 집을 고치거나 정원을 손본다. 주부는 집과 아이들을 돌보고, 보통 이웃의 다른 주부들과 사귀고, 아이들 학교의 교사·학부모회 활동에 참여 하거나, 병원에서 자원봉사활동을 하기도 한다. 아이들은 학교에 다니고, 학교가 끝나거나 주말에는 다른 친구들과 어울려 놀고, 간혹 장난을 치기도 한다. 가족들은 매일 저녁 같이 식사를 하고, 식사하는 동안 이런저런 얘기꽃을 피우고 나서는 텔레비전 프로를 몇 개 같이 본다. 아이들은 숙제를 하고, 10대들은 친구들과 전화로 수다를 떤다. 주말에 가족들은 가끔 차를 타고 밖으로 나가거나, 할아버지 할머니 댁을 방문하거나, 다른 활동을 같이 하기도 한다. 아이들이 자라나서, 고등학교를 졸업하고, 대학을 갈 수도 있으며, 결혼을 해서는 자기 아이들을 낳으면, 다시 이런 순환이 계속되는 것이다.

시기적으로 봐서 미국 가정은 1950년대 이후 여러 측면에서 변화했다. 미국 가정과 생활제도에 관한 2000년 미국 인구조사 보고서에는 이러한 차이점들이 드러나 있다. 2000년 미국 가정의 세대당 인구수는 평균 2.62명인데, 1985년의 3.23명보다 줄어들었다. 부모중 한 사람(주로 여자지만)과 1~2명의 아이들로 구성된 세대인 홀부모 가정이 많아졌다. 동거하면서도 결혼은 안 하는 남녀, 아이를 데리고 사는 미혼모, 남편 아내 그리고 먼저 결혼에서 데리고 온 아이들로 이루어진 "혼합가정", 아이가 있거나 없는 남녀 동성애자 가정, 혼자 사는 독신 남녀들이 점점 늘어나고 있다. 이런 생활제도를 전통 가정과 구별하기 위해서 "대안가정"이라고 부른다. 하지만, 2000년에는 이 대안가정이 전통가정을 거의 웃돌고 있다.

그리고, 사람들이 점점 늦게 결혼을 한다. 2000년에 남자의 평균 결혼 연령은 26.8살인데, 1990년의 26.1살보다 약간 올라갔다. 여성의 평균 결혼연령은 25.1살인데, 전보다 훨씬 높아졌다.

많은 전문가들은 미국 가정의 이러한 변화가 두 가지 요인 대문에 생겼다고 보고 있다. 첫째, 여권운동이 시작되면서, 여성들이 교사, 간호사, 비서직이라는 전통적 분야를 벗어나 직업을 갖기 시작했기 때문이다. 둘째, 경제가 어려워서, 부모가 모두 가족 생계를 위해 수입을 얻어야 하기 때문이다.

어떤 전문가들은 동성애자들을 사회가 점차 용인한다는 점을 들고 있다. 하지만, 미국 인구의 다수는 여전히 이러한 경향에 대하여 반대하고 있다.

동성애자들을 용서하든 안하든, 생활제도와 가족구조 상의 변화는 개인주의와 자유를 특히 강조하는 문화적 가치를 반영하고, 더욱 강화해 주는 것 같다. 미국사회는 일반적으로 젊은 남녀가 "자기 자신을 발견"하고 "자신의 잠재력을 개발"할 필요가 있다는 생각을 받아들인다. 자신의 진정한 자아를 발견하려는 도정 때문에 결혼을 늦추거나 안 하려 하고, 또 결혼 때문에 여러 혼란을 겪는다. 부모가 되고, 동시에 부모로서 질책임도 늦추거나 가급적 피하려든다. "정나미 떨어진" 배우자와는 이혼을 하려하고, 전통적인 가치관을 따르기보다는 각자의 상황이나 그때그때 형편에 따라 살아가려고 한다. 그러므로 미국인들이 자기가 좋아하는 생활제도를 선택하는 것은 사적인 일을 하는 셈이다.

일반적인 가정에서 여자는 세탁이나, 아이를 돌본다거나, 반찬거리나 의복을 사거나, 음식을 장만하는 등 집안일을 도맡아했다. 남자는 자동차나 마당을 손질하는 바깥일을 맡아왔다.

현대에 임하여 가정 안에서 남자와 여자가 맡아하는 일의 경계가 점점 더 없어지고 있다. 아이들은 남자이건 여자이건 관계없이 접시를 닦거나, 카펫을 청소하거나, 자기 방을 정돈 하거나, 마당일 도와주는 등 집안일을 하면서 집 안팎을 꾸려 가는 일을 도와야 한다.

9. 한·흑간의 성격 비교

한국인과 흑인 간에는 신기하게 공통점이 많다. 그러나 외모는 다르다. 피부색도 다르고 눈도 입도 머리카락도 다르다.
흑인들은 꼬불꼬불한 머리를 못 펴서 한인데 한국여인들은 꼬불꼬불하게 만들지 못해서 안달이다.
한국인은 상대방과 이야기할 때 상체를 움직이지 않는 것이 예의지만 흑인들은 좀 흔들어야 상대방도 거북하지 않다. 교회에서 찬양을 할 때도 찬양을 부르기 전에는 부동자세지만 노래를 부를 때는 온몸이 율동적이다. 한국인의 찬양대 모습과는 상이하다. 흑인들은 좋으면 그 자리에서 껑충껑충 뛰고 소리 지르고 야단이지만 한국인들은 좋아도 속으로 은근히 좋아하고 싫어도 속으로 싫어한다. 표현을 잘 하지 않으려 한다.
이렇게 다른 점이 많아도 내면적으로는 공통점 역시 많다.
첫째는 흥과 한이 많다. 흥이 많아서 한번 흥만 오르면 시간관념이 없어진다. 흑인교회 부흥회를 보면 밴드는 부흥회가 다 끝나고 사람들이 다 떠날 때도 저희들끼리 반시간이고 1시간이고 요란법석을 떨다가 제 풀에 지쳐서야 거둔다. 우리 민족도 흥이 많은 놀이 문화를 가지고 있다. 또한 한이 많다는 점이다. 그래서 슬픈 노래를 더 좋아하고 그 슬픔으로 슬픔을 달랜다. 우리의 유행가가 눈물과 이별이 많듯 흑인들의 유행가인 '블루스'(흑인들이 기타를 치며 부르는 유행가 종류)의 많은 노래가 이별이고 눈물이다.

둘째로 성격이 급한 점이다. 미국 생활에서 서두른다고 빨리되는 일이 없기 때문에 미국 생활에 익숙해진 흑인들은 기다리는 일에 적응이 되어 있어 한국인보다는 덜 급해도 상당히 성격이 급한 편이다.

신발을 신는 모습을 유심히 관찰하면 알 수 있는 일이지만 운동화나 구두 뒤축을 꺾어 신는 경우는(물론 일부이긴 하지만) 흑인과 한국인뿐인 듯싶다.

신발의 뒤축을 꺾어 신는 것은 귀찮아서이기도 하지만 급한 마음에서다. 비슷한 예로 좋은 표현의 하나가 우리 속담에 귀한 손님이 오면 버선발로 뛰어 나간다는 표현도 있고 고무신을 거꾸로 신고 나간다는 표현도 있지만 이건 우리 민속에게만 있는 표현이 아닌가 싶다.

반가워서 급해진 것이야 그렇다 치더라도 미국 사람들이나 흑인들과 일을 하다보면 어찌나 느린지 속이 타는 경우가 많다.

미국의 은행부터가 그렇다. 장사진을 이루고 서 있는 급한 고객은 아랑곳하지 않고 창구의 직원은 껌을 씹으며 옆의 직원과 지껄이고만 있는 것이다. 지껄이며 웃어가며 말까지 천천히 하는 것이 우리 한국 사람의 눈에는 "저런 걸 직원이라고…" 하는 마음이 일게 마련이다.

처음에는 이해되지 않는 일면이었다. 그러나 또 다시 생각하면 "제가 급하면 일찍 와서 줄 설 일이지" 하는 것이 그쪽 입장이라는 것을 깨닫게 된다. 우리의 상식으로는 신속하고 정확한 작업이 당연한 것이지만 이들의 사고로는 이것이야말로 비논리적인 사고인 것이다. 신속하려고 하면 정확할 수 없고 정확하려고 하면 신속할 수 없기 때문이다. 그러므로 그들의 교육방침은 '느리더라도 정확하게' 인데 신속보다는 정확성이 더 중요하므로 그들의 논리가 타당한 것이다.

미국의 어린이들은 걷기 시작하면서부터 제 물건은 제가 관리하게 하고 어떤 일이 있어도 쓰고 난 후에는 제 자리에 갖다놓는 훈련을 시킨다. 아무리 자주 쓰는 물건이라도 쓴 후에는 제 자리에 놓고 뚜껑이 있는 물건은 반드시 뚜껑을 덮어 놓는다. 그러나 한국 여인들은 그렇지 않다. 자주 쓰는 기름병이나 촛병을 막아 놓고 쓰는 일이 없다고 한다.

어느 미국 친구는 바다낚시 가는 준비를 하는데 몇 주일 전부터 밤마다 조금씩 조금씩 1주일 동안 준비하는 것을 보았다. 1년 후에 여행 갈 비행기 표를 지금 예약하는 것은 보통이다.

엘리베이터를 타보면 느끼는 일이지만 발 디딜 틈만 있으면 파고들어서는 것은 흑인과 한국인인 것 같다. 그러나 흑인은 '닫힘'을 누르지 않고 자동으로 닫히기를 기다리지만 한국인들은 '닫힘'을 하도 눌러서 '닫힘' 글씨가 지워질 정도이다.

어쨌든 표현은 안하지만 한국인을 바라보는 미국인의 시각이 긍정적이라기보다는 부정적이요, 좀 심하게 말하자면 얼마나 못되게 굴었으면 흑인에게 당하고 있느냐는 눈길인 것이다.

셋째, 외부장식이 요란하다. 한국인이 사치가 심하고 겉을 꾸미는 경향이 심하지만 흑인도 한국인에 지지 않는다. 이것도 세계 다른 민족과 비교되는 흑인과 한국인의 공통적인 특성인 것 같다.

흑인지역에서 잘 되는 한국인의 장사 중의 하나가 금은방이다. 흑인들은 금만 보면 사족을 쓰지 못한다. 자동차 넘버판도 금으로 띠를 두르고 손가락마다 금반지를 장식으로 감고 다닌다. 이것이 자기의 경제적 부의 과시인 것이다.

돈이 생기면 집보다도 고급 자동차를 먼저 사야 하는 것도 흑인의 의식구조다. 따지고 보면 자신의 열등의식을 감추기 위한 것이다. 중고일망정 캐딜락이나 벤츠를 타야 직성이 풀리는 것도 흑인이요 한국인이다.

분에 넘치는 호화주택을 장만해놓고 장사가 안 되거나 경기가 나빠져 집의 월부금을 허덕이며 붓는 것을 흔히 본다.

허세와 거드름도 당치 않은 치장이다. 미국인과 한국인이 판이하게 다른 점 중에 하나가 바로 이점이다.

권위는 남이 인정해줄 때 서는 것이요, 명예란 더욱 그렇다. 그러나 허세나 겉치장으로 자신을 과시하려는 태도는 한국인의 특성 중의 하나인 듯싶다.

여자들은 밍크코트를 입고 교회에 가고 싶어 한다. 지성적인 동포사회에서는 이런 사람을 오히려 경계한다. 특히 자기가 누구하고 친하고 누구누구를 잘 안다고 흔히 말하지만 자기가 누구를 아는 것하고 나하고 무슨 상관이 있단 말인가? 자칫하면 사기나 칠 가능성이 있는 사람으로 오해받기만 쉬워진다.

신원파악이 수월치 않은 동포사회라 자기의 신원을 숨긴 체 겉을 꾸미는 사람들이 많다. 한국에 처자가 있으면서도 속이고 결혼하는 사람들, 동거하는 사람들 이것이 늘 문제가 된다.

교회에서도 이런 사람에게 제직을 주어서 늘 말썽이 생기고 교회가 갈라지기까지 한다. 교회 갈등 요인 중 하나로 등장한다.

미국인들은 단 한번이라도 거짓말 한 사실이 드러나면 다시는 상대하지 않는다. 미국 사람들이 바보스러우리만치 우직한 면이 있다면 한국인들은 잔꾀에만 밝은 편이다.

속이 비어 있으니 오히려 겉은 꾸미는 것이기는 하지만 한국과 달리 자기의 능력과 실력 그리고 신용을 생명으로 여기는 미국생활에서 겉만 꾸미고 치장하는 생활이 백해무익한 것을 빨리 깨달

았으면 한다. 더욱이 캐딜락, 벤츠, 다이아몬드 같은 고급차나 사치품으로 위화감을 조성하는 일은 삼가해야 한다.

넷째, 감정이 앞서고 감성적이다. 한국인은 성미가 급해서 화가 나면 죽이겠다고 엄포를 놓는다. 흑인지역에서 장사를 하는 한국인들을 대하면 때때로 마음고생이 많은 것으로 생각이 든다.

첫째로 생명의 위험이 따르기 때문에 조심성 있는 동포들은 방탄조끼에 방탄유리(금은방의 경우)까지 하고 장사를 하는 형편이니 늘 안전대책에 신경이 날카롭고, 둘째로 일부 애먹이는 흑인들도 꾹꾹 참으며 달래고 따지고 때로는 경찰서나 재판장까지 출두해야 하는 번거로움에다가 셋째로 그들이 무슨 꼬투리를 잡아 불매시위나 벌이지 않을까 하여 정작 비즈니스 이외에 쓰이는 신경이 여간 피곤한 것이 아니기 때문이다.

흑인지역에서 특히 한국인끼리 그 중에도 동종업체끼리의 경쟁에서 생기는 감정대립은 심각한 정도에 이르러 불미스런 일까지 벌어지곤 한다.

"유태인들은 너 살고 나 살자 식으로, 중국인들은 너 죽고 나 살자 식으로, 그러나 한국인들은 너 죽고 나 죽자는 식으로 경쟁 상대와 싸운다."는 말이 있다.

경쟁 사회에서의 치열한 경쟁양상을 보여주는 한 단면이지만 감정대립이 극에 달하여 살기등등한 분위기까지 느끼게 한다.

미국에서야 가격의 통제가 없으므로 같은 물건일지라도 상점마다 가격이 다른 경우가 더 많은데 경쟁 상대와 감정대립이 될 경우에는 품질이나 서비스로 대결하는 것이 아니라 가격 내리기로만 싸우니 글자 그대로 '너 죽고 나죽자'식이 된다. 나도 손해 볼 테니 너도 손해 봐라 하는 정도가 아니라 나도 망할 테니 너도 망해라 하는 것이다.

흑인들도 감정이 앞서는 경우를 많이 본다. 주머니에 돈만 있고 기분만 좋으면 얼마든지 기분파가 된다.

친구 서너 명이 식사라도 같이 할 때 선뜻 내가 낼게 하는 것은 한국인과 흑인인 것 같다. 여기에 비하면 백인은 쩨쩨하기 짝이 없는 꽁생원들이다.

감정이 많은 사람이 인정이 많을 수 있고 인정을 중요시 하는 것이 우리의 문화이기도 하다. 그러나 타 문화권의 눈에는 이 인정이 혹은 지나친 애정이 오히려 간섭이 되는 경우도 많다.

사양을 해도 억지로 권하는 것은 상대방을 괴롭히는 일이요, 아내가 남편에게 "이 양복 입어라 저 넥타이를 해라"하고 고집 부려서 이것 때문에 다투는 것도 동포 가정에서나 보는 한 장의 풍속도이다.

상대를 사랑한다면, 다음과 같이 말해 보자.

"내 생각엔 이 색상이 좋을 듯싶은데…. 그렇지만 당신이 싫다면야."

사랑할수록 서로 신경이 쓰이지 않고, 간섭이 되지 않도록 조심하고 상대방의 개성과 개인 의사를 존중해 주어야 한다.

미국 아이나 한국 아이나 일류대학 진학을 기대하는 부모로부터 받아야 하는 스트레스는 대단한 것이지만, 그 방법에 있어서는 판이하게 다르다.

백인 부모들은 공부해라, 숙제해라 식으로 잔소리를 안하는 편이다. 그러나 비교적 간접적인 방법으로 자기 자녀에 대한 부모의 기대감이 얼마나 큰지를 보여 주어 스스로 깨닫게 함으로써 열심히 하지 않을 수 없게 한다.

그러나 한국 부모들은 눈만 마주치면 공부해라, 숙제했니 등의 말을 반복하지만 효과는 별로 없다. 아예 부모 마음대로 대학을 정해 놓고 강요를 하니 짜증만 나게 만든다.

　흑인들도 감정이 앞서는 경우가 많아서 슬프면 말보다 눈물이 먼저 나오고 감정이 격해지면 속에 불이나 붙은 듯이 길길이 뛰기부터 한다.

　흑인들의 드럼이나 밴드가 따지고 보면 우리의 사물놀이와 비슷한데가 너무나 많다. 이처럼 흥겨운 놀이는 흥 모르는 민족에게서는 찾아볼 수 없다. 흥은 곧 감정이요 흥이 많은 감정도 풍부한 민족이라고 할 수 있을 것이다.

　흑인들은 감성적인 면이 많다. 백인들처럼 냉철하고 이성적이기 보다는 훨씬 감성적이다.

　다섯째, 한국인은 동족을 무시한다. 한국인의 객관적인 모습을 다민족사회에서 살펴보자.

　우선 한국인이 한국인을 존경하는 것을 본 기억이 거의 없다. 아무리 훌륭하고 아무리 위대한 일도 한국인이 한 것이면 칭찬에 인색한 것이 한국인인 것 같다. 이는 한국인이 한국인을 무시하는 자세다.

　눈만 마주쳐도 입술로나마 미소 지어주고 인사하는 것이 예의인 줄은 알아서 평생 처음 마주치는 미국인에게는 "하이!" 하고 웃어주고 손 인사까지 하다가도 정작 한국인하고 마주치면 폈던 미간도 찌푸리고 보아도 못 본 체로 표정이 오히려 굳어진다.

　"엽전이 별 수 있나?"

　"한국 사람이 그렇지 뭐."

　"한국사람 어디 가나?" 하면서 자기는 한국 사람이 아닌 양 빈정거리며 스스로 비하시킨다.

　미국 사람한테는 꼼짝 못하면서도 한국인에게는 툭하면 입주 계약을 해약하자고 덤비고 장사가 안돼 이제부터 월부금을 못 붓게 되었다고 나자빠진다는 것이다.

　미국 상점에서는 정가대로 지불하면서 한국 상점에서는 가격을 깎는 습성이 있다.

　한국인이 한국인을 무시하는 이유는 대개 불신에서 오는 듯싶다.

　미국 이민 사회를 어떤 이는 논산훈련소하고 표현하는 이도 있다. 별별 사람, 교육수준이나 경제적 수준이 극과 극으로 다양한데다가 미국법을 따르도록 동포사회를 통제할 수 있는 아무런 통제기구가 없기 때문에 모래알을 모아 놓은 듯 단결이 되지 않는 것이다. 뿐만 아니라 서로를 못 믿으니 무슨 큰일을 하기가 어렵다.

　그래서 동포사회에서는 개인 수표 거래가 통하지 않을 정도이다. 너무나 부도수표가 많기 때문이다. 개인 수표라고 운전면허증만 제시하면 받아주는 것이 관례인데 한국 상점에서는 한국인들에게 너무 속아서 현금 아니면 물건을 안 팔겠다고 할 정도로 미국인들의 분노를 사게 만든 경우도 있다.

　여섯째, 인심 좋은 기분파다. 겪어보면 흑인들 만한 기분파도 없다. 흑인에 비하면 백인들은 쩨쩨하기 짝이 없다. 흑인은 씀씀이가 헤픈데 반해 백인은 짜다.

　식사를 같이 해도 백인들은 내가 낼게 하는 법이 없지만 흑인들은 돈만 있으면 "내가 낼게"다. 같은 영어지만 흑인의 구어는 백인의 말씨보다 훨씬 부드럽고 푸근한 느낌을 준다. 흑인치고 그리 야박한 사람은 없다.

　흑인들은 돈이 있으면 씀씀이가 좋기 때문에 물건을 고르는데 쉽게 선택한다. 그러기 때문에 백인촌보다 흑인 촌에서 장사하기가 쉽다는 것이다. / 헨리 홍, 흑이여 사랑이여, P383-403에서 발췌

제9장 험담문화

1. 험담문화

미국사람들은 화를 풀기 위해 화를 돋운 사람모양의 풍선을 터트리거나 샌드백을 친다. 이렇게 해서 화를 푼다. 한국 사람들은 험담으로 스트레스를 해소하는 경향이 있다.

이런 모습은 바로 갈등을 있게 한 상대 인간이 없을 때 그 사람을 헐뜯어 말할 수 있는 것이 험담(險談)이 아닌가 싶다. 험담을 실컷 하고 나면 화도 다소 풀리고 긴장도 느긋해진다.

당사자가 없는 자리에서 남을 헐뜯어서 말한다는 것은 인간적으로나 도덕적으로 좋지 않다. 남을 헐뜯어서 말한다는 것은 좋지 않지만 남을 헐뜯어서 말할 수 있는 인간관계는 한국인과 한국인을 비교 이해하는데 중요한 관건이 된다고 본다.

우리나라 사람의 한국인다운 특징으로서 둘만 모이면 남의 이야기를 곧잘 한다는 것을 들 수가 있다. 사실 많은 대화 가운데 가장 즐겁고 진지한 것이 남의 험담 이야기다.

여자들이 모였을 때 정치나 경제이야기가 진진하고 즐거운지, 서로가 아는 남의 이야기가 진진하고 즐거운지 자문해보면 자명해진다. 세상이야기 할 때의 표정과 남의 이야기 할 때와는 얼굴의 표정이나 생기가 전혀 달라지게 마련인 것이다.

여자뿐만이 아니다. 남자들도 예외가 아니다. 술을 무척 즐겼던 조선왕조 중엽의 정승 상진(尙震)이란 분은 여러 가지 술안주가 많지만 남의 험담처럼 맛있고 좋은 안주가 없다고 시(時)에 읊고 있다.

직장을 마치고 술친구끼리 술 마시러 가면서 오늘 술안주는 「○○○부장」으로 하자고 말하기도 한다. 곧 그 부장을 씹는 것으로 안주를 삼겠다는 말을 한다. 이처럼 험담을 함으로 써 험담대상의 그 인간과의 사이에서 형성된 긴장과 울화를 풀기에 굳이 보기 싫은 사람 모양의 풍선을 터뜨리지 않아도 된다. 따지고 보면 아주 다정하고 맘이 놓이는 친한 사이란 남의 험담을 두고 공감할 수 있는 그런 사이라 정의를 내려도 대과를 없을 줄 안다. 험담을 해도 그것이 밖으로 흘러 나기지 않고 또 그 험담에 고개를 끄덕여주어 공감동조하며 보다 에스컬레이터 시켜주는 그런 사이 일수록 다정해진다. 곧 누군가가 험담을 신나게 하면 곁에서 그럼 그렇지 그것 말고도 이런 일도 있었다면서 보다 농후한 험담으로 에스컬레이터 시켜주는 그런 사이가 다정한 것이지, 신나게 험담을 하고 있는데 「남 없는데서 남 이야기하는 것은 나쁘다.」고 제동을 걸면 전혀 즐겁지도 않으려니와 그런 사람과는 거리가 생기고 친한 관계가 아니게 된다.

그렇지만 이 남의 험담은 그 현장에서 끝나야만 하는 그런 일시적인 것 이여야 한다는데 한국적인 험담의 존재가치가 있는 것이다. 만약 이 험담이 밖으로 누설되거나 본인에게 들어가도록 이른다는 것은 친한 사이에서 당장에 소외하고 악인으로 비판을 받는다. 곧 험담을 하는 것이 나쁜 것이 아니라 험담을 누설시킨 것이 한국에서는 나쁜 것이다.

남의 결점 즉 험담은 미국인의 사고방식과 한국의 그것과는 정반대다. 미국의 어린이 교육에 있어 남 없는데서 남 이야기한다는 것은 철저하게 악덕시 한다. 윗사람이건 선생이건 친구건 간에 정정당당하게 정면에서 반성을 추구해야지 이면에서 시시비비하는 것은 악 가운데 최고의 악이 된다. 그러기에 남 이야기를 해도 재미가 없다. 뿐만 아니라 남의 험담을 하는 것은 악이기에 이를 추방하는 뜻에서 그 험담의 당사자에게「그 사람이 너에 대해 이렇게 험담을 했으니 주의하라」고 충고를 한다. 한국에서는 이 같은 행위가 밀고(密告)로서 악덕시 된다. 크고 작은 욕구불만이 이 험담에 의해 해소된다는 것은 바로 한국 사람에게 정신질환이나 정신이상, 노이로제 발생률이 다른 구미사람들에 비해 낮은 이유 가운데 하나로서 이러한 험담할 수 있는 관계 함수의 문화적 특성을 들 수 있을지 모른다.

어떤 좌중에서 험담이 에스컬레이터 되어 나가다가도 어느 한계에 이르면 그 상승은 그만두고 인간신뢰(人間信賴)로 U자회전을 하는 것이 또 한국적인 험담의 인간적인 측면이기도 하다. 험담이 너무 심했다고 서로 공감을 하면「그 사람에게도 이런 좋은 점은 있다」느니 하면서 인간적으로 이해해 주려는데 또 다른 에스컬레이터를 한다.

2. 슬픔과 과오에도 웃는 민족

가족의 부음에도 내면으로는 울면서 외면으로 웃음을 보인 경우가 많다. 왜 비보를 접하고 웃을까. 왜 은폐된 부분에서는 손을 불끈 쥐고 떨면서 은폐 시킬 수 없는 얼굴 부분에서는 웃고 있을까.

이와 같은 야누스적인 공존이 구미인에게도 가능할 것인가. 만약 구미인이 슬플 때 웃을 수 없다면, 그런 특유한 웃음은 우리 한국인의 의식구조에서 비롯된 특수한 웃음일 것이다.

어느 한국인 가정부가 사흘 동안 휴가를 허락해 달라기에 그러해야 할 만한 이유가 뭐냐고 주인이 물었다. 헌데 이 가정부는 마치 부끄럽다는 듯 입가에 웃음을 띠며 남편이 죽었다는 것이었다. 놀라 나자빠질 지경인데 이 여인은 웃고 있었다. 장례를 치르고 돌아왔을 때도 덕분에 장례를 잘 치렀다고 웃는 것이었다.

이렇게 슬픔의 극한에서 웃을 수 있는 한국인에 대해 서양 사람은 이해할 수 없을 것이다. 왜냐하면 서양 사람의 사고방식으로는 웃어서 안 될 때 한국인은 웃기 때문이다.

우리는 겉으로 웃고 속으로 우는 이 한국인의 의식구조는 자기의 격한 감정의 노출을 은폐함으로써 남으로부터 자

잘못의 사과 대신 웃음으로 적당히 넘어가는 여인

기를 보존하는 일종의 자기방위의 메커니즘이랄 수 있겠다.

슬픈 자신의 모양을 노출시킴으로써 상대방에 고통을 줄 수도 있고 또 상대방에게 폐를 끼칠 수도 있으니, 가엾은 가족의 죽음이나 남편의 죽음을 당해서 애써 웃는 뜻은 이 같은 자기에게만 속하는 일을 두고 주위의 동류성(同類性)에서 이질화(異質化)하지 않으려는 집요한 자기 보호 때문일 것이다.

한국적인 스마일은 비단 슬픔이라는 감정 은폐 수단으로만 이용되는 것이 아니라 과오나 실수, 모욕이나 열등감 등 마이너스 가치를 무화시키는 수단으로도 이용되고 있다.

조선말의 선교사 게일이 낚싯배를 타고 가다가 사공의 실수로 바다에 빠진 적이 있었다. 배에 올라탄 그는 홧김에 사공의 뺨을 호되게 쳤다. 이때 뺨을 맞은 사공이 씨익 웃었다.

한국적인 스마일의 진정한 저의를 알 수 없었던 게일은 이 웃음이 자신의 과오를 인정하지 않는 반항의 시위로 받아들여져 화가

가중, 더 때렸다. 그래도 이 사공은 웃고 있었다 한다. 이렇게 때리는 양인은, 때리는 자기를 무시하는 웃음으로밖에 받아들일 수 없었겠지만 맞는 한국인은 슬프게도 자신의 과오나 실수를 무화시키려는, 어떤 의미에서 용서를 바라는 웃음이었던 것이다.

또한 버스 속에서 남의 발을 잘못 밟더라도 씨익 웃어 보이면 그것이 사과로 받아들여진다. 서양사람 같으면 사과할 것을 한국인은 웃음으로 그 과실을 무화한다. 만약 서양인의 발을 밟아 놓고 웃었다가는 앞서 게일에게 얻어맞은 사공 꼴이 될 것이다.

기생방에서 마음에 들지 않는 기생을 앞에 세워두고 "너 말고 딴 애 들어오라고 해." 하고 일갈 하는 경우가 더러 있는데, 이럴 때마다 아가씨는 물러가면서 야릇한 웃음을 띠는데 예외가 없다. 면박이라는 이 혹심한 모욕마저도 웃음으로 무화해야만 했던 이 감정의 억센 억제와 은폐….

필자의 처는 어떤 일이 자기 잘못이 아니라 남편인 나의 탓이라고 세차게 밀어 부쳐 숨통을 막히도록 한 후 자기 실수임을 나중에 알게 될 때 사과는 간곳없고 웃음으로 그 장면을 모면하는 일이 한두 번이 아니다.

3. 자학의 심성 제거부터

주변에서 흔히 듣는 이야기가 한국인으로 무엇인가 잘못 되어가면 '한국사람 다 그렇지 뭐.' 하는 말을 곧잘 한다. 이것은 '엽전이 그렇지 뭐.' 하는 발상과 같은 것이다.

어떤 좋지 않은 일이 벌어질 때마다 '한국 사람은…' 혹은 '한국 종자는…' 하며 그 좋지 못한 일을 민족 또는 국민 전체의 소행으로 확대시키는 데 길들여져 있다.

우리들의 결함을 반성하기 위해서 이 같은 한국인 저주의 어두로 시작된다면 바람직한 일이지만, 이렇게 한국을 통틀어 얕보는 사람의 저의가 자기는 마치 그런 한국 사람이 아닌 체하는데 예외가 없다. 이를테면 엽전은 공중도덕심이 없다고 말한 사람은, 한국 사람들이 새치기를 잘하고 길가에 침을 뱉고 하는 것을 그 실례로 곧잘 드는데 거기에는 '단 나만은 예외지만…' 하는 은연중의 예외(例外)의 표현이 내포되게 마련이다.
　이 같은 풍조는 한국인의 사고방식 가운데 큰 비중을 차지하고 있는 자학의 심성 때문인 것이다.
　이런 사고방식 때문에 우리 주변의 신이나 사람이나 역사나 풍속이나 또 집이나 옷이나 밥그릇 등은 모두 군더더기 같은 지저분한 것들뿐이고. 그런 것들은 그리스의 신이나 독일의 사상이나, 영국의 역사, 프랑스의 풍속, 이탈이아의 옷, 코르시카의 밥그릇 등에 비겨 열등하고 천한 것으로 생각하게 된다.
　이런 것에 한국의 전통에 열등한 요소가 없는 것은 아니다. 있지만 그만한 열등적 요소는 비단 우리 민족뿐만 아니라 앵글로 색슨족에게도 게르만 족에게도 또 슬라브 족에게도 있다. 오히려 더 심할 수도 있다.
　어떤 민족에게나 마이너스적인 가치가 있고 또 플러스적인 가치도 있게 마련이다. 다만 다른 민족들은 자기네 마이너스적 가치를 극소화하고 플러스적 가치를 극대화한 데 비해 우리 민족은 마이너스적 가치를 극대화하고 플러스적 가치를 극소화하는 역조의 차이가 다를 뿐인 것이다.
　이제 과감하게 '뒤'를 돌아봐야 할 때라고 생각한다. 한국인의 문명작용인 전통의 극소화 진행에서 극대화 진행으로 방향을 돌리는 정신 혁명을 역사는 요구하고 있는 것이다.

이 같은 역사적 요구에 부응하는 첫 번째 정신 개조는 우리의 것을 얕보는 고린내 콤플렉스와 똥이 콤플렉스로부터 대담한 탈피로부터 시작되어야 할 것이다.

4. 정치에 대한 관심도

정치에는 관심이 없어도 학부모들의 회의참석율은 높다.

미국인들은 정치에 대한 일반인들의 관심이 한국에 비해서 훨씬 낮다는 것을 쉽게 느낄 수 있다. 정치에 대한 무관심은 일반인들의 평소 대화에서 정치가 좀처럼 화제로 등장하지 않는다는 점에서도 읽을 수 있고 또 이렇게 선거 때가 되면 드러나듯이 투표 참여율이 매우 낮다는 점에서도 알 수 있다.

다음 한미 양국의 국회의원수를 살펴보자. 인구 5천만이 채 안 되는 한국은 국회위원의 수가 299명이나 되어 약 15만 명당 한 사람의 국회의원을 선출하고 있지만, 남한 인구의 여섯 배나 되는 3억의 인구를 가진 미국은 상, 하의원을 합친 의원의 수가 535명으로 인구 65만 명당 한 명의 대표자를 선출하고 있다. 즉 미국에 비한 한국의 의원 수는 인구 비례로 볼 때 4배나 된다.

한국에서는(그리고 해외 동포사회에서도) 몇 사람만 모이면 정치 애기가 화두로 등장하게 되고, 그래서 사람들 사이에 국회위원, 장관 등 정치인들의 이름이 널리 알려져 있지만 미국에서는 그렇지 않다. 미국인들 중에는 아주 비중 있는 의원들이나 장관들의 이름도 모르는 사람이 많은데, 심지어 자기 지역 출신 의원도 잘 모르는 사람들이 많다.

미국인들은 처음부터 정치에 크게 기대를 걸지 않고 살았다.

권력의 집중을 최악이라고 생각한 미국인들은 늘 '작은 정부, 느슨한 정치'를 지향해 왔다. 정부 형태도 통치 권력을 널리 분산시킨 일종의 연방제라고 할 수 있는 합중국의 형태를 취했다. 한국에서는 한때 전두환 장군이 전 권력을 잡은 바 있다. 하지만 미국의 이 같은 느슨한 정치현실에 비해서 한국은 정치와 정부에 대하여 지나칠 정도의 높은 의존도를 보이고 있다. 그래서 한국에서는 무슨 일이든지 잘 안 되면 정부에 대해서 항의하고 데모를 벌이는 국민저항 현상이 일어난다. 아파트 주민들은 재개발 사업에 불만을 터뜨리고, 농부들은 농업정책에 반대하고, 학생과 학부모들은 입시제도에 항의하고, 그밖에 한총련, 전교조, 재향군인, 각종 시민단체 등이 걸핏하면 촛불을 들고 나오거나 농성, 데모를 벌인다. 툭하면 머리끈을 두르고 주먹을 치켜드는 민노총 등 한국의 강성노조들도 기업주에 대한 불만과 아울러 정부정책을 비난한다.

5. 여성에 대한 남성의 자세

· 거짓말을 하지 마라.
· 그녀의 신체 일부분을 측정하려 들지 마라.
· 그녀가 "Do I look fat?"라고 묻거든 절대 "Yes"라고 말하지 마라.
· 그녀가 다른 여성을 가리키면서 "Is she prettier than me?"라고 묻거든 무조건 "No"라고 말하라.
· 당신의 과거 여자 친구는 지금의

부인을 위해 문을 열어주는
다정한 한국남편(서양화 됨)

부인이 문을 여는 사이 남편이 먼저 들어가고 있다.(전통적인 한국남성)

- 여성보다 결코 더 멋지지도 예쁘지도 않다고 말하라.
- 그녀의 음식 솜씨는 훌륭하다.
- 둘이 같이 있을 때 걸려 온 전화에 대해서 그녀가 "Who was that on the phone?"이라고 물으면 "Nobody"라고 대답한다고 해서 결코 문제가 해결되는 것은 아니다. 즉, 숨기려 들지 말고 솔직하게 또는 다른 방법으로 답하는 것이 훨씬 낫다.
- 당신의 옷에 묻어 있는 립스틱 자국을 보고서 "Whose lipstick is this?"라고 물을 때 역시 "Nobody"라고 해서는 안된다.
- 트림을 하는 것은 결코 매력적이지 못하다.
- 아마도 당신이 술 취했을 때는 그렇지 않을 때보다 덜 매력적일 것이다.
- 잘못된 일을 했을 때는 사과하라.
- 기사도 정신과 남녀동등주의는 서로 배타적이지 않다.
- 사랑한다면 자신의 감정을 이야기하라. 가급적이면 자주 말해라.
- 그녀의 머리스타일은 결코 나쁘지 않다.
- 당신의 친구가 그녀에게 관심을 가지지 않도록 해라.

여자가 엘리베이터 단추를 누르니 남자가 먼저 들어서고 있다.

6. 여성 및 혼혈아 차별법

한국 헌법은 제정된 이후 수차례 개정을 거듭하고 있다. 초창기 이래 각계각층의 뜻과 의지를 제대로 수렴하지 못한 탓으로 보인다. 조선 왕조 500년 동안 뿌리박았던 양반과 상놈의 계급사회, 법 앞에 만인이 평등하여야 하는데도 불구하고, 역사와 문화 속에 지라잡고 있는 차별의식이 우리도 모르는 사이에 의연 중 한국의 새로운 헌법에도 나타나 있는 것은 결코 우연이 아닐 것이다.

인간 차별 중에 제일 큰 차별 중의 하나는 혼혈인 차별이다. 대한민국 헌법 39조 1항에 의하면 "모든 국민은 법률의 정하는 바에 의하여 국방의 의무를 진다."라고 되어 있다.

이 조항에서 국민이란 남성만을 의미한다. 따라서 병역의 의무가 없는 여성과 장애인은 국민도 아니라는 해석이 나온다. 이것을 왜 성토하지 않고 수정하지 않는지 모르겠다. 여성 파워는 어디 갔나. 더 심한 것은 혼혈인 남자는 남성임에도 국민이 아니다. 왜냐하면 병역법 시행령 조항에 의해 병역무의조차 거절당하고 있기 때문이다. 이유는 혼혈아가 입대하면 부대 내에서 왕따를 당하기 때문에 인권 차원에서 병역 면제를 시킨 듯하다.

이와 같이 명백히 한국 헌법상 평등권에 위배된 법률조항이 있음에도 불구하고, 그 누구도 위헌여부에 대해 헌법 재판소에 심판을 요구하지 않는다.

미국의 법 조항에는 국민의 정의가 명확하고 법률에 인종차별이나 성차별 조항이 나타나면 즉각 수정한다. 또한 소수민족의 인권을 유린한 듯한 내용도 나타나면 즉각 수정하게 된다.

7. 한국인의 급한 성미

　서울에서 빌딩이나 아파트를 오르내릴 때 누구나 할 것 없이 거의 모든 사람들은 일단 엘리베이터를 타면「닫힘」버튼을 누르는 것이 보통이다. 그래서 엘리베이터마다 '닫힘'이라는 글자가 희미하게 보인다. 그냥 내버려두어도 불과 3~4초 뒤면 저절로 문이 닫히게 마련인데 우리는 그 시간을 못 참아 일단 탔다 하면 습관적으로「닫힘」버튼을 누르는 것이다.
　이런 습관으로 한국인이 미국에 와서도 엘리베이터를 타면「닫힘(close)」버튼을 누르려 했는데 유심히 살펴보니 누구도 버튼을 만지지 않았다. 그저 문이 저절로 닫히기를 기다리는 것이었다. 엘리베이터를 내릴 때 역시 습관대로 문이 열리자마자 서둘러 튀어나오려 하는데 같이 타고 있던 사람들이 움직이지를 않고 있었다. 여자가 먼저 내리도록 기다렸다가 여자들이 다 내린 후 남자가 내리는 것이었다. 이보다 친절한 남자들은 여자들이 내리는 동안 문이 닫히는 것을 막기 위해 엘리베이터 문에 손을 대고 기다려 주었다. 마치 한국에서 아랫사람이 윗사람 모시듯 깍듯하게 행동하는 것이었다. 대통령도 같이 탄 여비서가 먼저 내린 후 내린다.
　집이나 사무실 문을 여닫고 나갈 때 역시 실수하기 마련이다. 서울의 습관대로 내가 열고 나가는 경우 우리는 뒷사람을 생각해 주지 않는다. 따라서 내가 나간 직후 바로 문이 닫히면서 뒷사람은 또다시 문을 열어야 하거나 혹은 내가 내버려둔 문이 닫히면서 뒷사람과 부딪칠 경우도 흔하다. 미국 사람들은 일반적으로 자기 뒤에 사람이 바로 뒤따라오면 반드시 그 사람도 같이 나갈 수 있게 그 사람이 문을 나설 때까지 문을 붙잡아 준다. 또 한 사람을 들어오고 다른 사람은 나가려고 할 때 한쪽이 여자일 경우 여자가 먼저 출입을 할 수 있도록 문을 붙잡아 준다.

한국 도시에서 많은 사람들이 아파트 생활을 하고 있는 데 과연 자녀들에게 엘리베이터를 타고 내리는 법을 가르쳐 주는 부모가 얼마나 될까 하는 의심도 가져 보았다. 같은 아파트에서 그것도 같은 층에 사는데도 인사하는 것은 고사하고 어른이 내리기 전에 젊은 학생이 먼저 튀어나가는 것을 아무렇지도 않게 생각한다.

한국인은 스스로에 대해 동방예의지국이라고 배워 왔는데 요즘의 행태는 이와 정반대이고, 우리가 예절도 모르는「상놈」이라고 흔히 가볍게 비판해 왔던 미국인들이 우리보다 이러한 예절을 잘 지키는 이유는 어디 있을까. 이러한 일들은 1초만 잠시 기다릴 수 있는 여유만 가지면 다 해결될 수 있는 문제들이다. 이제 우리도 밥은 굶지 않게 되었으니 1초의 여유쯤은 가질 수 있지 않을까. '빨리 빨리'의 근성을 버릴 때도 되었다.

8. 끼리끼리 문화

미국 꼬마들 생일파티는 미국생활 초보자들에겐 꽤 신기하고 재미가 있다. 한국도 요즘은 맥도날드나 피자집 같은 데서 아이들 생일잔치를 해주는 게 낯설지 않은 풍경이 되었지만 미국은 훨씬 더 다채롭다.

대개 부모가 집에서 직접 프로그램을 준비하고 장식을 해서 파티를 열어주기도 한다. 어느 쪽이든 우리로서는 빠뜨리지 않고 불러 주는 게 고맙기도 하고 이럴 때 아니면 또 어떻게 미국인들과 가까이 하겠나 싶어 만사 젖혀 놓고서라도 아이를 데려가는 편이다.

그렇지만 아이들 생일이라도 따라 다니며 미국인들과 한 번 친해져 볼까 하는 순진한 생각은 번번이 빗나가고 만다. 영어가 부족한데 따른 자격지심 탓도 있지만 백인들끼리의 보이지 않는 벽도 만만치 않아 매번 '헬로'나 '하이'니 하는 인사 나누기에 머물고 말기 때문이다.

　같은 반 아이라 초대는 했지만 애들 만남을 굳이 어른들로 까지 연결시키고 싶지는 않다는 심사일까. 드러내 놓고 박대는 않지만 그들만의 자리에 괜히 이방인이 끼어든 것처럼 낯설어 하고 불편해한다는 것을 자주 느낀다는 말이다.

　직장 출근 전 아침마다 학교에 애를 데려다 주러 갈 때도 마찬가지다. 반갑게 말이라고 붙여 오는 부모가 있는가 하면 날마다 만나지만 눈길 한 번 맞추지 않으려는 사람도 많다.

　그래서 "그래 좋다. 너희들끼리 잘해 봐라." 그럴 때마다 이렇게 오기를 부려 보기도 하지만 착잡해지는 마음은 어쩔 수가 없다. 얼굴 생김새도 틀리고 생활양식도 다른 이방인들을 그래도 이 만큼이나마 이해해주고 받아 주는 나라는 미국 밖에 없다고 한다면 할 말이 없다. 그렇지만 자꾸 이런 일이 반복되다 보면 본의 아니게 마음도 닫히고 너 나 편가르기를 하지 않을 수 없게 된다. 우리 한인들이 '끼리끼리'에 자꾸 집착하는 것도 다들 이런 경험들이 쌓이고 쌓여서인지도 모른다. 그래서 그런지 북한은 우리의 통일을 우리 민족끼리 하자고 한다. 즉 민족 공조에 집중한다. 허나 남한은 국제공조도 같이해야 한다.

　미국에는 수많은 민족들이 뒤섞여 살고 있지만 한인들만큼 '끼리끼리'에 익숙한 민족도 없을 성 싶다. 미국 생활 10년이 되고 20년이 되어도 여전히 한국교회 나가고 한국 사람끼리 모임을 만든다. 또 한국 식당가서 밥 먹고 한국 가게 가서 물건사고 한국사람 불러서 집도 고친다.

　제 민족 제 동포끼리 부대끼며 돕고 사는 일이니 좋은 일이 아닐 수 없다. 그렇지만 너무 '우리끼리 우리끼리'하면서 살다 보니 거꾸로 타 민족으로부터 지나친 편가르기를 한다는 오해를 받는 경우도 흔히 생겨난다.

한국인 커뮤니티의 비약적 성장에도 불구하고 그에 상응하는 대접을 못 받고 있다는 것도 '끼리끼리 문화'의 부작용이다. 따져 보면 한인사회도 어느 커뮤니티 못지않게 열심히 봉사하고 더불어 살기를 실천하고 있다. 그런데도 여전히 봉사와 나눔에 인색하다는 소리를 듣는다. 타민족에겐 한인 사회가 워낙 끼리끼리만 움직이는 것으로 보여서 그럴까. 우리가 함께 풀어야 할 숙제가 아닐 수 없다.

쌍둥이 빌딩 폭파(9.11) 이후 외국인을 대하는 미국인들의 태도가 크게 달라졌다는 말을 많이 듣는다. 게다가 요즘은 전쟁이다 뭐다해서 외모나 피부 색깔 다른 사람들의 입지는 더욱 좁아지고 있다. 이런 판국에 과도한 '끼리끼리 문화'는 우리에게 별로 덕 될 게 없어 보인다.

타국에 터 잡고 살면서 언제까지 이방인 대접만 받으며 살 것인가. 힘은 들겠지만 우선 나부터라도 편가르기 의식을 털어야겠다는 생각을 해 본다.

9. 연(緣)줄의 코드

우리는 너와 나 사이에 똑같은 요소가 있다는 것을 알아서 촉발시켜주면 친근감을 갖는 동류의식이 비교적 강한 편이다. 너와 나는 종씨(宗氏)다, 너와 나는 동창이다, 너와 나는 동향(同鄕)이다 하는 식으로 어떤 「緣」줄이 닿으면 불신감이나 적대감이 사라지고 친근감을 갖는다. 곧 한국인에게 있어 「緣」은 그 대인관계를 성립시키는데 중요한 요인이 되고 있으며 바꿔 말하면 한국사회에 있어 상호간의 연결은 바로 「緣」의 네트워크랄 수도 있다.

우리의 대인관계에 있어 「緣」에의 의존도가 서양 사람보다는 동양 사람이 한결 강하고 동양사람 가운데에서 한국 사람이 가장 강한 편이다. 왜 「緣」으로 맺어진 동류(同類)의식이 강해졌는가는 대체로 한국사회가 다음 몇 가지의 구조적 측면에서 외국 사회보다 별났기 때문이 아닌가 싶다.

1) 취락구조가 한반도의 기후대(氣候帶)에서 벼농사를 지어먹기 알맞게끔 촌락단위(村落單位)로 강한 정착성(定着性)을 지녔던데 찾아볼 수가 있다. 수렵이나 유목 또는 상업처럼 생업이 이동성인 민족은 자기가 태어나 별반 생업상 유대나 관계를 맺을 필요가 없기에 친근감을 갖지 못한다.

그렇지만 그 마을에서 태어나 그 마을에서 한발자욱 떠나지 않고 그 마을에 묻히길 수십 대를 대대로 살아온 한국인은 그 향토(鄕土)와 그 향토에서 같이 살아온 사람과 친근하지 않을 수 없을 뿐 아니라 생업이 서로의 손을 빌리는 공동작업이 없이 불가능하기에 더욱 사람과 사람사이가 결속될 수밖에 없었으며 「緣」의식이 강화될 수밖에 없었다.

2) 우리나라에서 족보문화(族譜文化)가 가장 발달했음이 입증해 주듯 까마득한 조상(祖上)까지 소급하게 「緣」을 대는 조상의식과 혈연의식이 별나게 강하다는 것을 들 수 있다.

3) 우리나라가 이 세상에서 손꼽힐 만큼 지난날 단일민족으로 이뤄졌다는 것도 동류(同類)의식을 강화시킨 요인이랄 수가 있겠다. 단일 국토에서 단일민족이 단일언어와 단일문화, 단일 의식주를 공유해왔다는 것은 의식구조상 이질요소에 성숙하지 못하게 했고 이질요소에 강한 반발을 느끼게 했으며 이 이질반발(異質反撥)이 동

류친근(同類親近)을 가속시켜 온 것이다.

　이 같은 한국적 여건이 이 세상에서 가장 동류의식이 강한 나라 사람으로 만들었다고 본다. 이것을 타파해야 나라가 바로 선다.

제10장 미국인의 가정관

1. 부모의 기대

어른들은 결혼해서 자손을 많이 가지려 한다. 미국에서 몰몬교나 천주교 같은 종교단체와 일부 사람들이 개인적으로 이러한 생각을 가지고 있지만, 또 대다수의 미국인들은 아이 키우는데 다소 상반

매주 월요일 밤에 모이는 몰몬 대가족의 화목한 모습

되는 가치관을 가지고 있다. 미국인들은 아이가 소중하며 가치가 있다고 생각하지만, 아이를 갖는다는 것이 엄청난 일이 따르고, 귀찮으며, 비용도 많이 드는 등 큰 책임을 떠맡는다는 것이라고 알고 있다. 대중매체에서는 미국에서 아이를 키우는 비용을 추정한 연구에 관한 현실적인 보도를 자주 한다.

높은 교육을 받은 부부들에게 가장 이상적인 형태는 우연이 아니고 의도적으로 1명이나 2명의 아이를 낳는 계획가족이다. 어떤 부부들은 최소한 남녀 1명씩의 아이를 갖기를 선호한다. 아이를 전혀 갖지 않겠다는 사람들도 있다.

대부분의 미국 부모들에게 아이를 키우는 일반적인 목적은 자기 아이들이 18살이 될 때까지, 자신의 삶을 꾸려 나갈 수 있는 독립심 강하고, 남에게 의지하지 않는 사람으로 길러내는 것이다. 어른들은 유아와 어린이들이 이것인지 저것인지 스스로 결정을 하고 그네들의 의견을 밝히도록 물어보며, 할 수만 있다면 자기 스스로 무슨 일이든지 하도록 장려한다. 부모들은 이런 어린이들을 칭찬하

예수그리스도 후기 성도교회의 간판
(일명 몰몬교회)

고 용기를 북돋아 준다.

대부분 부모들은 아이들이 편안한 삶을 가질 수 있는 가장 좋은 기회를 얻을 수 있도록 상당한 시간과 돈을 아낌없이 투자하는데, 예를 들면, 치과 치료, 병을 알아내어 치료하는 질병 치료, 유아교육기관, 미술, 운동, 무용, 노래 부르기, 또는 악기 연주를 배우는 과외교습, 정서장애를 극복하게 해주는 상담 등을 시킨다.

대개 미국 부모들은 가능하면 자기 아이들이 인생을 다양하게 경험해보기를 원한다. 또한, 부모들은 자기 아이들이 심각한 건강문제가 없고, 상당히 교육도 잘 받고, 자신의 흥미나 재능에 걸 맞는 직업을 찾을 수 있고, 적당히 재산도 일구어서 "행복하고 건강하기"를 바란다. 물론, 부모들은 자기 아이들의 안전에도 관심을 가지고 있기 때문에 아이들이 다치지 않게 하려고 한다.

일반적으로 미국 아이들은 보통 다른 나라 아이들처럼 학업에 깊이 열중하지 않는다. 미국 공립학교들은 다른 나라의 학교만큼 공부를 하라고 하지 않는다. 학업 성취에 대하여 다른 나라의 가정에서만큼 미국 가정에서는 크게 신경을 쓰지 않는다.

대개 미국 부모들은 가지 아이들의 행복에도 관심을 기울이지만, 인생을 의미 있고 생산적으로 살아가는데 부모 스스로도 관심을 가지고 있다. 대부분의 경우, 이런 경우는 부모 모두 직업이 있고. 어린아이들은 부모가 일하는 동안, 보모와 함께 있던지 어린이 집이나 유아원 같은 형태의 보육·육아기관에 맡겨진다. 미국인들은 부모들이 아이들과 어느 정도 떨어져 있어야 한다고 일반적으로 느끼고 있으며, 보통 누군가가 아이를 돌볼 수만 있다면, 부모가 외출할 수 있다고 생각한다.

2. 행복 기대율

　미국사람은 한국 사람에 비해 행복기대고가 매우 높다. 본래 행복감이란 상대적인 것으로 기대와 현실과의 비율함수로 측정 되는 것이다. 이를테면 같은 회사, 같은 직위, 같은 소득, 샅은 규모의 집에서 살고 있더라도 이 기대도가 높고 낮음에 따라 행복하기도 하고 불행하기도 하는 법이다.

　예를 들면 우리 한국인의 행복관은「불행하지 않으면 행복하다」는 한마디로 정의한다 해도 별반 저항을 느끼지 않을 줄 안다. 곧 우환만 없으면 행복하다. 하지만 행복에의 기대도가 높은 미국사람에게는 이 같은 소극적인 행복은 행복이 아니다. 보다 적극적이고 절대적이며 완벽해야만 한다고 그들은 생각한다. 미국사람들에게 있어 결혼은 행복 그 자체이며 결혼에 기대하는 행복의 크기는 대단하다. 그러기에 만약 그 결혼이 행복하지 않다면 그 결혼은 실패한 것이며, 행복하지 않게 된 결혼은 마땅히 해소돼야 한다고 결론짓게 된다.

　그러나 행복한 결혼을 기대하지 않는 한국 사람도 없을 줄 안다. 하지만 기대도가 미국사람처럼은 높지 않기에 행복하지 않더라도 실망이 크지 않다. 소수의 행복한 결혼을 부러워할 뿐 다수의 행복하지 못한 결혼에 그렁저렁 자위를 하고 영위해 나간다.

　높은 이혼율의 이유로 미국사람들의 강한 개인주의를 들 수 있다. 개인주의란 이론적으로는 자기 일을 자기의 책임아래 처리하고 자기의 권리를 주장함과 동시에 상대의 권리도 존중하는 것이다.

보통 부부생활이란 밀접한 집단행위로「개(個)」가 그 집단 속에 조화 돼야만이 안정이 된다. 집단주의에 길든 한국 사람은 상대방이 잘못 했다고 판단해도「내가 잘못 했다」고 비는 경우가 있다. 한데 미국사람은 자신이 잘못했다고 알고 있으면서도「네가 잘못 했다」고 우긴다. 왜냐면 강한 개의식(個意識)이「個」의 방위본능을 촉발시키기 때문이다.

이와 같은 강한「個」의식은 상대방에게 행복을 줄 생각은 않고 상대방에서 그 행복을 얻어내려 한다.

우리나라 부부의 경우 두 사람 사이가 좋지 않아 이혼하고 싶어도 아이들 때문에 이혼을 주저하거나 포기하는 것이 상식이다. 물론 미국의 부부도 아이들이 성장할 때까지 이혼을 연기하는 일은 있지만 아이들 때문에 자신의 일생을 희생한다는 법은 없다. 나에게 한번 밖에 없는 인생을 행복하게 살 권리가 있다. 내가 낳은 아이임에는 틀림없고 이혼하면 그 아이들이 불행해진다는 것도 잘 알고 있다. 하지만 이 아이들의 불행 때문에 한번 있는 나의 인생을 불행 속에 지속할 수는 없다는 자세다.

3. 미국인의 가정관

보통 미국 사람들은 애비 어미도, 가족도 모르는 극도의 개인주의에 빠져 사는 사람들로 잘못 이해하고 있는 경우가 많다. 그러나 그들의 생활을 들여다보면 그들의 가족을 생활의 전부라고 할 정도로 중요하게 생각하고 있다.

미국 신문의 동정란에 리차드 클라우더 농무부 국제담당 차관이 사직서를 낸 것과 당시 고장난 통신위성의 회수작업을 성공적으로 완수해 뉴스의 초점이 됐던 우주선 엔데버호의 선장인 데니얼 브랜던스타인이 미 항공우주국(NASA)을 떠난다는 기사가 있었다.

농무부 차관은 부시 대통령에게「지난 3년을 돌아볼 때 가족에게 우선순위를 두어야 한다는 생각 때문에 사직서를 낸다.」고 밝혔다. '89년 부시 대통령 취임 때 기업체 부사장직을 그만 두고 정부에 참여한 그는 바쁜 공직생활로 가족과 함께 있을 시간이 없게 되자 2년 만인 '91년 사직을 결심했었다. 그러나 그가 맡은 일이 우루과이 라운드의 농산물 협상, 러시아에 대한 식량지원 등 매우 중요한 사안이어서 부시 대통령과 농무장관의 간정으로 1년을 더 붙잡혀 있다가 드디어 사직하게 되었던 것이다.

엔데버호의 선장은 해군 전투기 조종사로 우주선 비행시간만도 7백 89시간의 베테랑 우주인이었다. 그는 우주공간에서 고장난 통신위성을 수작업으로 회수하여 세계적인 뉴스의 초점이 된 인물이었다. NASA에 남아 있으면 승진과 명예가 보장되어 있는데도 떠난다는 것이었다. 이유는 단 한 가지, 가족들과의「약속」을 지키기 위해서였다. 그의 가족들은 엔데버호가 출발하기에 앞서「이제는 우주인의 자리를 떠날 때」라고 간청했고 그는「이번이 마지막」이라는 약속을 했다는 것이다.

이런 사건보다 1년 전쯤인 '91년 5월. 미 예산관리청의 디펜덜퍼 차관이 갑자기 사직을 했다. 그 역시「가족과의 약속을 지키기 위해서」라는 이유에서였다. 미국 정부의 모든 예산을 관리하는 우리 식으로 말하자면 달걀노른자 같은 자리를 마다하고 사표를 냈던 것이다. 변호사로 일했던 그는 부시 행정부 출범과 동시에 정부에 참여했는데 정부로 옮기면서 가족들에게「그 동안 모아 두었던 저축액이 일정수준 이하로 떨어지면 공직을 그만두고 다시 사기업체로 돌아가겠다.」고 약속을 했다는 것이다.

미국 캘리포니아 주 전체 UC의 총장도 가정을 위해 사표를 내고 돌아갔다. 그에게 '가정은 지상의 천국'이라는 그의 몰몬교 신앙이 크게 작용했다.

미국 사람들은 이러한 이유들로 인한 사직을 하나도 이상하게 생각지 않는다. 신문도 이들의 사직 이유가 특이해서가 아니라 그들이 이제 공직을 떠난다는 사실을 알리기 위해 보도했을 뿐이었다.

클린턴 전 대통령 부인 힐러리 여사의 경우를 보면 미국 사람들의 가족사랑 분위기를 좀 더 잘 이해할 수 있다. 그녀는 취임 초인 93년 4월, 부친인 휴그 로데 씨의 병간호를 위해 근 2주 이상을 워싱턴을 떠나 있었다.

클린턴 대통령도 취임 초의 바쁜 일정을 뒤로 밀고 장인이 입원해 있던 아칸소 주 리틀록 시(市)의 한 병원을 두 번씩이나 다녀왔다. 클린턴 대통령은 자신의 고향인 리틀록을 취임 후 한 번도 찾지 않았으나 장인의 문병을 위해서는 찾아갔던 것이다.

당시 힐러리 여사는 단순한 퍼스트 레이드가 아니라 미국의 의료보험제도 개선을 위한 백악관의 작업 단장으로 5개 부처 장관과 5백 명이 넘는 상근직원을 거느리고 있는 바쁜 몸 이었다. 그녀가 워싱턴을 장기간 비움으로써 보험제도 개선작업이 늦어질 수밖에 없었다.

힐러리는「나의 인생에서 나의 가족이라는 것은 정말로 가장 중요한 부분의 하나」라면서 「아버지를 위해 내가 힐 수 있는 최선을 다하는 것이 나의 도리」라고 양해를 구했다. 힐러리 여사의 효심을 읽을 수 있는 대목이었다.

힐러리는 미국인들의 당면 과제인 의료보험 개선작업의 책임을 맡고 있는 공인(公人)이었다. 자신의 소중한 아버지의 위독함을 보고 곁에 서 간호하는 것이 옳으냐, 아니면 개인의 아픔을 딛고 공인으로서 의료보험 개선에 몰두해야 하느냐를 놓고 당연히 고민을 했을 것이다. 힐러리의 경우는 공(公)보다는 사(私)를 택했고 대의명분 보다는 사랑을 택했다. 미국의 신문들은 힐러리의 이러한 선택을 비판 없이 사실 보도로 소개했다. 그만큼 개인의 생활과 감정을 존중한다는 의미일 것이다.

한국은 유교의 전통 때문에 관념상으로는 우리가 가족을 매우 소중히 여기는 것으로 되어 있으면서도 반대로 애국이니 국가니 하는 명분에 매달려 온 문적인 구조 하에 놓여있다.

8·15 경축식에서 육영수 여사가 괴한의 총에 쓰러져 급히 병원으로 이송됐으나 경축사를 하던 박정희 대통령은 경축사를 끝마치고 병원을 찾았다고 한다. 박정희 대통령에게는 국가가 먼저고 가정은 차선이라는 애국심과 군인 정신이 몸에 밴 자세로 본다.

70년대의 근대화 바람이 불면서 앞만 보고 달려온 우리는 그 동안 회사를 위해, 나라를 위한다는 명분 아래 가족들의 희생은 당연한 것으로 치부해 왔다. 오히려 가족을 앞세우는 사람은 어딘가 부족한 사람으로 평가해 온 사회분위기를 부정할 수 없다.

우리가 살아가는 가치를 어디에 두느냐는 각자의 인생관에 달려 있다. 인생을 어떻게 살아가느냐는 각자의 결심에 달린 것이겠지만 우리가 소중한 한 부분을 잃고 있는 것은 아닌지 다시 한 번 생각해 보아야겠다.

4. 한국인의 장점 몇 가지

한국인의 대표적인 긍정적인 면을 몇 가지 살펴보자.
첫째, 한국 사람들은 두뇌가 명석하다.
간단한 예로 한국의 프로 기사들이 전 세계 바둑계를 석권하다시피 하는 것만 봐도 한국 사람들이 얼마나 머리가 좋은지 알 수 있다. 미국 명문 대학 졸업식 때 수석 졸업생 중 한국인이 많다.

 그렇지만 가만히 보면 한국 사람들은 머리가 좋아 지식은 아주 풍부한데, 지혜는 별로 없다는 느낌을 받을 때가 많다. 예를 들어 명문대학 법대를 나와서 고시를 통과하고 판검사까지 지낸 고위 공직자가 그린벨트 지역 안에 번듯하게 집을 지어 놓고 산다면 그 사람은 지식은 많을지 모르지만 지혜가 없는 사람이다.

 한국의 학교는 지혜를 가르치기보다 지식을 가르치는 데 치중하는 것 같다. 이것은 교육자들이 잘못하고 있다고 그들만 몰아붙일 일이 아니다. 능력 여하를 불문하고 대학 졸업자, 그것도 명문대학교 졸업자일수록 우대 받는 사회 풍토 속에서는 어쩔 수 없는 일인지도 모른다.

 이제 우리는 한 시간 공부를 하면 한 시간은 생각하는 시간을 가져야 한다. 그래야 그 지식이 자기 것으로 소화되고, 지식이 완전히 소회되어야 비로소 지혜가 생긴다.

 한국의 학교에서 이루어지는 교육은 학생의 머릿속에 지식을 집어넣는 것이 전부다. 제대로 된 교육이라면 지식을 입력(input)시키는 것도 중요하지만, 어떻게 출력(output)할 것인가 가르치는 일도 똑같이 중요하게 다루어야 한다. 한국의 교육에는 인풋(input)만 있고 아웃풋(output)이 없다.

 이런 문제점 때문에 한국 사람들은 뛰어난 머리를 제대로 활용하지 못하는 느낌이 든다. 입시 위주의 암기식 교육에 익숙하다보니 기억력 하나는 대단한 편이지만, 그보다 훨씬 더 중요한 것은 창의력이다.

 한국 사람들의 교육열은 어떤 나라도 따라오지 못할 엄청난 잠재력을 내포하고 있다. 그 열기의 방향이 조금 어긋나 있는 것이 문제일 뿐, 무엇을 어떻게 가르쳐야 할 것인가라는 기본적인 방향만 확립되면 한국의 학교는 세계에서 가장 유능한 인재들을 무더기로 배출할 것이다.

둘째, 한국 사람들은 인정이 많다.

용서해서는 안 될 것을 용서하는 것은 진정한 인정이 아니다. 한국 사회에는 아직도 서구의 합리주의라는 잣대로 좀처럼 이해하기 힘든 훈훈한 인간미가 살아 있다.

특히 부모를 공경하는 한국 사람들의 지극한 효심이야말로 많은 외국인이 부러워하는 덕목이다. 자기 부모를 공경할 줄 아는 사람은 남의 부모도 공경할 수 있는 자질을 갖춘 사람이다.

조상을 위해 제사를 지내는 풍습 역시 마찬가지다. 세월이 흐를수록 제사에 담긴 원래 뜻이 점점 퇴색하고 형식만 남는 듯한 느낌이 없지는 않지만, 명절 때마다 부모 형제를 찾고 차례를 지내기 위해 민족 전체가 고난의 여정을 마다하지 않는 것을 보면 정말 대단하다는 생각이 든다. 정작 한국 사람들은 습관적으로 제사를 지내고 차례를 지낼 뿐 대수롭지 않게 생각할지 모르지만, 그런 행사를 통해 오늘의 나를 있게 해 준 조상의 은혜를 되새긴다는 것은 교육적인 측면에서도 대단히 바람직한 일이다.

한가지 아쉬운 것은 한국 사람들의 인정이 어떤 식으로든 자기 자신과 관계를 맺고 있는 정해진 범주 안에서만 효력을 발휘하는 점이다. 그 범주를 벗어나면 냉정하기 이를 데 없는 이중적인 모습이 나타나기도 한다. 한국 사람들이 자기 가족을 생각하는 것처럼 남을 끔찍하게 위해 준다면, 그 범주를 점점 넓혀 나간다면 세계에서 가장 존경받는 민족으로 성장할 것이다.

셋째, 한국 사람들은 뭐든지 빨리 해치운다.

외국인이 한국에 와서 가장 먼저 배우는 말이 '빨리빨리' 라고 한다. 매사에 여유가 없고 지나치게 서두르는 것이 한국 사람의 대표적인 단점이라고 지적하는 사람도 많다. 그러나 꼭 그렇게만 볼 수 있는 문제가 아니다. 똑같은 일을 1년 만에 해치우는 사람하고 2년이 걸려도 끝내지 못하는 사람을 비교한다면 1년 만에 해내는 사람이 훨씬 나은 것은 새삼 말할 필요도 없다. 물론 여기에는 단서가 붙는다. 1년 만에 해치웠다고 실컷 자랑해 놓고 나중에 문제가 생겨서 뜯어고치느라 2년이 더 걸린다면 오히려 더 손해기 때문이다.

우리나라에서 다리가 부서지고 건물이 무너지는 대형 사고가 유난히 자주 일어나는 이유는 이른바 '빨리빨리 병'에서 찾는 사람이 많지만 나는 그렇게 생각하지 않는다. 속도가 빠르다고 해서 반드시 내용이 부실하다는 법은 없기 때문이다.

우리나라에서 부실 공사가 많은 이유는 급하게 서둘러서가 아니라 비리가 개입되기 때문이다. 부정과 비리를 근절하지 않는 한 아무리 여유를 두고 침착하게 일을 진행한다 해도 부실은 사라지지 않을 것이다.

이외도 한국 사람들에게는 장점이 많다. 장점과 단점은 동전의 양면과도 같아서 살짝 뒤집어 보면 치명적인 약점으로 생각되던 것이 오히려 누구도 따라올 수 없는 장점으로 둔갑하기도 한다.

과거부터 한국 사람들은 평소에는 모래알처럼 흩어져 있다가도 국난을 만나면 똘똘 뭉쳐서 위기를 헤쳐 나가는 저력을 발휘해 왔다.

5. 홀로 두는 아이

미국에서는 자기 집일지라도 만12세 이하의 어린이를 혼자 둘 수가 없다. 또 어린아이를 5분 이상 울게 둬도 이웃이 경찰에 신고, 벌금은 물론 자칫 감옥에까지 가게 되는 수도 있으므로 주의해야 한다.

 가끔 현지에서 한국 신문을 보면 이 사실을 잊고 어머니들이 세탁소에 급한 세탁물을 찾으러 잠깐 간 사이에 잠에서 깬 아이가 우는 것을 이웃집에서 신고, 경찰서 신세를 지게 되었다는 종류의 기사가 심심치 않게 실린다. 실화다.

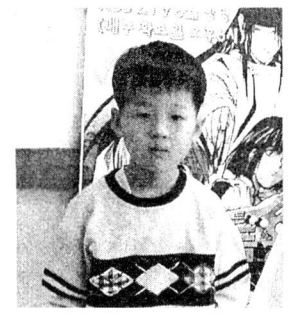
홀로 노는 아이는 쓸쓸하다

 로스앤젤레스에서 한 엄마가 서너 살도 채 안 된 아이를 데리고 슈퍼마켓에 갔다가 아이가 너무 깊이 잠이 들었고 날씨도 차가워 아이를 차 안에 남겨 둔 채 슈퍼에 들어갔다가 차 안에 혼자 있는 아이를 발견한 미국 사람의 신고를 이른바 아동 학대죄란 명목 하에 법정에 서게 됐다.

 어떤 주재원 부인이 음악회에 가면서 아이들만 남겨 뒀다 당한 애기를 들려 준 바 있다. 그 댁은 비록 저학년이라도 초등학생인 딸아이들이 서울에서도 둘이 잘 놀고 참하게 집도 잘 보았다는 것이다. 따라서 걱정을 아주 안 한 것은 아니나 잠깐인데 어떠랴 싶어 별 생각 없이 한국에서처럼 "문 걸어 잠그고 밖에 나오지 말라." 이른 후 부부만 나갔는데 이웃집에서 어떤 노인이 창문으로 부모들만 탄 차가 나가는 것을 보았는지 그 집으로 곧바로 확인을 왔다는 것. 주재원 집엔 마침 현관엔 어른 구두를 놓아 둔데다 눈치 빠른 큰아이가 능청스럽게 "친척 어른이 와 계시는데 왜 그러시느냐?" 며 2층을 향해 있지도 않은 친척이름을 한국말로 부르니 노인은 얼른 "됐다." 면서도 이상하다는 듯 고개를 갸우뚱하고 돌아가더라는 것이다.

 주재원 부인은 은퇴한 노인들이 많이 사는 주택가일수록 그런 경우가 특히 많다고 말하며, 부부가 밤에 외출해야 할 때는 반드시

아이들을 이웃에 맡기든지 아니면 누군가 돌봐 줄 사람을 데려다 놔야 할 것이라고 정보를 주었다.

　더운 여름에 동네 수영장에서 수영을 해도 12세 아하 어린이는 반드시 누구라도 보호자가 나가서 지켜야 했다. 그 곳에는 아르바이트로 일하는 라이프 가더가 있었는데도 어린이 사고에 대해서는 전적으로 부모가 책임을 져야 했다.

6. 출발점의 차이

　미국 어머니들이 자녀들에게 행하는 말들을 검토해 보면 페어·플레이의 정신이 일관돼 있음을 알게 된다.

　싸움이란 동년배의 같은 또래끼리 허락되지만, 핸디캡이 붙는 쌈은 용서되지 않는다.

　보통 사회에서 경쟁은 반드시 공정하거나 페어 하다는 법은 없다. 태어나면서부터 귀족의 집에 태어난 아이는 귀족이고, 돈 많은 집에 태어나면 부자다. 양반집에 태어나면 양반으로 스타트하고, 상놈이면 상놈으로 불공정하게 스타트 한다.

　태어나서 출발점부터 분명한 불공평의 출발을 하는 것이 상례다. 가난하고 무명한 자가 스타트라인에 서 있을 때, 이미 태어나면서부터 좋은 조건을 지닌 자는 결승점에서 테이프를 끊고 있다. 경쟁 따위가 있을 수 없이 승부는 처음부터 정해져 있다.

　그러나 미국 사람은 그 같은 핸디캡이 붙은 인생을 부정한다. 미국에서는 모든 사람이 동일한 스타트 라인에서 시작해야만 한다. 그것이 곧 미국식 인생의 원칙인 것이다.

　초창기 미국 개척시대의 지도자 플랭클린은 〈미국에 이주하려는 사람을 위한 정보〉란 글에서 다음과 같이 말하고 있다.

「가문을 자랑하려고 하는 사람에게는 도저히 이곳으로의 이주를 권할 수가 없다. 유럽에서는 명문이 존중 받지만, 그 같은 특권을 미국으로 옮겨 왔댔자 미국처럼 불리한 시장은 더 없을 것이다. 미국에서는 사람에 대해 물을 경우, 사람들은 저 사람이 신분이 뭣인가도 묻지 않고 저 사람은 뭣을 할 수 있는가를 묻는다. 만약 유명한 기능을 지녔다면 환영받고 그것을 실천하여 정말 유용하다면 모든 사람들로부터 존경을 받는다.」

미국에 이민 온 사람들은 과거의 모든 명예, 부귀, 양반, 상놈 같은 과거사는 모두 잠복시키고 같은 조건으로 새로 출발해야 한다.

7. 나이 차별

보통 한국 젊은 사람들은 사람을 만났을 때 첫인사가 "실례지만 몇 학번이십니까?" 혹은 "몇 년도 생 입니까?" "혹시 무슨띠 입니까?" 등이 대부분이다. 즉 사람을 만나도 먼저 나이를 확인한 뒤, 위아래를 결정하여야 인간관계가 시작된다.

유교사상, 특히 '장유유서' 사상을 통해 윗사람과 아랫사람과의 구분이 도를 벗어나 지나치기 까지 하다.

나이를 통하여 어른을 존경하고, 예의를 갖출 수 있는 그래서 '동방예의지국' 이 되기도 했다. 그러나 나이에 굳어진 고정 관념이 끼치는 암적세포는 여러 곳에서 찾아 볼 수 있다.

나이 때문에 한국 사회에 토론 문화 정착이 어렵다.

토론하다 말이 안 되면 "나이도 어린것이 건방지게" 라고 일축하면 그만. 어린아이가 입바른 말을 하면 "머리에 피도 안 마른 놈이 어디서 까불어" 혹은 "나이도 어린것이 무엇을 안다고" 등 이런 식으로 일단 사람의 기를 죽인다.

우리는 나이 때문에 친구가 될 수 없다. 친구는 평등관계이다. 그러나 밥그릇 숫자대로 위아래를 따지니 동갑내기 아니면 친구가 될 수 없다. 직장이나 사회에서 그리고 집에서도 "형님, 김선배" 등의 호칭을 대신 불러야 한다. 사랑에서도 나이가 많으면, '연상의 여인' '연하의 남자' 등의 특수 용어가 붙는다.

연령 때문에 전문성도 결여된다. 군대에서도 밥그릇 수에 의해 순위가 결정된다. 아무리 능력이 있더라도 나이 많은 사람의 말을 무시하면, 위아래도 모르는 놈이라고 손가락질 한다.

한국식 사고는 미국 와서도 여전히 학교 선·후배를 찾고, 군대 기수와 나이를 찾는데 변함이 없다.

반면 미국 사회는 나이로 사람을 차별하면 법에 저촉이 된다. 미국에선 직장을 구할 때, 이력서를 제출할 때, 생년월일을 쓰지 않는다. 이는 나이로 사람을 차별하는 것을 막기 위함이다.

미국 국내 비행기를 타면 대부분 "용모 단정한" 젊은 여성보다는 나이 지긋한 승무원이 더 많다. TV 앵커우먼을 보아도 미혼 여성보다는 경험 많은 기혼 여성이 TV를 장식한다.

한국과 달리 미국에서는 첫 인사 때 나이를 묻는 것은 큰 실례이다. 나이가 그 사람의 신분과 계급을 결정해 주는 요소가 아니기 때문이다. 미국 가정에서는 형제, 자매간에도 서로 이름(First Name)을 부른다. 즉 형, 누나 등 나이차를 의미하는 용어가 아예 없다.

미국에서는 영주권 신청이나 학생비자 신청에서 나이를 보지 않고, 그 사람의 조건과 능력만 본다.

미국에서 나이 가지고 콧대 세우다가는, 큰 코 다친다는 것을 잊어서는 안 된다. 왜냐면 그것은 법의 잣대에 어긋나기 때문이다. (전종준 변호사 글에서)

8. Melting Pots 와 Salad Bowl

 미국은 세계 각국에서 모여든 이민으로 형성된 나라다. 1920년대의 미국 사회학자들은 미국은 「위대한 용광로」로 찬양하였다.
 왜냐면, 온 세상의 각기 다른 인종과 문화와 종교의 잡동산이(雜同散異)가 모여 겨우 1백여 년 만에 세계에 두각을 나타내는 강대국으로 성장했음은, 이 이질적인 요소들을 녹여 일체화하는 위대한 저력이 있기 때문이며, 이 저력을 용광로로 표현한 것이다. 그러나 용광로에 들어가서 새로 나온 민족은 백인이 주류로 소수민족은 보이지 않는다.
 그래서 60년대의 사회학자들은 「용광로」를 부정하고 미국은 「야채사라다(Salad Bowl)」에 불과하다고 이미지 격하를 한다.
 흰 양파, 노란 복숭아, 붉은 홍당무, 검은 건포도, 푸른 시금치, 상추 등을 마요네즈란 점액체(粘液體)로 버무려 놓은 것이 야채사라다이듯이 미국은 각기 색이 다른 인종과, 색이 다른 문화와, 색이 다른 종교를 마요네즈로 버무려 놓은 것에 불과하며, 그 빛깔들은 본래 지녔던 그 빛깔을 고스란히 간직한 채 내재하고 있다는 것이다.
 만약, 마요네즈를 물로 씻어버리면 그 본색은 버무리기 이전대로 살아있다는 것이다.
 즉, 용광로에서 이질이 녹아버린 융합체(融合體)가 아니라 이질이 고스란히 잔존한 혼합체란 것이다. Salad Bowl 정책으로 각 민족은 각국의 전통 문화를 가지고 민족성을 나타내면서 조화를 이루자는 것이다.
 이런 증거로서, 미국에 혹심한 카스트(Caste)의 존재를 든다. 그 카스트는 인도의 카스트보다 확고하고 또 계층도 첩첩이라는 것이다. 미국의 카스트를 ①영국계 백인프로테스탄트(WASP), ②백인 로만·캐톨릭 ③유태인 ④유색인종으로 대별하기도 하나 이 4대 계급은 다시 수십 계급으로 세분된다. 이를 테면, WASP도, 칼빈주의자도, 에피스코팔파 보다 계급이 낮다.

로만·캐톨릭도 프랑스 계통이 가장 높고 동구계가 그 다음이요, 이탈리아·스페인 등 남구계는 계급이 낮다. 유태인도 개혁파(改革波)가 고전파(古典派)보다 높고, 유색인종(有色人種)도 색에 따라, 또 나라에 따라 수 십 계급으로 세분된다. 이같이 다양한 카스트의 어느 카스트에 속한 미국인은, 그 카스트에서 한 계급에 집착하기에 카스트간의 커뮤니케이션은 단절되거나 소원한다.

평등주의의 종주국이라고, 환상만으로 미국인을 정했다가는 커다란 실망을 갖기 마련인 것이다.

9. Melting Pots 에서 Salad Bowl로, 결국 Melting Pots로

서유럽사회와 미국사회를 비교해보면 사회복지와 소득분배는 서유럽이 미국보다 앞서 있다고 볼 수 있다. 하지만 사회의 활력과 문화적 개방성에서는 미국의 장점이 두드러진다고 연세대 김호기 교수는 말했다.

서유럽에서 유럽인과 비유럽인, 유럽문화와 비유럽문화의 경계는 매우 뚜렷하다. 유럽적 가치·정신·문화를 내심 우월한 것으로 보려는 이른바 유럽 중심주의가 강고한 편이다.

유럽에 남은 사람들이 일군 서유럽사회와 유럽을 떠난 사람들이 세운 미국사회는 분명 사회의 조직 원리와 문화의 재생산 코드가 다르다. 특히 문화적 개방성은 이민국가 다운 미국의 특성이 잘 드러나고 있다.

그럼으로 미국사회는 지난 1세기 동안 서로 다른 사람과 문화가 융화되는 용광로(Melting Pots)로 불려지기도 했다. 그러나 용광로 정책에서 문제점이 나타났다. 용광로에서 나온 사람들을 보니 소수민족은 간곳없고 백인만 주로 나타난 것이다. 여기서 정체성을 잃지 않으면서 조화롭게 공존하는 샐러드 보울(Salad Bowl) 정책이 등장한 것이다.

길게 보면 용광로와 샐러드 보울은 별개의 것이 아니다. 프랑스 학자 기 소르망이 관찰하듯이 2~3세대가 지나면서 샐러드 보울은 결국 용광로로 변해간다.

과거 몇 세기 전반 유럽에서 건너 온 이민자들의 삶이 그러했고, 1960년대 이후 아시아 이민자들은 그 경험의 한가운데 놓여 있다. 중요한 것은 이 과정에서 부딪치는 민족적 정체성의 변화와 다양한 문화의 공존에 어떻게 국가와 시민시회가 대처하느냐에 있다.

문화적 개방성에서 미국사회는 서유럽보다 분명 포용적이다. 교육 빛 법률을 포함한 각종 사회제도들이 문화적 개방성을 인정하는 동시에 미국 문화에로의 자연스런 융화가 이뤄지기 위해 마련돼 왔다. 하지만 이 문화적 개방성은 최근 새로운 상황에 직면해 있다. 9·11이후 미국적인 가치를 우선시하는 애국주의 경향이 그 하나라면, 다른 하나는 지역, 계측, 인종 등에 따른 문화 전쟁 또는 문화적 양극화 현상이다.

세계화 시대에 문화적 다양성을 어떻게 봐야 할 것인가는 결코 간단한 문제가 아니다. 문화적 다양성과 국민통합은 모순적인 것으로 보이기 때문이다. 건강한 문화적 다양성이 중요한 이유는 소수자들의 삶과 인권에 관한 문제라는 데 있다. 그들이 갖게 될 문화적 충격 및 소외를 최소화하고 새로운 사회에 자연스럽게 통합

될 수 있도록 하는 제도적 정비 및 문화적 배려가 국가와 시민사회 모두에게 요구 된다.

최근 한국사회에서도 다민족화가 빠르게 진행돼 왔다. 지난 해 한국의 국제 결혼률은 13.6%에 달했고, 농어촌 남성은 3명 중 1명이 외국여성과 결혼했다. 문제는 이런 경향에 대한 한국사회의 대응이 매우 소극적이라는 점이다. 이들을 동등한 인격으로 대우하기 보다는 마음속에 장벽을 쌓아 두는 게 현실이다.

한국적 용광로 또는 샐러드 보울을 어떻게 이룰 것인가에 대한 공론화와 정책이 매우 시급하다. 한국인들의 배타적인 자세는 수정 되야 한다. 타국인을 동등한 인격체로 인정을 해야 희망이 있고 발전의 요인이 보이게 될 것이다.

10. 수정이 필요한 국민성

국제화 시대에 살고 있는 우리들은 나라마다 전통 문화가 다름을 쉽게 볼 수 있다.

장남이 부모님을 모시는 한국과는 달리 막내가 부모님을 모시는 키르기스탄, 양자 제도가 발달되어 있는 일본, 시어머니와 며느리의 관계가 드라마의 주요 주제가 되는 한국과는 달리 장모와 사위의 관계가 껄끄러운 미국을 볼 수 있다.

다국적 학생들이 모인 대학 캠퍼스에서 외국인 학생들이 보는 한국인의 가장 큰 특징은 패거리 문화와 획일적 평등사상이다. 어디를 가든지 한국인들은 패거리를 만드는 것을 좋아한다는 것이다. 한 외국인 학자가 한국의 자본주의를 가리켜 '패거리 자본 주의(Crony Capitalism)'라고 부른 것도 무리가 아니다. 여기에서 부정부패가 나오기도 하고, 붉은 악마와 촛불 시위 같은 공동체 문화가 나온다.

평등에 대한 이야기는 주로 삶과 교육문제에서 많이 등장한다. 왜 남들은 나보다 더 잘 사는가. 왜 남의 자식과 나의 자식이 똑같은 학교에 갈 수가 없는가? 이런 남과 나를 비교하는데서 평등하지 못함을 서글퍼 한다. 그래서 외국인들의 눈에 비친 한국사회는 사회주의적 성격이 강하다.

이와 함께 외국인들의 입에서 자주 나오는 이야기가 한국인들은 흥분을 잘하고 관대하지 못하다는 점이다. 특히 자기보다 못한 사람들에 대해 관대하지 못하다는 점이 자주 지적된다. 이러한 지적은 주로 동남아나 구소련 등 한국보다 못사는 나라에서 온 외국인들로부터 쉽게 들을 수 있는 이야기 이다.

요즈음 사회면을 장식하는 몇 가지 사실들은 한국인들이 관대하지 못하다는 외국인들의 주장이 결코 잘못된 판단이 아니라는 생각을 들게 한다. 송두율씨 사건에 나타난 언론과 국민들의 반응이 바로 그것이다.

송두율씨는 분명 과거 대한민국의 실정법을 위반하였다. 그러나 지금은 북한보다 대한미국이 더 좋아진 것을 확인하고 한국에 들어온 사람이다. 그렇다면 우리는 그에게 좀 더 관대할 필요가 있다. 그리고 그러한 관대함은 남북 간의 체제 경쟁에서 대한민국의 우월성을 보여주는 중요한 계기가 될 것이다. 따라서 좀 더 관대해질 필요성이 요청된다.

제11장 열린 교육

1. 미국은 아이 천국

 미국은 어린이들의 천국이다. 어린이들은 부모가 불법체류자 일지라도 학교 교육을 받을 수 있다. 공립학교는 수업료도 면제요, 점심까지도 공짜다.
 교통사고로 어른이 다친 것은 기사 거리가 아닌데 아이들이 다치면 신문 방송이 야단법석을 친다.
 학교 버스가 어린이들을 내려놓을 때 같은 편으로 가는 차량은 물론 맞은편에서 오는 차량도 모두 멈춰야 한다. 이를 위반하는 운전자들에게 벌금도 수백 달러를 내야 하지만 몇 차례 교육도 받아야 한다. 물론 보험료도 증액돼 그 대가를 톡톡히 치른다. 어느 면에서는 음주 운전보다 더 심한 벌을 받는다. 음주 운전은 변명이라도 할 수 있지만 어린이 통학차 추월자는 파렴치범으로 취급 받는다.
 미국에서 어린이들을 때렸다가는 큰 벌을 받는다. 국내에서처럼 훈육을 한답시고 어린이들을 때렸다가는 수갑을 찬다. 어린이들을 집에 혼자 있게 하거나 차에 놔두어도 부모는 처벌을 받는다.
 이민 1세대들의 가장 큰 목표는 거의가 자식 교육을 위해서다. 하지만 그것조차 마음대로 되지 않는다. 아이들은 자라면서 미국식으로 사고하고 행동한다. 그러다 보니 한국에서 전통적인 가정교육을 받고 자란 부모와 가치관의 차이를 보이게 마련이다. 시간이 갈수록 부모와 자식 간의 골은 깊어져 간다. 그러다 결정적 순간에 갈등이 터져 나온다. 그러한 갈등이 역이민을 결심하는 동기가 되기도 한다.

그것이 꼭 미국만의 이야기는 아니다. 국내에서도 교사들이 학생들을 체벌하면 그 자리에서 휴대폰을 112에 신고를 하는 세상이니까.

문화적 차이 때문에 곤란한 일을 겪는 경우도 많다. 그래서 그 나라말을 배울 때 그 문화적 배경을 먼저 이해하는 것도 중요하다. 이민 1세가 미국 문화를 알지 못하여 한국에서와 같이 동네 아이들 불알을 만지려다가 부모가 알게 되면 성추행으로 고소당한다.

미국 아이들과 관련해서 한국인이 주의해야 할 일이 또 있다. 우리는 길을 가다가도 귀여운 아이들을 보면 과자나 캔디를 주는 경우가 있지만 미국에서는 어림도 없다. 어린이들은 낯선 사람이 주는 음식을 받지도 않으려니와 부모가 좋아하지 않는다.

2. 미국의 어린이들

- 아이들은 안거나 업고 다니지 않고, 배낭에 넣어 다니거나 유모차에 앉혀 놓고, 밀고 다닌다.
- 아이들이 밖에 나올 때, 보통 아빠보다는 엄마하고 같이 다니지만, 점점 남자가 아이들을 데리고 밖에 나오는 모습을 보기가 흔해지고 있다.
- 나이에 관계없이 아이들은 부모 말을 막기도 하고, 부모와 언쟁을 하기도하고, 자기들 요구를 하기도 하고, 자기가 싫어하는 결정을 부모가 내리면, 이에 대해 싫다고 큰 소리로 외치기도 한다.
- 집에 재정적인 여유가 있으면, 아이들도 자기 나이에 관계없이 각기 자기 방이 있다.
- 아이들은 형형색색의 장난감이 너무도 많다.

• 가전제품과(텔레비전, DVD, CD, 비디오, 게임기, 캠코더 등 같은)전자 오락 기구 등은 눈에 띄게 많이 있다. 집이나 아파트는 한 채인데 전화와 텔레비전은 여러 대가 있다.

3. 미국은 적성 및 영재 교육

LA통합교육구에서 보면 초등학교 교육의 가장 큰 특징은 메그닛(Magnet)교육을 본격적으로 하는 점이다.

메그닛 스쿨은 사람은 태어날 때부터 적성 및 기질이 다르기 때문에 능력과 관심이 비슷한 아이들끼리 교육해야 효과가 있다는 확신에 때라 생긴 학교다.

예술이나, 언어, 수학, 과학 등 특정한 과목을 잘하는 어린이는 메그닛 스쿨에서 수준 높은 교육을 받는다. 메그닛 스쿨에는 수백 가지 프로그램이 있다. 학년이 높아지면서 도식계획이나 법, 시민정신 분야를 선택하는 학생들도 많다.

메그닛 스쿨 가운데는 수재와 천재들을 가르치는 영재학교도 있다. 지능지수가 높은 학생은 심리학자의 테스트를 받은 뒤 IQ가 높으면 영재학교에 입학한다. 대부분의 학생은 선생님이 추천해 영재테스트를 보고 학부모나 학생이 원해도 영재 테스트를 받을 수 있다. 보통 반에서 성적이 1퍼센트나 2퍼센트 안에 드는 아이들은 영재 테스트를 받는다.

오늘날 미국의 영재교육은 구소련 때문에 생겼다고 볼 수 있다. 1957년 구소련은 미국보다 먼저 인공위성을 발사하자

평양 학생소년궁전의 영재교육

미국은 충격을 받았다. 연방 정부는 대책을 연구했고 1970년대부터는 영재 프로그램을 시작했다. 현재 미국의 모든 주에서 영재교육은 의무교육이다. 많은 대학교에도 영재교육 프로그램이 있다. 대학에 입학하기에는 어린 나이지만 머리가 좋은 학생들을 특별 지도한다. 흑인 여성 최초로 미국의 국무장관이 된 콘돌리자 라이스가 15살 때 대학에 입학할 수 있었던 것도 덴버대학에 영재프로그램이 있었기 때문이다. 일반학교에서도 영재교육을 한다. 아주 어릴 때부터 영재교육을 받는 어린이도 있지만 영재교육도 다른 메그닛 프로그램처럼 대부분 초등학교 때부터 시작한다.

훌륭한 교육 프로그램이 있어도 학비가 비싸면 가난한 부모는 마음만 아플 뿐이다. 그러나 미국에서는 가난한 집의 수많은 아들딸이 메그닛 스쿨이나 영재학교에 다닌다. 학비가 없는 공립 메그닛 스쿨과 영재학교가 많기 때문이다. 사립보다 인정받는 공립 메그닛 스쿨과 영재학교도 많다. 이처럼 미국은 특별한 분야에 재능이나 관심이 있거나 머리가 좋은 어린이의 잠재능력을 키우는 특수교육에 일찍부터 집중한다. 초등학교 때부터 정성을 쏟은 메그닛과 영재교육은 중, 고등학교에는 분야가 보다 넓고 깊어진다. (강혜신 글에서)

4. 학부모회(P.T.A.)활동

미국의 학부모회는 학부모라고 모두 회원이 되는 것은 아니며, 희망자들만 회비를 내고 가입하고 회비를 내면 회원증도 준다. 자녀가 그 학교를 졸업했는데도 학부모회에 참여하는 부모도 있다.

학급에는 2명 정도의 룸 마더가 있어 그 반 학부모들의 연락책이 되는 동시에 헬러윈이라든가 크리스마스처럼 특별한 날에 파티를 열어야 할 경우 이를 주관해 주는 등의 일을 한다. 이 밖에도 점심시간에 아이들 점심 먹는 일을 돕고 계절별로 실내 장식도 하며 특별한 행사가 있을 때는 학교 안내를 맡는 등의 자원 봉사를 한다.

우리나라도 요즘은 교육 개혁 운동과 맑은 사회 구현에 힘입어 학교가 기부금을 걷는 등의 각종 부도덕한 제도가 없어졌지만 미국에선 아이들을 학교에 보내는 동안 단 한 번도 잡부금을 걷는 일이 없었다. 단지 룸 마더들이 1년에 한두 번쯤 학급 회비를 걷는데, 액수는 1회에 약 5~7달러쯤 됐으며 그것도 강제성은 절대 없어 싫으면 안 내도 된다. 한편 학급 단위로 룸 마더들이 모은 돈은 이따금 열리는 학급 파티와 학기말에 교사에게 주는 간단한 선물비로 사용하며, 나중에 돈을 낸 학부모들에게 학급비 사용 내역서를 일일이 밝혀 주었다.

미국 학부모회가 하는 행사 중 가장 두드러지는 것은 활동에 필요한 기금 모금을 위한 물품 판매 행사다. 그것은 유치원에서부터 고등학교까지 거의 모든 학교가 10~11월 사이에 일제히 펼친다.

학부모회의 물품 판매 주요 품목은 책·문구류·초콜릿·포장지·캔디·카드 등으로 아이들은 이것을 팔기 위해 최선을 다한다. 물건의 가격은 개당 5달러 안팎인데 물건을 많이 파는 학생에겐 아이들이 좋아하는 장난감이나 문구로 부상을 주기 때문에 아이들이 열과 성을 다해 물품 판매에 나서는 것이다.

미국 아이들은 이런 것이 나오면 카탈로그를 들고 집집마다 돌아다니며 사 달라고 권하기도 해서 이 무렵 집에 있다 보면 '딩동' 울리는 벨은 거의 다가 물건 팔러 오는 아이들이라고 봐도 좋다.

학부모회의 물품 판매 행사는 결코 강제성이 없어 사실은 안 해도 그만이다. 그러나 아이들은 물건을 많이 팔면 받게 되는 부상 때문인지 마치 물건을 못 팔면 어떻게 되기라도 하는 것처럼 많이 팔려고 안달을 했다. 학부모회에서는 헌혈 운동도 하고 학교 예산을 위해 데모도 한다.

5 교과서 물려주기

미국은 종이 많고 모든 물자도 풍부하지만 우리처럼 해마다 학생들에게 교과서를 새로 나눠주지 않고 선배들이 사용하던 것을 계속 물려 가며 사용한다. 따라서 미국 아이들은 학년이 바뀌면 한국처럼 교과서를 학교에서 받긴 하지만 그것은 개인 소유가 되는 것이 아니라 1년 동안만 사용하는 것이다. 그래서 선생님들은 책을 나눠 준 후 학생들에게 비닐이나 두꺼운 종이로 튼튼하게 커버를 하도록 시킨다. 책을 펴면 제일 앞 페이지에 그 동안 그 책을 사용했던 선배들의 이름과 클래스, 사용연도 등을 적어 놓은 페이지가 나와 그 책이 얼마나 됐는지, 또 누가 그 책을 사용했는지 한눈에 알 수 있다.

한편 책에는 절대 밑줄을 긋거나 낙서를 해서는 안 된다. 이 때문에 한국 아이들은 모르는 영어 단어 밑에 한글로 뜻을 써 놓으려 해도 그럴 수가 없어 불편하기 그지없었다. 그리고 정 어려운 단어가 많아서 글씨를 쓰지 않으면 안 될 경우엔 필요한 페이지를 복사해서 사용한다.

교과서는 아주 너덜너덜하지 않는 한 새것으로 바꿔 주지 않고 그대로 쓰는 것을 원칙으로 하며, 만일 실수로 책을 훼손시

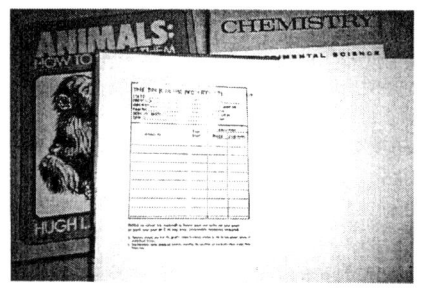

몇 년을 사용한 교과서 물려주기

켰거나 잊어버린 경우엔 변상을 해야 하는데 교과서 1권 값이 몇십 달러씩으로 상당히 비싸다. 미국의 교과서는 특히 지질이 두껍지 않으면서도 튼튼하고 글자체가 크고 선명한 것은 물론 글씨와 함께 삽입된 그림이나 사진도 원화를 보는 듯 깨끗하다.

물론, 미국의 경우도 예외는 있어 교과서 가운데 스펠링 북처럼 책에 글씨를 쓰며 공부해야 하는 책은 개인용으로 각자 나눠 주고 물려 쓰지도 않는다. 한편 킨더가든이나 1, 2학년처럼 저학년은 아예 교과서가 거의 없고 1장씩 뜯어 쓰는 프린트물이나 복사물을 주로 사용했다.

이처럼 교과서를 물려 쓸 경우 절약되는 금액이 얼마나 되는지는 잘 알 수 없었지만 미국의 그 엄청난 인구를 생각할 때 일단은 대단할 것으로 짐작됐다.

그런데 한국은 어떠한가. 산에 나무도 부족한 나라에서 매해 나눠주는 교과서도 그렇지만 수많은 종류의 참고서가 겉표지만 바꿔 마치 다른 내용인 양 쏟아져 나온다.

그것은 전과나 수련장 같은 학습 참고서도 마찬가지로, 표지나 사진만 바꿔 놓고는 마치 내용도 확 바꾼 양 선전하고 있다.

우리도 물론 가난했던 옛날에는 참고서를 물려 쓰기도 했지만 요즘 아이들은 남이 쑤던 것을 쓰려 하지도 않고, 부모들 또한 몇 되지도 않는 아이들에게 헌것을 사용하려 하지 않는 추세이기 때문에 매해 새것을 구입하는 실정이다.

미국은 가는 곳마다 1회용품이 넘치고 인간 생활의 가장 기본이랄 수 있는 식품도 너무나 풍부해서 그 곳 사람들이 교과서를 물려 쓴다는 것은 상상하기 어렵다. 어쨌든 미국 학교 학생들의 교과서 물려 쓰기 제도는 우리에게 상당히 신선한 충격이 아닐 수 없다.

6. 열린 교육

　TV에서 초등학교 수업 장면이 나올 때 보면 선생님을 중심으로 옹기종기 바닥에 모여 앉아 있는 모습을 보게 된다. 또 한 교실이라도 한편에서는 국어를 공부하는데, 또 다른 한편에서는 그림을 그리거나 다른 놀이를 하는 그룹을 볼 수 있다. 이런 교육이 바로 열린 교육의 모습이었다. 아이들은 개인차가 크기 때문에 일정한 주제에 대해 공부할 때 어떤 아이들은 빨리 이해하고 알아듣지만, 또 어떤 아이들은 잘 몰라서 몇 번이고 계속 되풀이해야 하는 경우가 있다.

　이럴 때 이미 그 주제의 이해를 끝낸 아이들이 아직 이해가 안 된 아이들 틈에서 몇 번이고 되풀이 되는 학습 현장에 지겹게 앉아 있을 필요 없이 다른 수업을 준비하거나 놀이를 하는 것이다. 즉 어린이가 지니고 있는 흥미와 능력에 따라 학습할 수 있는 자유를 주어 스스로 공부하고 스스로 평가하도록 어린이의 개성과 자유를 존중하는 방법이다.

　이런 방법으로 수업하다 보면 아이들이라 조금 시끄러워지기도 하는데 교사들은 그럴 때 딸랑 딸랑 작은 종을 울린다. 그러면 아이들이 조용해지면서 각자하던 일을 계속한다. 열린 교육을 실시하는 미국 학교에서는 어린이의 움직임을 최대로 존중한다. 그들은 어린이를 한자리에 오래 앉아 있게 하는 것은 가혹한 행위라고 생각하며 다른 아이들의 활동을 방해하지 않는 한 자유스럽게 움직일 수 있도록 허용하는 것이다.

　열린 교육에서는 모든 교육 체제를 어린이 개개인에 맞추고 있으며, 교사는 어린이들이 즐겁고 편안하게 공부할 수 있는 분위기를 만들어 주는 역할을 한다. 또 어린이들에게 자신의 느낌과 생각을 솔직하게 표현할 수 있는 여건을 마련해 주어 자신의 감정을 숨기거나 거짓으로 나타내지 않도록 하는 한편, 어린이들과 자유롭게 대화하는 시간을 많이 갖는다.

중·고학년의 경우 수학 같은 과목은 한국과 같이 학급 단위로 교사가 반에 와서 가르치는 것이 아니라 능력에 맞춰 학생들이 교사가 있는 반에 들어가 공부한다.

미국 아이들은 숙제할 때도 우리처럼 문제 쓰고 공식 쓰고 답 쓰는 방법으로 복잡하게 하지 않고 간단하게 공식과 답만 노트에 적는다. 물론 노트도 과목별로 일일이 가지고 다니지 않고 조금 두껍긴 해도 '5주제 노트'라 하여 5과목으로 분류해 적을 수 있는 노트 1권만 가지고 다니면 됐다.

미국의 경우 저학년은 숙제가 거의 없거나 있어도 아주 적다. 그러나 고학년은 숙제를 많이 내주는데 우리나라 학교에 비하면 그야말로 조족지혈이다. 또 금요일에는 숙제를 잘 내주지 않는데 이것은 현장 체험이 많은 토·일요일을 지내는 데 혹시 부담을 줄까 염려한데 따른 것 같았다.

얼마 전 미국의 각 급 학교에서는 교사·학생·.학부모의 의욕 상실과 무관심으로 숙제가 사라지고 있다는 기사가 외신으로 실린 적이 있다. 이런 현상은 교사들이 내는 숙제 량이 줄고 있고 숙제를 해오는 학생들의 수도 감소하고 있으며 자녀들에 대한 부모들의 관심 또한 떨어진 데 따른 것으로, 미국에서도 심각한 교육 문제로 떠오른다고 했다.

아이들이 숙제를 안 해 간다고 해서 교사가 아이를 때리거나 벌을 주지는 않는다. 단지 학교는 아이들에게 최대의 자유를 줌과 동시에 모든 일에 스스로 책임을 느낄 수 있도록 일깨워 주는 교육을 했기 때문에 숙제에 대해서도 하는 것이 옳은 지, 하지 않는 것이 옳은 지를 아이들 스스로 판단하게 했다. 자립정신을 기르고 스스로 해결 하도록 한다.

7. 미국의 교육 받을 기회

원래 미국 교육제도는 가능하면 많은 사람들이 될수록 많은 교육을 받을 수 있는 기회를 가져야 한다는 생각에서 출발했다. 이러한 사실만 가지고도, 미국의 교육제도가 대다수의 다른 나라와 다른 점인데, 그 이유는 대다수의 다른 나라에서는 능력 있는 사람이 교육을 받을 수 있게 해주는 만큼 능력이 없는 사람을 걸러내려고 하기 때문이다. 표준화된 시험결과로 영국이나 다른 나라에서 하는 것처럼 체계적으로 상급학교에 진학하지 못하도록 하지는 않는다. 물론 SAT, ACT ,TOEFL, GRE 및 GMAT 같이 잘 알려진 표준화 시험이 있지만, 이 시험의 결과는 입학을 결정하는데 고려되는 여러 요인들 중 하나일 뿐이다.

미국의 교육제도는 중·고등학교 또는 고등교육기관까지 학문에 대한 열정이나 수학 능력이 그다지 높지 않거나, 신체적으로 또는 어떤 경우 정신적으로도 장애가 있더라도, 또 자기 모국어가 영어가 아니더라도 이 학생 등을 수용하려고 한다.

사람은 평등하기 때문에 가능하면 많은 사람들이, 가능하면 많은 교육을 받아야 한다는 교육관과 철학관이 있기에 이런 제도를 수용하고 있다. 이 제도들이 모든 사람이 하버드, 스탠포드나 다른 명문 고등교육기관에 입학할 수 있는 기회를 평등하게 갖는다는 말은 아니다. 이러한 대학교에 입학 허가를 얻을 수 있는 사람들은 학문적으로 아주 우수한 사람들뿐이다. 덜 우수한 사람들은 낮은 수준의 학교 중 한 대학교에 보통 입학한다.

유네스코 자료에 따르면, 미국의 경유 고등교육을 받은 학생수가 1996년 현재 10만 명 당 5,341명이었다. 그 어떤 다른 나라도 고등교육을 받은 학생수가 10만 명 당 5,000명이 넘는 나라가 없었다. 스페인에서 10만 명 당 고등교육을 받은 학생 수는 4,254명, 일본이 3,313명, 말레이시아가 1,048명, 에티오피아가 74명이었다. 이렇게 미국은 교육을 받을 수 있는 기회를 활짝 열어 놓고 있다.

8. 한국의 고3 과 미국의 고3

높은 교육열과 경쟁 때문에 한국에선 고3 자녀를 둔 집에 대한 예의가 몇 가지 있는데 첫째, 대학입학 여부가 결정되기 전까진 특별한 일없이 그 집을 방문해서는 안 되며 둘째, 전화도 삼가 해야 되는데 특히, 수능시험을 본 다음날과 대학입학의 합, 불합격이 발표되는 날에는 절대 해서는 안 된다. 그리고 셋째, 고3 자녀를 둔 엄마들도 모든 집안의 대, 소사와 그 동안 해왔던 사회활동에서도 모두 열외를 시켜주어야 한다. 자식이 고3이면 엄마는 苦4이기 때문이다.

한국 고3의 일과를 보인 다음과 같은 글을 보았다.

아침 6시에 떠지지 않는 눈을 겨우 뜨고 넘어가지 않는 아침밥을 몇 숟가락 뜨면 차로 등교를 시켜 주시던 아버진 이미 현관에서 신발을 신고 계셨다. 학교까지 가는 30여분동안 차에서 잠깐 눈을 붙이지만, 그 시간에 한자라도 더 봐야 한다는 선생님과 부모님에게서 들은 말로 인해 맘은 늘 불편했다.

아침 7시에 시작된 2시간의 자율학습이 끝나면 9시부터 본격적인 수업이 시작되고, 하루 평균6~7시간의 정규 수업이 끝나면 곧 이어지는 보충수업과 야간 자율학습으로 밤 10시가 되기 전엔 학교 대문을 나서질 못했다. 거기다 선생님의 반강제적인 권유로 1시간을 더 학교에서 보내고 나면 밤 11시. 그때야 아침 7시에 들어왔던 교문을 터덜터덜 나서는데 이제는 학원버스가 우리를 기다리고 있었다.

저절로 감기는 눈을 수도 없이 비비며 학원 수업을 마치고 집에 돌아오면 새벽 1시, '에이, 오늘은 집에 가자마자 자야지!' 하지만, 어머니가 차려주신 야식을 먹고 나면 곧장 잠자리에 드는 것이 미안해 책상머리에 다시 앉아 보지만 10여분을 버티지 못하고 책상에 엎드려 잠이 들곤 했다.

십 년이면 강산도 변한다고 하는데, 내가 고등학교를 졸업한지 10여년이 가까워 오지만 한국 땅의 고3 학생과 꿈4 어머니들의 삶에는 전혀 변함이 없어 보인다.

그런데 12학년의 미국 고3은 오늘도 수업을 마치고, 오후 세시가 조금 넘어서 집에 왔다. 그리곤 농구연습을 하러 YMCA로 나섰다. 족히 2~3시간은 뛰고 온 것 같다. 저녁식사를 하고 나서도 컴퓨터 게임을 1시간 정도 하는 것 같더니 밤 10시가 되기 전에 잠자리에 들었다.

미국교육제도에 대해 까막눈인 한국 어머니 눈엔 시간과 학업에 대한 스트레스에 메이지 않는 미국 고3이 걱정이 되기도 하고, 부럽기도 하다.

결론적으로 한국의 고3은 지식 주입식에 의한 건강 말살 교육이다. 미국의 고3은 전인 교육으로 건강 증진 교육이다. 한국의 교육제도는 변해야 한다.

9. 한·미간 수상 방법

얼마 전 한 수학경시대회에 참가했다. 각 학교 별로 대표를 뽑아 카운티 단위에서 치른 대회였다. 그러니까 소위 '주류사회'의 경시 대회이자, 학교 단위로 참여한 공식적인 대회였다. 그 진행 과정이 한인 커뮤니티에서 보는 것과는 여러 가지 면에서 달라, 한번 비교해 보고자 한다.

학교를 대표하는 학생들의 선발은, 미국의 학교가 늘 그렇게 하듯, 아주 조용히 이뤄졌다. 다른 친구들은 모른 채 해당 학생 4명에게만 일주일 전에 통보가 되었다. '학교 대표로 수학경시대회에 나가게 되었으니 준비하라' 는 내용이었다. 이런 방법은 대회를 '무성의 하게' 준비 했다기 보다는, 선발되지 않은 학생들과의 관계에서 생길 수 있는 '위화감'을 최대한 줄이려는 조치로 보였다.

학생들은 경시 대회 전 날 한 친구 집에 모였다. 그리고 다음날 경시대회를 상징하는 포스터를 그렸다. 그러니까 마음의 준비를 하면서 서로 호흡을 맞춘 것이다. 이 포스터는 다음 날 경시대회가 열리는 체육관 벽면에 다른 참가팀의 포스터와 함께 전시되었다.

경시대회는 하루 종일 열렸다. 학교에서는 지도 선생님을 파견하여 아이들과 하루 종일 같이 있게 했다. 점심은 주변 In&Out 햄버거로 해결했다. 부모님들은 저녁 때 시상식에 참석할 수 있었다. 이제부터 시상식 장면이다. 사회자는 길게 참가한 학생을 격려했다. "오늘 이 자리에서 상을 받지 못하더라도 기분 상해할 필요 없다. 너희들이 이 자리에 선발되어 온 것, 그리고 오늘 하루 종일 수고하여 경시대회에 참여한 것만 하더라도 너희들은 대단한 일을 한 것이다." 는 내용이었다.

부모와 학생들은 큰 박수로 이에 호응했다. 이어 상인 메달을 수여하기 시작했다. 하지만 한인 커뮤니티에서 흔히 하는 것처럼 개인별 1등상, 2등상 식으로 나누지 않았다. 우선 상을 세분화 했다. Algebra, Geometry 등 수학의 다양한 분야별로 상을 나눴고, 그 상마다 금, 은, 동, 메달을 수여했다. 개인상은 전혀 없었다. 이렇게 상이 세분화되어 있는데다, 팀별로 수상하니 시상식 장은 금방 시끌벅적해졌다. 환호를 지르며 뛰어나가는 학생들, 큰 소리로 격려하는 부모님들 - 한마디로 신나는 교육 축제가 되었다. 어떤 팀은 올림픽 4관왕처럼 메달을 주렁주렁 달아 부러움을 샀다.

또 한 가지 재미있었던 것은 그 상이 메달에 한정되었다는 것이다. 그러니까 역시 한인 커뮤니티에서처럼 1등상 상금 500불, 2등상 상금 300불하는 식으로 차등을 둔 것이 아니라, 상은 메달로 한정하고 부상은 참가한 모든 학생들에게 골고루 나눠준 것이다. 그러니까 이 '수상 시스템'이 의도한 바는 '참가한 너희들 모두가 이미 잘 한 것이다. 그중에서 조금 더 잘 한 학생들에게는 격려를 하기 위해 따로 메달을 준다.' 인 것처럼 느껴졌다.

다시 정리해 보겠다. 우리가 흔히 본 '시상 문화'는 1) 상을 개인에게 준다. 2) 상이 몇 가지로 제한되어 있다. 3) 순위별로 상과 부상에 큰 차이를 둔다. 4) 패자들에 대한 배려가 소홀하다는 아쉬움이 있는 듯하다. 그런데 그 날 제가 목격한 시상 문화 특징은 1) 팀 단위로 상을 준다. 2) 상을 세분화하여 가급적 많은 학생들에게 상을 수여한다. 3) 순위별 차이를 크게 두지 않는다. 4) 상을 타지 않은 학생들도 충분히 격려하고, 또 모두에게 같은 부상을 수여한다는 것이었다.

나의 생각에는 적어도 '배움의 단계에 있는 학생'들을 대상으로 하는 경시대회라면, 그날 내가 본 시상식 시스템이 더 장점이 많은 듯 했다. 그 이유는 1) '패자의 아픔'이 최소화 되었고, 2) '최후의 승자'를 가르기 보다는 다양한 상을 나누는데 주력했으며, 3) 팀 단위로 진행하여 팀워크를 강조했기 때문이다. 그 결과 시상식이 서로 격려하는 축제처럼 진행됐다. 상을 타지 못한 학생과 부모가 눈을 마주치는 순간 서로 어색해 하는 장면이 최소화된 것이다.

두 가지만 더 메모를 해 두고 싶다. 하나는 이날 부상을 제공한 스폰서가 기업이다. 제가 살펴본 스폰서 기업 중에는 라스베가스의 카지노 기업들도 있었다. 주최 측은 이런 기업에까지 스폰서를 요청하여 학생들 부상 주머니를 넉넉하게 해준 것이다. 나는 좋게 해석하고 싶다. '학생들 경시대회에 카지노 기업이 후원을 해?' 라고 비판할 필요는 없는 듯하다. 어떻게 돈을 벌었는지 모르지만, 그 기업은 커뮤니티를 위해 이윤의 일부를 환원한 것이다.

두 번째 메모는 시상식이 끝난 후의 후일담이다. 한국에서라면 어떻게 했을까? 제 기억대로라면 전교생이 모인 자리에서 교장 선생님이 '학교를 빛냈다' 며 크게 칭찬하면서 다시 한 번 학교 단위 시상식을 치렀을 것이다. 다른 학생들은 운동장에 도열하여 박수를 치고 말이다. 그런데 이 학교에서는 교장 선생님이 점심시간에 해당 학생들만 교장실로 불러 몇 가지 격려를 한 다음 다시 상을 나눠주고, 그 달 말 발행된 학교 신문 귀퉁이에 언급하는 것으로 모든 것을 끝냈다. (케빈리 글에서)

10. 체벌

L.A 통합교육구에서는 교사가 학생에게 매질을 할 때면 사전에 부모의 허락이 필요하다. 부모의 허락을 받은 후에도 매질할 때 성인 증인 2명의 입회하에 시행하야 한다. 즉 매질을 하지 말라는 것이다.

한국과 달리 미국에서 자식을 키우려면 예기치 않은 어려움이 따르게 마련이다. 한국과 미국의 자식사랑 방법이 다르기 때문이다.

한국 같으면 속을 썩이는 자식에게 심한 매질을 했다고 해도 부모 자식 간이라는 이유와 자식 잘되라고 가한 사랑의 매질쯤으로 경찰에서도 이해가되어 법원에 까지 갈 것도 없이 끝나 버리겠지만 미국에서는 부모는 부모고, 자식은 자식일 뿐 아니

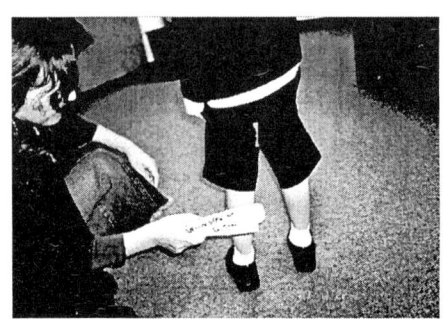

어머니의 체벌을 받고 있는 아이

라 사랑의 매가 아닌 폭력 자체로 간주되기 때문에 법정에 서야하고 심지어 감옥에 가는 것은 물론 영주권자라면 추방까지 당할 수 있는 것이다. A씨의 경우가 바로 이런 것 같다.

40대 중반의 A씨는 비록 큰 규모는 아니지만 비즈니스도 잘되고 부인과의 사이에도 원만해 행복한 가장이다. 단 한 가지 걱정이 있다면 16세 된 아들 때문이다. 초등학교 때는 부모말도 잘 듣고 공부도 잘해 장래가 촉망되는 아들이었다. 그러나 중학생이 되면서 변화가 오기 시작했다.

독실한 크리스찬이었던 A씨는 아들이 머리도 단정하게 깍고 얌전한 학생이 되어 주기를 바랬다. 그러나 아들은 부모의 소망을 따르지 않았다. 오히려 부모가 바라는 방향과는 너무나 동떨어지고 있었다. 그러던 어느날 아들이 담배를 피우는 것을 보고 "저러다 마약에 까지 손을 대는 것이 아닌가." 하는 걱정을 하기에 이르렀다.

몇 번은 말로 타일렀으나 오히려 반항을 하며 점점 더 삐틀어진 길로 나가는 것이었다. A씨의 인내가 아들에게 매를 드는 사타로 번졌다. 문제는 노출된 피부에 나타나 매 자국이었다. 매 자국이 난 채 등교하면서 학교에서는 매 자국을 추궁 했고 학교 간호원은

이를 경찰에 신고하게 됐다. 법정에 선 A씨는 자식의 교육을 위해 매를 든 것이라고 했지만 법원은 전후관계에 상관없이 단순한 폭행사건으로만 다루는 것이었다. 초범이라는 정상이 참작되어 1년 집행유예를 받았다. 그런데 문제는 아버지와 아들이 폭행 피의자와 피해자로 법정에 섰다는 사실이다. 혈육간이라는 관계가 철저히 배제 됐다는 것이 비정하게 느껴진 것이다.

그러나 미국의 사법제도가 그런 것을 어떻게 할 수 있을까? 이제 A씨는 자식 걱정에 앞서 전과자라는 낙인 때문에 이민법상의 불이익을 걱정하게 된 것이다.

한국과 달리 미국에서는 집에서 자녀를 구타한 사실을 이웃이 알면 곧 신고를 하게 된다. 또한 학생이 등교 시 매 자국을 보이면, 교사는 신고해야 한다. 이로 인해 매질한 사람은 법원에 출두해야 한다.

미국에서는 이른바 '사랑의 매' 라는 것이 통하지 않는 것이다.

아이도 5분 이상 울게 두면 경찰에 신고를 당하는 통에 매까지 들고서 살아남기를 원한다는 것은 그들 입장에서 볼 땐 당연히 말도 안 되는 일이다. 따라서 미국에서 살려면 우리 부모들도 조심해야 한다.

미국 부모들은 체벌을 하고 싶어도 대부분 가능한 한 자제를 하며, 아이가 잘못을 저지를 땐 일차 주의를 주고, 그래도 계속 말을 듣지 않을 땐 얼마 동안 텔레비전 시청을 못하게 한다든가 밥을 굶기고 용돈을 주지 않는 식으로 벌을 준다. 또 이혼한 부모의 경우, 예를 들어 아이를 키우는 사람이 아버지라면 아버지는 주말에 아이가 만날 것을 고대하는 친어머니를 못 만나게 하는 것으로 아이에게 벌을 주기도 한다.

한국의 자녀 교육에서는 '사랑의 매' 가 허용된다. 이 이야기를 들은 미국 부모들은 사랑의 매에 동감한다. 특히 '사부(師父)일체'라 하여 교사와 부모는 아이에게 똑같이 사랑의 매를 댈 수 있다고 하자 미국 선생님들이 아주 바람직한 한국의 교육제도를 부러워하는 눈치였다.

11. 과잉보호

한국에서는 아이가 싸우고 들어오면 부모는 아이를 데리고 상대방을 찾아간다. 일단 찾아가서는 사과를 하는게 아니라 "아이를 어떻게 키웠기에 남의 집 귀한 자식을 이 꼴로 만들어 놓았느냐"며 언성을 높인다. 그러니 아이 싸움이 곧잘 어른 싸움으로 번지고 만다.

이와 같은 부모 밑에서 자란 아이들은 자기 행동에 책임을 져야 한다는 것을 배우지 못한다. 설사 내가 좀 잘못했다 해도 내 뒤에는 부모가 버티고 있고, 언제 어디서든 내 편을 들어 줄 것이라고 생각하는 것이다. 아이는 자기 행동의 잘잘못을 판단할 정도로 철이 들었는데도 정작 부모 눈에는 아이의 잘못이 보이지 않는 경우가 많다.

"한국에서 어느 날 전국적으로 일제히 국내 비행기를 이착륙하지 못하게 했다. 자동차도 천천히 조용히 다니고 클랙슨도 빵빵 울리지 못하게 했으며, 전 국민의 아침 출근 시각을 두어 시간을 늦추었다. 심지어 증권 시장마저 30분 늦게 시작하고, 그러나 버스와 전철, 택시 등이 총동원되고 경찰도 비상사태인 듯했다. 거리 곳곳에서 부분적으로 통행을 금지 했으며 병원의 구급 차량도 총 동원하고…" 이 말이 끝나기도 전에 궁금증을 참지 못한 미국인 동료들은 한국에 무슨 전쟁이라도 났느냐, 쿠데타가 있어났느냐며 묻기에 바빴다.

그렇다. 전쟁은 전쟁이다. 입시 전쟁. 위에 묘사한 것은 바로 대학 입시 수능시험을 치르는 날 한국에서 벌어지는 풍경이다. 마치 전쟁이나 쿠데타라도 일어난 것처럼 온 나라가 법석을 떤다. 물론 일생일대의 중요한 시험을 치르는 학생들을 배려해 주고 싶은 마음이야 충분히 이해되지만, 아무리 생각해도 이건 너무 심하다. 무엇보다 전혀 교육적인 처사가 아니다.

일생을 좌우하는 시험을 치러야 하는 학생이라면 평상시와 똑같이 자기 힘으로 시험 보는 곳까지 갈 수 있어야 한다. 교통이 막혀서 문제가 될 것 같으면 새벽 세 시든 네 시든 제 발로 걸어서라도 가야 한다. 그렇게 자기 힘으로 문제를 해결하는 능력을 길러 주어야지 온 나라가 마비될 지경이 되도록 학생들 편의를 봐주는 것은 과잉 보호임에 틀림없다. 학부모 가운데 몇몇이 그렇게 극성을 부린다면 이해할 수 있겠지만, 나라가 앞장서서 그런 분위기를 조성하는 것은 아무래도 이해할 수 없다. 그러다 보니 학생들은 자기가 무슨 대단한 일이라도 하는 듯한 특권 의식에 사로잡히게 된다. 미국의 대입 시험이라 볼 수 있는 SAT 응시 시 이런 현상은 일어나지 않는다.

누가 무엇이라 해도 교육적인 측면에서 볼 때 과잉보호는 무관심보다 더 큰 악 영향을 미친다. 학생들은 스스로 원해서가 아니라 부모와 선생의 강요 때문에 할 수없이 공부를 한다.

인간은 자기가 하고 싶은 것을 최선을 다해서 해야 후회나 미련이 남지 않는 법이다. 그런 사람은 변명을 하지 않는다. 그러나 하기 싫은 일을 억지로 하는 사람은 결과가 제대로 나오지 않았을 때 자기 잘못보다는 다른 여건 탓이라고 책임을 돌려 버린다.

우리들 자녀에 대한 애정도 마찬가지다. 내가 보기에 한국 부모들, 특히 어머니의 자녀에 대한 애정과 관심은 세계 어느 나라와 견주어도 뒤 떨어지지 않는 뛰어난 장점이 될 수 있다. 이 장점을 재대로 살리지 못하고 지금처럼 과잉보호라는 엉뚱한 방식으로 표출하는 세태가 계속된다면 한국의 미래는 암울하다.

제12장 한미 교육 제도

1. 한미 교육 제도

오늘날 미국의 유치원이나 초등학교 저학년 학급에는 '쇼앤텔(show-and-tell)'이라는 프로그램이 있다. 어린이들이 주말이나 휴가를 끝내고 다시 학교에 갈 때 그 주말·휴가에 자기가 갔던 곳, 보았던 곳, 경험했던 것과 관련된 것을 하나씩 가져와 선생님과 급우들에게 보이며(show) 얘기하는(tell) 프로그램을 말한다. 더러는 사진을 가져오기도 하고, 더러는 선물 받은 장난감이나 여행지에서 산 기념품을 가져오기도 한다. 꼬마들이 서툰 말솜씨로 더듬거리는 '쇼앤텔'을 보고 있노라면 귀엽기도 하고 대견해 보이기도 한다.

미국의 공교육은 전통적으로 유치원에서(kindergarten)에서 고등학교 졸업반 12학년까지의 의무교육을 대상으로 해왔고, 따라서 이를 K-12(K through twelve)라고 표현하는데, 최근에는 교육의 폭이 유치원이전은 유아원(preschool)에서부터 대학 4년을 포함하는 P-16이라는 개념으로 확장되고 있다. 각 주나 지역에 따라 조금씩 차이가 있지만 유아원·유치원을 다닌 후 초등학교(elementary school)와 중학교(junior high 또는 middle school)를 5+3년 또는 6년+2년의 형태로 8년을 다니고 고등학교를 4년 다니도록 되어 있으며, 결국 초등학교에서 고등학교까지 총 12년을 수학하는 것은 한국의 현 제도와 같다.

미국의 중·고등학생들은 한국에 비해 자유와 선택의 여지가 많다. 예컨대 일찍부터 학생들의 머리나 복장 등 여러 가지 간섭과 규제를 받아오던 한국의 학생들에 비해 미국의 학생들은 훨씬 자유롭다고 할 수 있다. 전통적으로 한국에서는 등교해서부터 하교할 때까지 전 학급이나 전 학년이 똑같은 과목의 수업을 받는 것이 보통이지만, 미국의 학생들은 선택할 수 있는 과목의 종류와 수가 많다. 이로써 미국의 학생들은 일찍부터 스스로 선택하고 결정하는 버릇과 자기 나름대로 시간을 관리하는 능력을 키우게 되고, 결국 '자율'을 배우게 된다. 기회의 나라, 자유의 나라, 선택의 나라라고 불리는 미국다운 얘기다. 그러나 공립학교들이 안고 있는 방종과 무절제라는 측면을 용인하지 못하는 사람들은 결국 사립학교를 택하기도 하고, 더 나아가 자녀를 학교에 보내지 않고 집에서 가르치는 가정 학교(home schooling)라는 대안을 택하는 경우도 많다. 학교 교육의 병폐가 두드러지고 있다는 통념 아래 미국에서는 이 가정 학교 교육이 확대되고 있는데, 능력과 의지를 갖춘 부모들의 헌신이 필요함은 물론이다.

한국의 주입식, 암기식 교육방법과 입시지옥으로 표현되는 파행적 교육제도 아래 한국의 부모들은 자녀들을 유치원 때부터 과외와 학원, 조기유학 등을 보내면서 엄청난 사교육비를 지불하고 있다. 이에 비해 미국의 교육은 훨씬 융통적, 가변적이다. 가령, 아직도 한국에서도 남보다 공부를 못해서 낙제(유급)한다든가 공부를 잘해서 월반하는 것에 대한 시각이 별로 곱지 않지만, 미국에서는 그렇지 않다. 사람은 생긴 것도 다 다르듯이 그 능력도 다 다르다는 것을 인정하는 것이 미국의 교육이다.

옛날부터 도덕이니 바른 생활이니 생활 윤리니 하는 과목을 학교에서 가르쳐 온 한국과 달리 미국에는 그런 과목들이 없다. 한국에서처럼 착한 사람이 되라고 가르치는 교장 선생님의 훈화도 없다. '그렇기 때문에' 미국은 도의가 땅에 떨어지고 예의와 염치를 모르는 깡패사회가 되었다고 비아냥거릴 수 도 있으며, 반면

'그럼에도 불구하고' 미국은 기본적으로 튼튼한 사회기강을 유지하고 있다고 놀라워할 수도 있다. 만약 후자가 사실이라면 그것은 미국의 학교 교육 때문만은 아니다.

어쨌든 미국 교육의 가장 두드러진 강점 중의 하나는 앞서 말한 '쇼앤텔'의 산교육이 일러주듯이 학생들의 개성과 창의력을 살려주는 교육방법이라고 할 수 있다. "들어야 할 때 더 많이 들을 수 있고 말해야 할 때 더 많이 말할 수 있고 생각해야 할 때 더 많이 생각할 수 있도록 만드는 과정"을 교육이라고 정의한다면 이 '보여주며 말하기'는 일찍부터 그 목적을 이루기에 필요한 훈련을 제공하는 좋은 방법이라고 생각된다. 또는 "어중이떠중이 같은 사람이 되지 마라(Don't be a John Doe or Jane Doe)"는 말이 있다. 한국 학생들이 미국식 교육을 받는 학생들보다 비논리적이고 비창의적이라는 비판을 들어 온 것은 우연이 아니다. 한국 학생들의 표현이 합리적, 과학적이지 못하다는 지적을 받는 것도 우연이 아니다. 처음부터 그런 교육을 받지 못했기 때문이다.

일찍부터 'show-and-tell'을 경험하고 자라는 미국의 학생들은 개성과 창의력, 비판적 사고와 자율을 배운다. 그래서 한국은 언제 쯤 노벨 수상자를 배출할 것인가 푸념하는 동안 미국의 교육은 한쪽으로는 세계적인 두뇌들을 불러들이고 또 길러 내면서 최고 수준의 고등교육을 더욱 첨예화하는 한편, 다른 쪽으로는 사회 구성원 모두에게 시민적 기능 수행에 필요한 훈련을 제공하는 일반교육, 성인교육, 평생교육을 보편화하고 있다. (장석정 글에서)

2. 부모와 자녀의 갈등

모든 부모들은 누구나 자녀들이 잘되기를 바라지만 뜻대로 되지 않는 것이 자식 농사이다. 자녀를 이길 부모가 없다는 것은 그래서 나온 말인가 보다.

　미주 한인 사회에서는 요 근래 쉬지 않고 언론기관에 청소년들의 폭력 및 살인사건 등 범죄행위들이 보도되고 있으니 어떤 대책이 없을까 생각할 문제가 아닐 수 없다. 가정이 건전해야 사회와 나라도 건전해진다.

　문제아 부모와 자녀들과의 의견충돌을 관찰해보면 한국서 교육을 받은 부모들은 동양식의 수직적 사고방식이며 미국에서 교육받은 자녀들은 서양식의 수평적 사고방식이어서 거기서부터 문제가 싹트기 시작한다. 한국 부모들은 과거 자기가 이루지 못한 포부나 희망을 자녀들에게 전수시키기 위해서 적성이나 소질은 아랑곳없이 일방적으로 명문대학을 가기 위한 과외공부, 운동인 예술부분의 이중 삼중의 과외를 시킨다. 자녀들이 좀 쉴 수 있는 여가는 안중에도 없이 혹사시키는데서 갈등이 시작된다.

　부모들은 자녀들이 잘 자라고 훌륭히 공부도 잘해서 좋은 직업을 갖는 것이 희망이라고 한다. 그러나 성공적으로 잘 자란 자녀가 있는가 하면 자녀를 잡초인생으로 만든 부모들도 있으니 참 안타까운 일이다. 어떤 부모들을 살펴보면 자녀를 무책임하게 질책함으로써 반감을 사고 신뢰를 잃는 경우들이 있다. 자녀가 공부를 몇 시간 하고 쉬는 사이 TV를 볼 때 TV시청도 정서적으로 유익하다며 다정다감하게 대해주는 부모가 있는가 하면 어떤 부모는 확인도 하지 않고 "TV만 보고 공부는 안하니 한심하다."고 책망만 한다.

　이런 질책이 계속 되면 자녀들은 불만이 쌓이기 마련이며 대화의 단절이 초래된다.

　한국 부모들 대부분은 자녀와의 대화의 방법도 미숙하다. 대화의 기본인 경청법 즉 상대방의 이야기를 끝까지 듣고 자기 견해를 말해야 하는데 대부분 부모들은 자녀의 이야기를 끝까지 듣지 않고 결론을 내린다. 이로 인해 자녀의 입장에서 보면 우리 부모하고는 대화가 안 된다고 말한다. 부모와 자녀가 대화를 함으로써 서로 신뢰를 갖고 불행의 씨앗을 만들지 말아야 한다.

인생은 명문학교를 못 간다고 실패하는 것이 아니다. 부모들의 의향에 맞추는 교육보다 자녀들의 소질과 재능을 개발해주는 동반자가 되어 주어야지 강압적으로 밀어붙이면 불상사가 나게 마련이다. 부모는 자녀의 선배로서 충고 및 도움을 줄 수 있으나 결정은 자녀가 하도록 해야 한다. 부모는 뒤에서 밀어주는 조력자가 되어야지 앞에서 끌고 가려는 지휘자가 되어서는 안 된다.

부모와 자녀 사이에 서로 말이 없는데서 사이가 벌어지며 불만의 씨가 싹튼다. 아무리 피곤하고 힘이 들어도 부모는 자녀와 대화를 하는데서 신뢰를 얻으며 대화를 통해 건전한 가정이 될 수 있다는 사실을 알아야 한다.

3. 한국 대학 과 미국 대학

한국의 경제 역량은 세계 11위라고 한다. 그러나 한국 대학들 중 세계 100위권에 들어간 대학이 없다.

왜 그럴까? 우수한 대학이 우후죽순 같이 솟아 있는 미국과 비교해 보자.

1. 우리의 1년 수업일수는 미국보다 한 달가량 짧다. 이는 5공 시절 데모를 막으려고 여름방학을 미국식으로 한 달 앞당기며 시작됐다고 한다. 그러면 겨울방학도 미국식대로 한 달 이내로 줄였어야 했으나 두세 달 그대로 남아있다. 배움의 날은 뭉텅 줄었으

나 학생들은 놀아 좋고 교수들은 쉴 수 있어 좋고, 재단은 운영비 절감에 좋았는가 보다. 그러기에 수업일수에 대한 거론은 별로 없었다.

2. 미국 인문계 과목 하나의 교과서는 대개 다섯 권이다. 중심 교과서 한권에 보조 교과서 네댓 권, 한 달에 책 한권을 독파해야 C학점을 면한다. 졸업 때 우리 학생들의 지식함량은 책 100권이 못된다. 그러나 그들의 성적은 세계 수준에서 보면 엄청 부풀려져 3분의 2정도가 B학점을 받는다.

독일 훔볼트 대학

3. 미국 주립대학은 교수 한명에 학생이 7~8명꼴이고 아이비리그는 학생이 대여섯 명이다. 우리는 교육인적자원부 추천 비율인 20~25대 1도 제대로 갖춘 학교가 별로 없다. 그래서 우리 대학은 대충 가르칠 수밖에 없다. 이런 우리 대학의 주력 부대는 강사다. 교수들도 초과 강의에 시달려 대충 가르치기는 매한가지다.

4. 미국 대학에서 강사의 수는 교수의 10분의 1 정도에 불과하다. 반면 우리는 강사가 과반수 강의를 맡는다. 그러나 강사 비용은 턱없이 싸서 강사는 교수에 비해 10분의 1정도의 '노동'의 대가를 받는다. 미국 대학의 강사 급여는 한 과목을 가르치면 1인 최저 생계비 정도 되고 두 과목이면 2인 가족이 살 만큼 된다. 그래서 비용 효율성 차원과 학교의 웰빙을 고려해 차라리 전임교수를 채용한다. 하긴 미국에도 요즈음 계약직 교수의 임용 증가 문제가 제기되고 이들에게도 전임교수의 복지 혜택을 주자는 여론이 일고 있다. 한동안 한국 학계에서 노동 문제는 화끈한 연구 테마

하바드대학의 고풍스런 건물

였다. 그러나 왠지 강사의 '노동' 문제는 외면당했다. 그 결과 한국 대학은 강사의 고혈 위에 대책 없이 확장된 허술한 공중누각이 돼버렸다.

5. 지난 20년간 대학가에 불어 닥친 민주화 바람으로 총장은 선거로 선출됐다. 선거 공약 우선순위는 학교의 외적 팽창과 교수의 복지 문제였다. 왜냐하면 유권자가 바로 교수였기 때문이다. 학교는 비대해졌고 안식년·연구비·의무 강의 시간수 축소가 정착되며 교수의 복지는 미국 수준으로 향상됐다.

6. 학교 재정은 제로섬 게임 터여서 신임교수 확충은 상대적으로 감소했다. 그 결과 교수 임용은 관권·금권·학연의 난투장이 돼 옥석을 가리지 못할 지경이 될 때가 종종 있다.

7. 도서관과 연구실에는 책과 연구 자료가 너무 부족하다. 그러나 소비자인 학생들은 학교가 제공하는 교육의 질보다는 등록금 투쟁에만 열을 올린다.

8. 학생은 자기 전공 분야의 공부를 열심히 하지 않고 교수는 자기 분야의 연구와 학생지도 및 강의 준비에 전념하지 않는다.

그럼 한국 대학생들은 공부를 하지 않는가? 한국 대학에서 도서관을 가면 학생들이 열심히 공부하는 것에 놀라지 않을 수 없다. 밤을 새우면서 도서관에서 열심히 공부한다. 미국에서도 학생들이 밤늦게까지 도서관이나 자기 방에서 공부하지만 그 공부는 내용이 다르다.

미국 학생들은 학교에서 수강하고 있는 과목들에 대해 공부하고 있지만 한국에서는 대부분이 취업 혹은 각종 고시 공부를 한다. 미국에서는 취업 시험이라는 것이 없으니 취업 공부 할 필요가 없지만 한국은 학교 성적이 아무리 좋아도 취업 성적이 좋지 않으면 안 된다.

9. 미국에서는 학교 성적과 면접 그리고 추천서가 취업을 결정한다. 왜 한국에서는 학교 성적만으로 취업을 결정 못할까? 학업 성적을 믿지 못하기 때문일 것이다.

또한 취업과 관계된 한국 대학생들의 무분별한 휴학 문제를 지적하지 않을 수 없다. 한국은 대학생 5명 중 1명꼴로 휴학한다고 한다. 휴학하는 주된 이유는 취업 준비를 하기 위해서라는 것이다. 미국에서도 학생들이 휴학을 한다. 하지만 취업 준비 때문에 하는 것은 아니고 또 휴학율도 한국처럼 높지는 않다. 미국대학에서의 큰 문제는 학생들이 전학율이 높은 것과 학교 성적이 좋지 않아 4년 안에 졸업하지 못하는 학생 수가 많은 것이다. 학교 성직이 좋지 않은 이유는 대학 공부가 어렵기 때문이다.

이렇게 볼 때 한국의 대학은 학문을 연구하고 교육하는 기관이라기보다는 하나의 취업 준비 학원인 것 같은 느낌이다.

10. 한국 대학 교육의 질을 높이는 몇 가지 과제 중의 하나는 대학 교육의 수준이 우선 높아져야 한다는 점이다. 학생들이 대학에 들어가서 4년을 다니면 졸업이 된다는 생각을 바꿔야 한다. 자기 전공을 열심히 하지 않으면 4년 안에 졸업 할 수 없다는 분위기와 제도를 만들어야 한다.

11. 한국 교수들의 연구와 학생 지도에 관한 문제이다. 몇몇 일류 대학을 제외한 대부분의 대학에서는 교수들이 의무 수업시간 비율이 너무나 많다. 몇몇 대학에서 교수들에게 선진국 수준인 주당 6시간의 강의분담을 요구하는 것은 매우 드물며, 대부분의 학교

에서 교수들에게 너무나 많은 강의를 요구하므로 자기 연구와 학생 교육에 집중 할 수 없는 것은 당연지사이다. 또 문제 되는 것은 교수들의 다른 학교에서의 강의다. 돈을 좀 더 벌기 위해 다른 학교에 출강을 하는 경우가 허다한데, 이 때문에 자기 연구와 강의 준비에 차질을 가져옴은 당연한 일이다.

12. 미국 대학에서는 타 학교 출강은 거의 금지되어 있다. 만일 강의를 하려면 학교 당국의 허락을 받아야 한다. 자기 학교 내에서도 자기가 맡은 강의 시간 이상을 강의 하지 못하게 하고 있다. 한국에서는 대학 교수들의 강의 시간을 줄여주고 타 학교 강의를 금지함으로써, 자기 연구와 학생 지도에 몰두할 수 있도록 할 때 대학 교육의 질이 높아질 것이다.

이런 모든 문제가 유기적으로 뒤엉켜 우리나라 대학은 현재 진행형으로 계속 추락하고 있다. 기형적 구조물로 전락한 우리 대학, 처방은 전임교수 수를 대폭 늘리는 기초 체력 조성으로만 가능하다.

4. 미국의 법과대학 교육

지금 현재 미국에서는 약 128,000명의 학생들이 법학을 공부하고 있으며 약 606,000명의 lawyer들이 미국사회에서 활동하고 있다. 그런데 이 법과대학에는 우리 한국과는 달라서 고등학생들이 직접 들어갈 수가 없고 대학을 거쳐서 대학교육을 받은 이들만이 법과대학에 들어 갈 수 있게 되어 있다.

미국의 법학 교육은 소위 Case Method를 사용하여 학생들로 하여금 공소법원 판결문을 주로 읽고 이것에 대한 가부를 결정하게 함으로써 매우 유효한 교육이 되고 있다고 인정되고 있다.

미국의 법과대학에 가보면 어느 법과대학이나 마찬가지지만 첫 해는 Contract, Criminal Procedure, Torts, Property, Constitutional Law 등등이 필수과목으로 되어 있다. 2학년에 들어가서는 자기 장래의 희망을 고려하면서 행정법, 반신탁법, 회사법, 노동법, Evidence&Tax법 등등을 고려하며, 3학년에 들어가서는 각 부문에 대한 Seminar, Labor Law, 법철학 등등을 공부하기로 되어 있다. 비교법도 이 3년째의 법 과목에 들어 있다.

여기서 문제가 야기되는 것은 이러한 과목들을 가르칠 때에 공소법 판결문들을 주로 하여 가르치는 것이 가장 적당한가 하는 문제이다.

The Case Method에 대한 비평은 어느 정도 타당성이 있는 것으로 보인다. 인간의 창조성을 꼭 공소원 판결문을 읽는 데 전력을 다하게 함으로써 그 창조성이 유지될지 의심되는 점이 많다. 그러나 미국 공소원 판결문들의 글은 일반적으로 말하여 창조성이 많은 것이 사실이다. 어느 과목에서나 그 과목에 관한 판결문들을 읽음으로써 어느 정도의 창조성이 길러지는 것이 사실이다.

그렇지만 한 가지 확실한 것은 미국법학교육의 좋은 점은 역시 공소원의 판결문을 주로 하는 법학교육인 까닭에 미국법학계에서 실천되는 정의에 대한 관념이 주로 되어 있다. 다시 이것을 기반으로 하여, 혹은 이것을 훨씬 넘어서 인간의 창조성의 주밀성과 용의주도함을 느끼게 되면 그것에 대한 만족감이 한이 없는 것이다.

이와 같은 Case Method가 이제 미국에서 110여년 사용되어 왔다고 하는 점은 미국의 Case Method가 얼마나 적절한 방법인가를 어느 정도 보여주는 것이다. 이 Case Method에 대한 진정한 비평은 오직 이 Case Method를 자세히 앎으로써만 가능한 것이다.

5. 한미 대학의 차이

　한미간 대학의 상이점을 들어보자.
　얼핏 대학 건물의 외모를 보면 어쩐지 한국대학의 건물은 비교적 권위주의를 나타내는 것만 같다. 미국에서는 하버드나 예일대학 같이 상당히 오랜 역사를 가진 대학에서도 건물의 외면으로는 별로 큰 권위를 자랑하는 것처럼 느껴지지 않는다. 그러나 일단 건물 내에 들어가 교수나 연구시설을 보면, 거기에는 개인의 창의를 최고도로 신장시키고, 시시각각으로 변모하는 사회를 가능한 한 바른 방향으로 이끌려는 노력이 여기저기 눈에 띄는 듯하다. 곧 대학과 사회는 그야말로 긴밀한 관계에 있어서, 대학교수들은 시시각각으로 일어나는 사회문제를 연구하는 것을 의무로 생각하는 듯하고, 고도의 과학 기술의 발달로 말미암아 일어나는 사회 문제는 오직 학자들의 부단한 노력으로서만 해결될 수 있다고 느끼는 듯하다.
　반면 한국 대학들은 어쩐지 외관상으로는 한국 사회의 전통적 권위주의를 상징하고 있는 듯 한 데가 많다. 어떤 대학에선 그 구내에 들어서자마자 어떻게 권위주의가 강하게 뿌리 박혀 있는지 과연 대학교육의 목적이 어디에 있는가 하는 것을 느끼지 않을 수 없다. 더구나 건물 내부에 들어가서 그 시설을 볼 때에, 과연 교수들의 연구 시설인지, 학생들의 열람시설인지, 혹은 대학에 온 방문객들에게 과시하기 위한 시설인지 알 수 없을 정도로 잘 장식되어 있다.
　그러나 한국 대학에 결핍되어 있는 듯 한 점은 부단히 변천하는 사회문제에 대한 학자·학생들의 진지한 관심이다. 어쩐지 한국에서는 아직도 상아탑을 고수하는 듯 한 경향이 짙고, 현실 사회의 제 문제는 학자들의 소관사가 아닌 듯 한 인상을 주는 듯했다. 21

세기 사회문제에 대한 학생들의 고민은 매우 절실한 듯 하였으나 학자들은 그 학생들의 고민에 대해 해답을 해보려는 진지한 의도나 노력을 보이지 않는 듯하다. 학문과 현실의 격리 이것은 아직도 한국뿐만 아니라 동양 대학의 중요한 문제인 듯 생각된다.

한국과 미국의 대학생들 앞에서 느끼는 또 하나의 차이점은 미국에서는 학생들이 강연이 끝난 뒤는 물론 그 도중에라도 조금도 서슴지 않고 질문을 함에 반하여, 동양에서는 연사가 질문을 해달라고 강청을 함에도 불구하고 거의 질문을 받지 못하는 사실이다. 무슨 까닭에 동양 학생들은 강연을 듣고도 질문을 안 하는지? 이것은 또한 우리들의 권위주의의 전통과 사고방법의 영향인 듯만 싶다.

또한 미대학교육의 한 가지 특징은, 학생들로 하여금 끊임없이 사고하도록 자극하고 또 그 사고의 결과를 표현하도록 자극하는 것이다. 21세기의 여러 가지 중요 문제는 오직 서로서로 의견을 교환하고 정보를 교환함으로써만 해결의 일단을 잡을 수 있을 것이다.

6. 학생과 교수 관계

미국 대학 내 미국인 교수들은 학생과 평등 관계로 생각하기 때문에 교수 이름을 부르도록 하나 동양인 학생은 존경하는 교수 이름을 함부로 부르지 못한다.

형식과 존경에 대해 서로 다르게 생각하기 때문에 미국인 교수들과 외국인 학생들, 특히 아시아계 학생들(관 특히 대부분 아시아계 여학생들) 간의 관계가 흔히 복잡해진다. 교수들은(때로, 항상은 아니지만, 직위나 성을 부르기 보다는 이름을 불러주는 등) 일반적으로 허물없는 관계를 맺거나, 신분상의 차이는 최소한도로 인정하기를 좋아한다. 많은 외국인 학생들은 좀 더 격식을 갖춘 관계에 익숙해 있어서, 교수를 이름으로 부르도록 하면 간혹 교수들에게 말을 건네려는 생각조차 하지 못한다.

학생 수가 작은 학교에서 학생 대 교수의 관계는 큰 학교의 학생들보다 훨씬 더 허물없는 경우가 보통이다.

이렇게 학생과 교수의 관계가 허물없다고, 두 집단 간의 신분 차이를 인식하지 않는 다는 말은 아니다. 신분 차이는 분명히 존재한다. 그러나 학생들이 존경심을 표시하려고 할 때는 좀처럼 알아내기 힘든 방법을 쓰는데, 주로 교수에게 이야기할 때, 학생들이 사용하는 어휘와 말투에 묻어난다. 교수 주위에서 일어나는 학생들 행동을 보면, 외국인 학생들이 보기에는 불손해 보인다. 미국인 학생들은 수업 중에도 음식을 먹으며, 신문을 읽고, 상당히 허물없는 자세를 취하기도 한다. 교수들은 그러한 행동을 좋지 않게 생각할 수도 있지만, 그런 행동을 허용은 한다. 결국, 학생들은 스스로 어떻게 행동할지 결정할 자격을 갖춘 개인이라는 것이다.

미국 대학 내 교수들은 보통 학생들이 질문하거나, 교수의 강의 내용에 도전하는 것까지도 기대하고 있다. 교수들은 일반적으로 어떠한 주제에 대해 알고 있어야 할 모든 것을 알고, 어떤 사항에 대해 항상 분명하게 설명을 할 수 있다고 생각하지도 않는다. 명료한 설명이나 추가적인 정보를 원한다면, 강의 중이나 강의 직후 혹은 "학생 면담시간"이라고 교수가 게시한 시간에 교수 연구실에서 물어 볼 수 있다. 질문을 하지 않는 학생들은 관심이 없거나 공부할 생각이 없다고 생각한다.

미국 대학의 대부분 교수들은 학생들이 강의 시간에 다루는 내용에 대한 질문과 논평을 반기지만, 점수를 잘 받으려고 교수에게 좋은 학점을 애걸하는 행동은 반기지 않는다.

7. 학생과 학생 관계

개성을 존중하는 미국인은 독립심과 자기의존이라는 가치관의 중요성이 미국인 학생들이 학교에서 서로 교류할 때에도 드러난다. 미국인 학생들은 대학에서도 일부러 강의를 같이 듣는 친구와 애기를 하거나, 강의실 밖에서 학생들과 우정을 나누지는 않는 것이 보통이다. 미국인 학생들 중에는 대학에서 강의를 들으러 갔다가도, 자기 옆자리에 앉아 있는 학생과 한마디도 하지 않는 학생도 있다. 미국인 학생들은 자기 학교 일과 사생활을 분리하기를 좋아한다.

대부분의 외국인 학생들은 미국인 학생들이 공부를 하는데, 자기 고국의 학생들처럼 서로 도와주지 않는 사실을 알고는 당황한다. 더욱, 미국인 학생들은 흔히 서로 협조하고 있다기보다는 경쟁하는 것처럼 보인다. 또 한 가지 설명할 수 있는 근거는 미국 대학교 교수 대부분이 최종 점수를 줄 때, "상대평가로"학점을 준다는 점이다. 다시 말해서, 그 강좌에서 가장 잘 한 학생에게만 미리 결정한 가장 높은 학점을 부여한다는 말이다. 교수가 상대평가에 따라 학점을 주기 때문에 그 강좌를 듣는 학생들 중 소수만이 높은 학점을 얻으므로 학생들이 서로 경쟁을 할 수밖에 없다.

상대평가로 학점을 주는 제도의 대안으로 는 절대평가제도가 있는데 강의를 듣는 모든 학생이 높은 학점을 받을 수 있다. 미국인 교수 중 몇 교수는 이 방법을 채택하기도 한다.

미국인 학생들 중 몇몇 학생들은 다른 학생들의 공부를 도와주기 싫어하는데, 그 이유는 부정행위를 하고 있다는 비난을 받기 싫기 때문이다.

8. 전공의 고정과 변화

 어떤 학생이 대학에서 자연과학을 전공하고 나서 사회과학분야의 연구를 하거나 그 분야에서 일하고 있다면 우리 한국인은 일단 이상하게 생각하는데 예외가 없다. 국문학을 전공했던 사람이 수학을 연구한다 해도 마찬가지다. 이처럼 전문이 바뀐 사람들은 귀찮을 정도로 그렇게 된 이유를 질문 받게 마련이다. 전문은 하나이어야 하며 바뀌어서는 안 되고 외곬으로 평생 유지되는 것이 정상으로 여기는 그런 풍토에서의 자연스런 발상이랄 것이다. 한데 구미에 있어 전문은 가변 하는 것이며 따라서 전문이 하나 이상의 복수에서도 전혀 이상할 것이 없다. 대학에서 전공을 2~3개 선택한 학생이 많다.

 따라서 미국 사람들로부터 자주 들을 수 있는 말에 「present specialty」라는 게 있다. 우리말로 옮겨보면 「현재의 전문」이란 뜻이다. 물론 우리말에 이 같은 말이 존립할 수가 없다. 현재의 전문이 있다면 그것과 다른 과거의 전문도 있고 또 그것과 다른 미래의 전문이 있을 수 있으며, 따라서 이 같은 말이 존립할 수 있다는 것은 전문이 가변한 사회에서만 가능한 것이다. 보스턴 북교 세이렘의 피버디박물관에 들렀을 때 안내하던 학예관은 자기소개를 하는데 「Present specialty는 고고학(考古學)이지만 Past specialty는 태양 물리학이었다」고 한말이 잊혀지질 않는다.

 한국인의 전문은 곧 자기의 「길」이며 이 길에서 한눈을 판다든지, 딴 길을 바꿔 걷는다든지 하는 것은 외도며, 가치를 인정하질 않는다. 그러기에 전문을 바꾼다든지 복수로 가지면 기인(奇人)취급을 받거나 약간 이상한 사람 취급을 받기도 하고, 변절자나 실력이 별 볼일 없는 사람 그리고 약방의 감초로 지탄받기까지 한다. 따라서 전문을 바꾸어, 기성(既成)의 그 전문 커뮤니티에 얼굴을 내민다는 것은 환영받지 못할 뿐 아니라 소외당하기 마련이다. 아무리 그 바꾼「전문」에 뛰어난다 해도 기성텃세에 밀려 발붙일 수도 없을뿐더러 설상에 도덕적인비난까지 가상된다.

한번 외도를 한사람이 다시 옛 전공분야에 돌아와도 이미 오염된 전문으로 역시 거부당하고 소외당하고 만다. 굳이 돌아오겠다면 그 과실을 스스로가 인정하는, 그런 속죄가 전제돼야한다.

한국에서는 가급적 빠른 시기부터 자신의 전공을 정하려는 경향이 있다. 이미 고등학교 때부터 이과, 문과를 나누고 미국 같으면 대학원에 들어가야 정해질 전공, 이를테면 소입자론 전공이니 독일 중세사회사전공이니 하는 지극히 비좁은 분야를 전문적으로 선택, 그 속에 누에고치처럼 묻히려드는 경향이 짙다. 사실 따지고 보면 남과 다른 분야에 보다 좁게 빠져든다는 것은 남과의 경쟁을 가급적 회피하려는 의식구조도 작동되고 있다. 구미처럼 경쟁원리에 뛰어들어 스스로를 닦아 가려는 의식구조상의 사고부재가 이 같은 전문화를 재촉한다.

일찍부터 좁은 전문에 파묻혀 그 둘레에 성을 쌓고 있다는 것은 그 사람의 시야를 좁힐 뿐 아니라 그 전문분야의 전체적 연관적 진전의 방향을 전망하는 시야를 가리는 행위가 되기도 한다.

전문을 고집하고 전문을 방패처럼 내세우는 이면에는 자신의 실력 부재나 나태의 은폐수단이요, 그 전문의 타락을 은폐하는 수단이 되고도 있는 것이다.

그래서 한국의 전문가는 인간 측면에서 유리되고 단면화 되는 경향이 농후하다.

9. 한미 도서관

미국은 기회의 나라라고 불린다. 이 말에 공감하지 않는 사람들은 미국 사회에 여전히 인종 차별, 문화 차별, 그리고 성 차별이 존재한다면서 "미국은 앵글로색슨족이자 기독교도인 남자 백인의 나

미국의 도서관(하바드 대학교)
건물보다 내용이 알차다

라"라고 꼬집는다. 그러나 가난한 사람도, 소수 민족 출신도 뜻만 있다면 그 뜻을 펼 수 있는 기초적인 기회들은 충분히 열려 있다.

미국 사회의 열린 구조를 상징적으로 보여주는 것이 도서관이다. 도서관 제도만을 본다면 미국은 분명 기회의 나라임에 틀림없다. 미국의 도서관들은 문턱이 낮은 정도가 아니라 아예 없다. 어느 도서관이나 출입과 이용 자격 제한이 거의 없다.

시립 도서관은 물론 대학 도서관도 마음대로 출입할 수 있으며, 미국에서 도서관 출입이 가장 까다롭다는 워싱턴의 국립문서보관소도 신분증을 소지한 16세 이상이면 그가 미국인이건 외국인이건 상관없이 자유로이 이용할 수 있다.

우리나라와 미국 도서관의 가장 큰 차이는 도서관의 기능을 바라보는 시각에서 비롯된다. 한국의 공공 도서관은 대부분 시험공부를 하는 입시생들에 의해 채워지고 있다. 그래서 이용자들은 도서관에 있는 책을 대출해 읽는 것보다는 자신이 가지고 간 영어책과 수학책을 공부하고 나오는 것이 대부분이다.

반면 미국의 공공 도서관에서는 그런 입시생의 모습을 찾아보기 힘들다. 남녀노소가 모두 주요 이용자들이다. 시장바구니를 든

아주머니도, 유치원에 다니는 꼬마도, 거동이 불편한 할아버지도 책을 한아름 대출해 간다.

사람들이 슈퍼마켓을 드나드는 것처럼 생활의 일부분으로 자리 잡은 도서관은 일반 주민들의 공동체적 문화를 형성하는 주요 장소다. 일부 도서관은 책만 대출해 주는 것이 아니라 학생들의 숙제도 도와주고 주민들에 대한 인생 상담도 해준다.

만약 자기가 찾는 책을 다른 사람이 대출해 갔을 경우 그 책을 예약해 놓으면 반납된 즉시 전화로 알려준다. 또 자기가 찾는 책이 그 도서관에 없다면 담당자가 다른 주나 다른 카운티의 도서관에 연락해서 기어이 찾아준다. 도서관끼리 서로 컴퓨터를 통해 공조 체제를 갖추고 있기 때문에 그것이 가능하다.

이와 같은 도서관 체계를 갖춘 나라이기 때문에 책을 살 돈이 없어서 공부를 못했다는 말은 미국 사회에서 통하지 않는다.

미국의 공공 도서관들은 대부분 성인학교와 유기적인 관계를 맺고 있다.

성인학교는 정규 학교 교육을 받지 못한 성인들을 대상으로 영어, 수학, 컴퓨터 등 각종 과목들을 가르쳐주는 곳이다. 이 프로그램은 우리나라의 검정고시에 해당하는 시험을 준비하는 반도 갖추고 있기 때문에 뜻있는 성인들이 많이 이용하고 있다. 수강료는 거의 무료다. /오연호 글에서

10. 학력사회(學力社會)와 학력사회(學歷社會)

한국에 있어 학교 교육이 차지하는 비중은 다른 외국에 비해 월등하게 크다. 한데 그 비중은 실질적인 의미에서의 비중이 아니라 명목상 의미에서의 비중이란 점에서 문제가 생긴다. 고등 교육을

받았다는 자격은 반드시 고도의 전문적 능력을 지녔음을 보증하는 것은 아니기 때문이다. 곧 대학을 졸업했다는 명목적인 효과가 효력을 발휘하고 또 크게 작용하는 사회란 점에서 학교 교육의 비중이 커져 있는 것이다.

한국에 있어 인생 항로의 출범(出帆)은 대학을 나왔느냐 안 나왔느냐, 나왔으면 어느 대학을 나왔느냐에 의해 이미 장래의 방향이나 목적지가 어림으로나마 결정되는 그런 사회인 것이다.

따라서 학력(學力)주의 사회와 학력(學歷)주의 사회를 구분하게 되었고 우리나라는 학력(學力)이 아니라 학력(學歷)에 의해 인간을 평가하는 학력(學歷) 사회적 요인이 우세하다 할 것이다.

이런 면이 여러 외국의 학교와 비교했을 때 가장 두드러진 우리나라 학교의 특징이랄 수가 있다.

이 학력사회(學歷社會)에 사는 학생들의 의식 구조가 외국의 구조와 달라질 것은 뻔한 일이다.

먼저 학력(學歷)사회의 장단점부터 가려 볼 필요가 있다.

학력(學歷)사회는 장단점을 양쪽에 지닌 양날의 칼이랄 수가 있다. 오늘날 과당 경쟁 속에 신음하는 우리나라 청소년들의 불행은 이 단점의 면이 크게 가늠하고 있기 때문이며 장점에 대해서는 전혀 의식도 못하고 있다.

학력(學歷)사회의 장점은 누구나 다 학교만 졸업하면 다른 사람들과 평등하게 인생의 스타트라인에 설 수 있다는 점이다.

제13장 손가락 및 몸동작

1. 손가락 움직임

1) 가운데손가락 세우기

　미국에서는 가운데손가락을 세우고 나머지 손가락을 접어 상대방에게 내미는 것이 최대의 욕으로 '모욕'을 의미하는 거친 동작이다. 이 손놀림은 사실 극도의 불쾌감이나 분노를 나타낼 때만 써야 함에도 불구하고 폭력물이 난무하는 텔레비전의 영향으로 어른, 아이 할 것 없이 조금만 비위가 상해도 미들 핑거를 내민다.

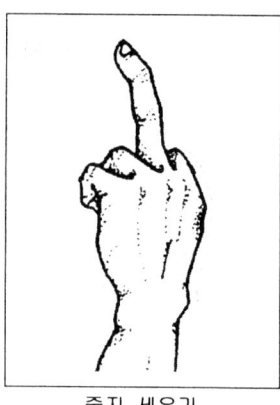

중지 세우기

　외국 영화의 영향을 받아서 그런지 주먹을 쥐고 중지를 세우는 동작을 하는 젊은이가 많다.　이 동작에서 주먹은 고환을, 세운 손가락은 남자의 성기를 나타낸다.
　이것은 'Fuck you!(엿 먹어라)'라는 뜻으로 미국에서 주로 쓰는 말인데 다른 나라에서도 성적 모욕의 의미로 쓰인다.　단, 이것은 미국인이라도 아무 때나 써서는 안 되는 것이므로 우리도 함부로 흉내 내서는 안 된다.

　얘기가 좀 달라지지만, 서양에서는 욕을 할 때 성이나 배설물 혹은 신과 관련된 단어를 자주 사용한다.　예를 들면 Mother fucker!(덜 떨어진 자식), Shit!(더러운 자식), Goddam!(젠장) 등이 그렇다.
　사실 예전에는 이 단어가 절대 해서는 안 될 말이었기 때문에 20세기 중반이 지날 무렵에도 사전에 나오지 않았다. 하지만 요즘에는 여성을 포함해서 전체 미국인들의 70% 이상이 일상적으로 이 단어를 사용하고 있다.

덧붙여, 영국에서는 fucking의 의미로 bloody(피투성이)를 사용한다. 그런데 뜻밖이라 생각할지도 모르지만, 영국인들은 여성이 Oh, my God! 이나 Jesus! 라고 말하는 것조차 교양 없는 행동이라고 생각한다.

2) V사인

V사인은 일반적으로 '승리(victory)'를 나타낸다고 알려져 있다. 또 베트남 전쟁 이후에는 '평화(peace)'의 사인으로도 이용했다.

V사인을 승리의 의미로 처음 사용한 사람은 벨기에의 변호사 빅토르 드 라블레였다.

베토벤 교향곡 제 5번<운명>의 첫 부분인 '자자자자안'을 캠페인으로 사용했다. 또 당시 수상이었던 처칠도 2차 세계대전 중에 이 사인을 트레이드마크처럼 사용하여 이 사인은 급속도로 전 세계에 퍼져나갔다.

V사인의 기원에 대해서는 다른 설도 있지만, 어쨌든 V는 승리(Victory)의 머리글자다.

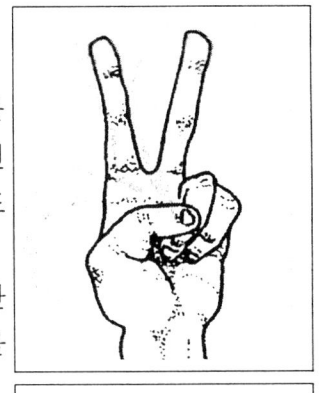
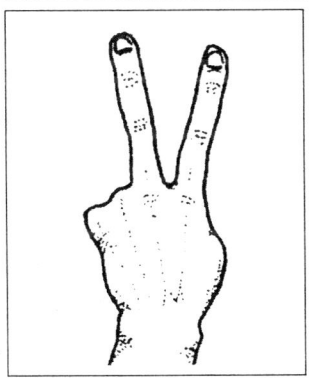

손바닥을 보이는 V사인과
손등을 보이는 V사인

그러나 세계적으로 통용되는 이 V사인도 그리스에서는 전혀 다른 의미로 쓰인다. 상대에게 들이대듯이 내민 V사인은 '죽어라'라는 뜻이 된다.
　또 영국에서도 V사인은 손바닥이 향하는 방향에 따라서 의미가 아주 달라진다. 손등을 상대에게 보이는 V사인은 리버스 피스(reverse pease, 뒤집은 평화)라고 하며 상대를 모욕하는 동작이 된다.

3) 엄지와 검지로 둥글게 하기

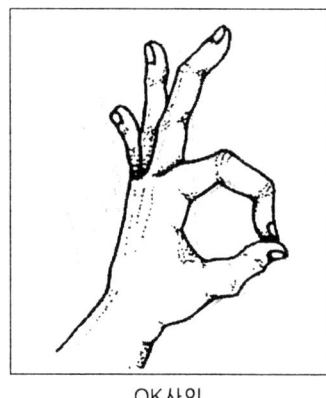
OK사인

한국이나 일본에서는 엄지와 검지로 동그라미를 만들어 '돈'을 나타내는데 이것이 유럽의 일부 지역과 중동, 브라질에서는 더할 나위 없이 저속한 표현이 된다.
　이 동작은 고대 그리스 시대에서부터 있었던 것으로 남성의 항문과 여성의 성기를 의미한다.
　또한 미국에서는 OK사인으로 표현하기도 하는데 얼굴을 찡그리고 이 사인을 하면 많은 지역에서 제로라는 의미로 받아들인다.
　원래 OK사인은 남북전쟁 당시 병사가 상관에게 '사망자 없음'을 보고할 때 한 동작에서 유래했다고 한다.
　참고로 외국에서 돈을 표현하고 싶을 때는 엄지에 검지와 중지를 비벼서 지폐를 세는 동작을 하면 된다.
　엄지와 검지로 둥글게 표시하는 것은 남미 특히 브라질에서는 아주 나쁜 욕이다. 이런 나라들에서는 오케이라는 뜻으로 두 손가락으로 동그라미를 그리는 것이 아니고 엄지손가락을 세워서 상대방에게 보이는 것이 좋다. 그러나 그리스에서는 엄지손가락을 세우는 것이 욕으로 이해되고 있으니 길에서 공짜로 자동차 얻어 타려고 할 때 아주 조심하여야 한다.

4) 무화과 손

주먹을 쥐고 검지와 중지 사이로 엄지 끝을 내보이는 동작은 여자의 성기를 암시하는 것이다. 유럽에서는 이것이 여성에게 성교를 나타내는 사인이라 하는데 특히 남유럽에서는 모욕적인 의미로도 쓰인다.

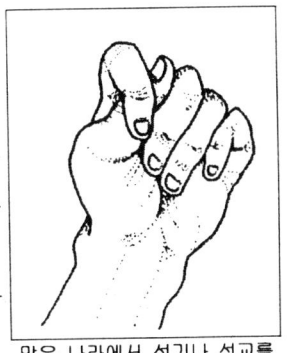
많은 나라에서 성기나 성교를 의미한다.

이 사인을 영어로는 피그 핸드(fig hand)라고 한다. 이 말을 직역하면 '무화과 손'이 되지만 손 모양이 무화과를 닮아서 그렇게 부른 것은 아니다.

저속하다고 여기는 이 동작도 미국이나 호주에서는 수화로 알파벳 't'를 나타내는 것에 불과하다. 그래서 미국인들에게 다른 나라의 문화를 소개하는 책을 보면 '주먹을 쥐고 검지와 중지 사이로 엄지를 내보이는 동작은, 외국에서는 성교를 나타내거나 모욕적인 표현이므로 해서는 안 된다'고 쓰여 있기도 하다.

그런데 고대 유럽에서는 이 손가락 모양이 성적인 의미와 함께 귀신을 쫓는 의미로도 사용되었다. 지중해 중앙부의 시칠리아, 사르디니아, 포르투갈, 포르투갈 문화의 영향을 받은 브라질 등에서는 지금도 이 손가락 모양을 본뜬 부적이 팔리고 있다.

5) 이리와 신호

'이리 와'라고 손으로 부를 때 우리는 손바닥을 밑으로 향하지만 구미나 중동에서는 손바닥을 위로 향하고 손가락을 움

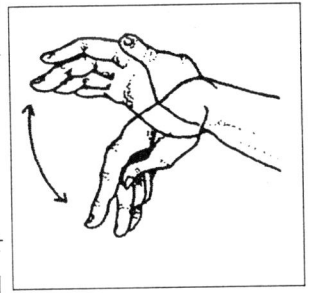
손으로 부를 때(우리나라의 경우)

직인다.

　우리야 이 동작을 오해할 리 없겠지만 반대로 우리의 손짓을 서양인들이 불쾌해 할지도 모른다. 우리가 하는 손짓은 '저쪽으로 가'라는 표현이 되기도 하기 때문이다. 단, 지중해 연안 지역에서는 손바닥을 밑으로 향해서 부르는 경우도 있다. 그러나 북유럽 사람들은 그 동작에 당혹스러워하는 경우도 있다고 한다.

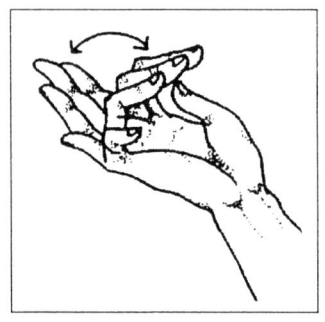
손으로 부를 때(외국의 경우)

6) 손가락 십자

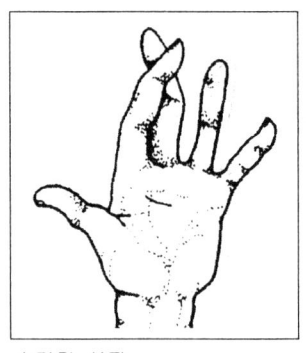
손가락 십자

　주먹을 쥐고 있다가 뻗친 집게손가락에 가운뎃손가락을 포개면 기독교 문화권에서는 십자가를 상징하는 것으로 하느님의 가호, 행운, 성공 등을 빌어 주는 동작이다. 이것은 말 그대로 십자가 형태를 흉내 내서 그리스도의 가호를 받으려는 것이다. 서양에는 사다리 밑을 지나가면 악운이 찾아온다는 말이 있는데 이 악운도 '손가락 십자'로 피할 수 있다고 한다. 일반적으로 서양인들이 행운을 비는 주문 중 하나라고 여기고 있다.

　참고로 사다리 밑을 지나가면 악운이 찾아온다는 말은 사람을 십자가에 걸 때 사다리를 사용하는 데서 나온 것이다

7) 집게와 엄지사이에 다른 손가락 집어넣기
　가볍게 쥔 주먹 속에 검지를 넣는 일본 놀이가 있다. 이 손가락

의 움직임은 이 놀이를 모르는 사람에게는 성교를 나타내는 사인이 될 수도 있다.

이 손 모양을 잘 모르고 하면 여러 가지 오해를 살 수 있다.

성교를 의미한다.
동성애의 경우에도 사용된다.

8) 집게손가락과 새끼손가락 세우기

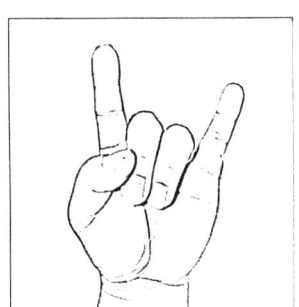
집게손가락과 새끼손가락 세우기

주먹을 쥐고 집게손가락과 새끼손가락을 세우는 것으로 이 동작도 천하고 비열한 뜻을 나타낸다. 예를 들어 거리를 지나다 실수로 차와 부딪칠 뻔했을 때 자동차 운전기사에서 이런 동작을 했다고 하면 그것은 "정신 차려, 이 멍청아!" 쯤이라고 생각하면 된다.

9) 검지로 가리키기

말이 통하지 않는 외국인에게 의사전달을 하려고 할 때 우리들은 몸짓과 함께 손이나 손가락을 사용하곤 한다.

그러나 무심코 사용하는 몸짓이나 손짓이 어떤 나라에서는 별문제 없이 통용되지만 다른 나라에서는 저속하고 천박한 행동으로 보일 수도 있다. 대로는 친밀함을 나

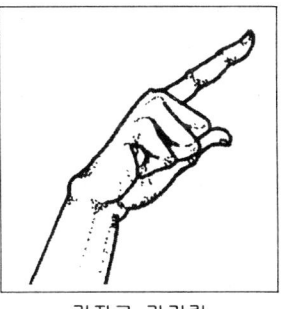
검지로 가리킴

타내려고 한 행동인데 상대방이 적대감을 품은 행동으로 받아들이는 경우까지 있다.

외국인들이 아주 싫어하는 행동 중에는 손가락으로 가리키는 동작이 있다. 이것은 외국에서는 신분이나 입장과 상관없이 절대로 하면 안 되는 동작이다. 우리는 사람을 가리킬 때 검지를 사용한다. 회의시간에 윗사람이 아랫사람을 지명하거나 인원수를 셀 때도 검지를 사용하는데 그다지 실례라고 생각하지 않는다.

그러나 외국인과 함께 하는 회의에서 의견을 묻는 뜻으로 상대방을 손가락으로 가리키면 한바탕 소동이 일어날지도 모른다.

민족이나 사회에 따라서는 사람만이 아니라 물건을 가리키는 것조차 달갑지 않게 여기는 곳도 있다.

유럽에서는 예전에 검지에는 독이 있어서 연고를 바를 때 검지를 사용하면 안 된다는 속신(俗信)이 있었다. 또 일반적으로 검지를 들이대는 것은 위협하는 몸짓이고 쭉 편 검지는 무기의 상징이며 싸움도 불사하겠다는 선고라고까지 여겼기 때문에, 검지로 사람을 가리키는 것을 특히 싫어했는지도 모르겠다. 간혹 영화를 보다 보면 격렬한 언쟁이 일어났을 때 상대방을 향해 검지를 들이대고 난폭한 말을 던지는 장면이 나오곤 하는데, 이 행동은 그런 때가 아니면 해서는 안 된다고 할 정도로 도전적이 포즈이다.

방향을 물어보면 인도에서는 턱을 사용하고 필리핀에서는 혀를 뾰족하게 해서 방향을 가리킨다.

미국인들이 엄지나 턱으로 방향을 가리키면 우리가 검지로 하는 것보다 훨씬 더 건방지고 무례하게 여기지만, 전 세계적으로 봤을 때 검지로 지시하는 것을 모욕적이고 도발적이라고 받아들이는 사회가 압도적으로 많다.

10) 엄지 세우기

비즈니스맨은 계약을 성사시켰을 때 그 결과를 묻는 동료에게 엄지손가락을 올리거나 내리는 동작으로 답을 하기도 한다.

'잘했다' 'OK'를 의미하는 '엄지 세우기'가 있다.

그러나 이 손가락 모양도 중동이나 이탈리아, 발칸 반도, 호주 등에서는 성적 모욕을 나타내기도 하고 스페인에서는 경우에 따라 '바스크인 만세'라는 의미가 되기도 한다.

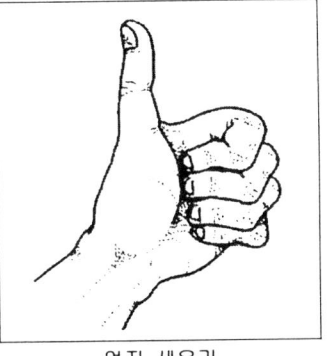

엄지 세우기

참고로 이 동작의 기원은 고대 로마에 있다. 당시는 로마 시민들이 원형경기장(콜로세움)에서 검투사가 만족할 만한 시합을 했다는 뜻이고 엄지손가락을 아래로 향하면 죽이라는 뜻이었다고 한다.

3. 몸 움직이기

1) 고개로 예스(Yes)와 노(No) 사인

예스(Yes)와 노(No)도 목을 위아래로 흔드는 것이 예스, 옆으로 흔드는 것이 반드시 노가 되지는 않는 나라가 있다.

가령 그리스인들은 머리를 가볍게 뒤로 젖히는 행동이 노 사인이다. 한국에서건 미국에서건 머리를 앞뒤로 끄덕이는 것은 상대방의 질문이나 제의에 "네"라고 하는 것이고 머리를 좌우로 흔드는 것은 "아니오"라는 것을 누구나 잘 알고 있다. 그러나 정반대인 나라들이 있다.

불가리아에서 머리를 끄덕이면 "노"이고 머리를 좌우로 흔들면 "예스"이다. 지금도 외국에서 불가리아를 방문하는 방문객들이 자주 혼동을 한다고 한다. 심지어 같은 공산주의 국가로 오랫동안 교제하였던 러시아에서 온 관광객들도 실수를 자주 한다고 한다.
 몇 년 전 한국의 등반대가 히말라야의 에베레스트 산을 등반하기 위하여 네팔에 도착 후 네팔인 등반 안내원과 안내값을 협상하였다. 전 등반대원이 준 같은 값을 주겠다고 했더니 그 안내원이 싱긋 웃으면서 머리를 좌우로 흔들었다. 당연히 노라고 이해하였기에 한국 등반대가 호텔 매니저에게 불평하였더니 안내원이 예스라고 했는데 당신들이 반대로 이해하고 계속 값을 올린 것이라고 설명하여 주었다. 일단 올린 값을 다시 깎기가 곤란하여 비싼 안내료를 물었다는 실화가 있다.
 불가리아, 네팔 그리고 인도의 일부지역이 머리를 끄떡이는 것과 흔드는 것을 세계의 모든 나라들과 정반대로 사용하고 있다.

2) 다리로 리듬 맞춤
 다양한 휴대용 음향기기의 영향 때문인지 간혹 다리로 리듬을 맞추는 젊은이들이 있는데 이것은 상대방에게 자신이 성질 급한 사람이라는 이미지를 줄 뿐이다. 또한 아르헨티나에서는 야비하고 저속한 행위로 오해 받을 수도 있다.
 발로 리듬을 맞추는 모습은 마음이 초조하다는 인상을 줄 수도 있고 지역에 따라서는 '돌아가!' 라는 표현이 되기 하므로 자기도 모르게 상대방과 트러블이 일어날지도 모른다.

3) 벨트 고쳐 매기
 다른 사람 앞에서 벨트를 고쳐 매거나 바지를 끌어올리는 동작은, 우리나라에서 흔히 볼 수 있고 대부분

식당앞 대중앞에서 벨트를 풀고 늦추는 모습

대수롭지 않게 생각하지만 외국에서는 많은 사람들을 불쾌하게 만드는 행위이다. 어쨌든 하반신 가까이로 손을 가져가지 않는 게 무난할 것이다.

4) 눈 마주 보기

어른말에 눈을 마주보는 학생(미국화된 학생)과 고개숙인학생(갓 이민온 학생)

우리들은 상대방의 얘기에 동의하든 안하든 상관없이 맞장구를 치고 고개를 끄떡이며 얘기를 들을 때가 많다. 그러나 고개를 끄떡이며 서양인들의 얘기를 들으면 우리가 자신들의 의견에 동의한 것으로 받아들일 지도 모른다.

그들에게 동의가 아니라 '제대로 듣고 있다'는 메시지만 전하고자 한다면 상대방의 눈을 똑바로 쳐다보고 얘기를 들으면 된다.

대부분의 아시아와 아프리카 사람들은 시선을 맞추지 않는 것을 무례한 행위로 생각하지 않는다. 심지어 좀 더 주의 깊게 들을 때에는 '팔짱'을 끼는 사람들도 있다. 그러나 구미나 중동 사람들은 일반적으로 '아이 콘택트'를 중요하게 생각하기 때문에 상대의 눈을 보지 않으면 이상하다고 여긴다.

또 팔짱을 기는 것은 상대에게 속지 않겠다는 '방어'의 표현이기도 하다. 걸프전 때 영국인 소년이 후세인 대통령 앞에서 팔짱을 낀 채 얘기를 들었는데, 이것은 '단신이 하는 말은 믿을 수 없다'는 자세다.

5) 팔의 알통 보이는 동작

　주먹을 쥐고 팔을 굽힌 후 알통을 만드는 동작이 있다.

　이것은 남자답고 힘이 센 것을 과시하려는 몸짓인데 이것을 서양인들은 모욕적이거나 도발적인 표현으로 보기도 한다. 특히 팔을 재빠르게 굽히면서 팔꿈치 안쪽이나 알통 부분을 찰싹 치는 것은 상대에게 도전하는 포즈가 된다.

　무심코 이런 동작을 했다가는, 경우에 따라서는 상대에게 시비를 거는 것으로 비칠지도 모른다.

6) 명함 주고받기

식탁 앞의 명함 배열

　현대인들은 상호인사를 할 때 명함을 주고받는다.

　처음 명함을 교환할 때 많은 사람들은 실수를 한다. 대개 한 번 훑어보고 지갑이나 옷 주머니에 넣어버린다. 그리고 명함을 줄때도 한 손으로 가볍게 준다. 일본사람들처럼 두 손으로 정중하게 명함을 주는 것이 좋다. 그리고 상대방의 명함을 받으면 여러 번 명함을 보면서 이름과 직함을 읽으면서 존경을 표하고 기억하려는 노력도 보이고 상대방을 칭찬하는 것이 좋다.

　식탁에서 명함을 교환 할 때는 자기 앞에 좌석별로 명함을 진열해 놓고 상대방의 인적사항을 기억하는 것도 좋다.

제14장 에티켓

1. 하품과 트림

 피곤할 때 하품이 나오는 건 생리현상이므로 어쩔 수 없지만 손으로 입을 가리는 정도의 예의는 지켜야 한다.
 하품은 세계의 여러 지역에서 긴장감이 없는 증거라고 보기 때문이다. 친구들과 느긋하게 있을 때라면 몰라도 중요한 만남이나 회의에서 하품을 하면 이 얘기는 없던 걸로 하자는 것과 마찬가지이다. 또 치안상태가 나쁜 곳에서 하품을 하면 해치기 좋은 상대로 비칠지도 모른다.
 미국사람들은 전철 안에서 자는 사람들을 보면 깜짝 놀란다고 한다. 어서 뭐든지 훔쳐가라고 하는 것과 같지 않느냐는 것이다. 그러나 반대로 그만큼 치안이 잘 되어서 그렇다고 칭찬하는 사람도 있다. 외국에서는 지하철이나 기차를 탈 때 고급 물건을 소지하지 않는 사람도 많다.
 입을 크게 벌리고 하품을 하는 것은 어디에서건 그다지 좋아 보이지는 않는 모습이다. 유럽에서는 예전에 입으로 악마가 들어가지 않도록 주의해야 한다고 해서 아기가 하품을 하면 입 앞에서 십자를 긋거나 손으로 입을 막아주었다.
 한국에서는 입을 크게 벌리는 것이 상스럽다 하여 입을 가리고 하품을 하는데 아직도 악마나 저주가 들어가는 것을 막기 위해 막는 사회가 많이 있다. 아랍인 중에는 왼손 바닥을 입에 대고 '악마로부터 지켜주세요' 하고 읊조리는 사람들도 있다.
 이상하게도 재채기나 하품과는 달리, 트림은 매너 문제로 생각하는 경우가 대부분이다.
　미국인들이 트림을 무례하다고 보는 데는 별 이견이 없다. 테이블 매너에서는 방귀 이상으로 실례되는 행동이라고 여긴다.
　그러나, 서양과는 대조적으로 중동이나 중국에서는 트림은 사양할 필요가 없을 뿐 아니라 '잔뜩 먹었습니다' 즉, '잘 먹었습니다'라는 표현이 된다. 이것은 요리에 대한 만족도를 나타내는 생리현상이지 결코 실례가 아니라는 것이다.

2. 재채기

　사람들의 생리현상 중에서 재치기나 기침에 대해서는 여러 나라에서 상당히 관대한 편이다.
　영어권에서는 재채기를 하면 옆에 사람으로부터 '갓 블레스 유(God bless you)'라는 말을 듣곤 한다. 독일에서는 '힐프 고트(Hilf Gott)'나 '게준트하이트(Gesundheit)'란 말을 듣는다. 모두 다 '신의 가호가 있기를'이라는 뜻이다. 반면, 이슬람교도는 '신을 칭송하라'는 의미의 '슈크란 알 함두릴라'란 말을 한다.
　이탈리아나 스페인에서는 지체 없이 '살롯' '살룻'이라는 말을 듣는데, 이것은 '건강'이라는 뜻이다(살롯이나 살룻은 건배의 신호이기도 하다).
　'건강'이라는 단어는 감기와도 관련이 있어서 '건강 조심하세요'라는 의미도 되는데 원래는 재채기의 마력을 피하기 위한 주문(呪文)이었다고 한다.
　이제는 영어권에서도 재채기 한번 했다고 생판 모르는 남이 말을 거는 일은 거의 없지만 함께 있던 친구로부터 '블레스 유'라는 말을 듣는 경우는 있다. 그럴 때는 역시 '탱큐' 하고 대답하는 것이 예의일 것이다.

　그렇지만 재채기를 무례하다고 보는 사람들도 있으므로 우선은 '익스큐즈 미' 하고 말하는 편이 무난하다.

　또한, 이탈리아, 스페인, 라틴 아메리카 등에서는 지금도 재채기를 하면 모르는 사람들까지 말을 걸어온다.

　영국인은 코를 풀 때 실례가 되지 않을까 싶을 정도로 큰 소리로 풀면서도, 코를 훌쩍이는 소리는 아무리 작아도 싫어한다고 한다. 또 영국인은 이탈리아인이나 미국인이 가래나 침을 뱉는 것을 굉장히 싫어한다. 그러나 그들은 한손으로 코를 푸는 것은 아무렇지도 않게 생각한다. 이렇게 서로 다른 사람들이 과연 서로를 진심으로 이해할 수 있을까?

3. 팁(TIP)

식당의 팁
(2인이 식사후 6불을 놓음)

　여행을 하다보면 TIP문화에 익숙치 못한 사람들은 신경을 크게 쓰게 된다. "TIP"은 "To Insure Promptness"의 약자로써 제공받은 서비스에 대한 감사의 표시 또는 특별한 대접을 받기 위한 가벼운 뇌물의 성격을 지니고 있다. 이 세상 어디에 가도 당신의 짐을 덜어주기 위해서 기다리는 전문가가 있다. 팁은 당신이 임의로 주는 것이지만 단 한 가지 일관된 규칙은 누군가 특별한 서비스를 당신에게 베풀었다면 감사의 표시로 팁을 주어야 한다는 것이다. 팁을 줄 때는 다음의 사항을 유의해야 한다.

- 그 기준을 세금이 포함되기 전의 총액으로 한다.

- 팁을 주기 위해서 작은 잔돈과 1달러 지폐를 항상 가지고 다녀야 한다. 팁을 받는 이로부터 잔돈을 요구하는 것은 마치 팁을 안 주는 것과 같이 어색한 일이다.
- 팁을 주면서 자신의 관대함을 너무 내세우지 마라. 지나치게 과시하는 것은 자신을 저속한 사람으로 보이게 할 뿐이다.
- 팁에 대해서 결코 겁을 먹을 필요는 없다. 주느냐의 여부는 당신의 선택이다.

아래의 표는 세계 각국의 식당에서 어느 정도의 팁을 주는지 보여주고 있다. 그런데 제공받은 서비스의 양과 질에 따라서 팁의 비율은 변할 수 있다.

나 라	팁의 비율	부가 설명
미국	15-20%	팁을 기대는 하지만 계산서에 잘 포함되지는 않음
프랑스	12-15%	종종 계산서에 포함됨
영국	10-12%	계산서에 거의 포함됨
일본	10-20%	계산서에 포함이 되는 경우도 있지만 팁이 보편화 되어 있지 않음
독일	10-15%	계산서에 포함이 되고 추가적인 팁 보통임
홍콩	10-15%	거의 모든 서비스에 팁 보편적임
이태리	10%	팁이 대부분의 경우 기대됨
멕시코	10%	팁이 대부분의 경우 주어짐
필리핀	10%	팁이 광범위하게 보편화됨
사우디 아라비아	10%	계산서에 포함이 되고 때론 추가로 10%의 팁이 특별한 서비스에 주어짐

다음은 다양한 상황에서 어느 정도의 팁이 적절한 지를 나타내는 표이다. 이는 하나의 샘플이지 모든 지역, 경우에 적용되는 것은 아니다.

구두 닦는 사람	최소 50센트
주차도우미	최소 2불
공항의 수화물 운반인	가방 당 1불 또는 무거울 경우 가방 당 2불
택시운전사	요금의 15에서 20퍼센트
술집의 서버	금액의 15에서 20퍼센트
코트 보관인	한 벌 당 1불
포도주 시중을 드는 사람	최소 3불 또는 포도주 계산서의 10퍼센트
배달원	2불에서 5불 정도
이·미용사	요금의 15퍼센트
마사지 치료사	요금의 15에서 20퍼센트
머리를 감겨주는 사람	최소 1불

4. 인터뷰 에티켓

· 약속시간을 다시 한 번 확인하라. 약속시간보다 5분 정도 일찍 도착하라. 너무 일찍 도착해서 사무실 로비에서 돌아다녀서는 안 된다.
· 이력서를 몇 부 더 복사해서 가지고 가라. 이름, 주소, 전화번호 등의 기입한 추천서의 목록을 준비해 두어라. 당신의 자격요건

을 뒷받침할 수 있는 서류들을 잘 챙겨야 한다.
- 지원서를 깨끗이 그리고 모든 사항을 빠짐없이 가능한 검정색으로 작성하라.
- 지원한 자리에 어울리는 깨끗하고 잘 다려진 옷을 입고 가라. 머리에서 발끝까지 단정히 하라.
- 처음으로 인터뷰 장소를 들어설 때 자신감 있고 에너지 넘치는 모습을 보여주어라. 웃으면서 자연스럽게 행동하라. 굳은 악수를 나누고 편안히 행동하며 상대방의 눈을 주시하라. 회견자가 먼저 대화를 시작하도록 하고 주의 깊게 경청하라.
- 거짓이 없이 이야기하되 인터뷰를 하는 이하고 지나치게 친해지려고 하지 마라.
- 당신이 왜 그 자리에 최적임자인가에 대한 답을 연습하라. 과거의 직업에서 자신이 보여준 생산성과 현재 가지고 있는 기술들을 설명하라. 그리고 앞으로 어떠한 공헌을 할 수 있는지 강조하라. 이러한 사항들을 당신이 스스로 이야기하지 않으면 아무도 알지 못한다. 특히, 고용주들은 융통성 있고 상황에 잘 적응하며 직장 내 다른 사람들과 조화를 잘 이루는 사람을 선호하므로 이러한 조건을 충족시킨 당신의 과거경험을 소개하라.
- 인터뷰에서 관계자에게 물어보고자 하는 질문을 연습하라. 질문을 통해 그 자리가 자신이 원하는 것인지 알아내야 한다.
- 질문에 곧장 답하지 말고 약간의 시간을 취하면서 적절한 답을 계획하라. 질문을 이해하지 못했다면 반복이나 설명을 요청하라. 침묵의 시간동안 자신감 없는 답을 하지 않도록 주의하라.
- 가능한 긍정적인 답을 하라. 인터뷰 때 가장 잘 물어보는 질문에 대해서 사전에 긍정적인 답을 준비하라.
- 가능한 긍정적인 답을 하라. 인터뷰 때 가장 잘 물어보는 질문

에 대해서 사전에 긍정적인 답을 준비하라. 특히 과거의 불규칙한 또는 문제가 있는 직업경력을 변호할 수 있는 긍정적인 답을 준비하라. 당신에게 부정적인 영향을 미칠 수 있는 질문은 소위 샌드위치모델을 이용하여 답하는 것이 좋다. 이 모델은 먼저 자신에게 유리한 응답에 이어 부정적인 상황을 인정하고 나서 그러한 상황을 극복하기 위해서 취했던 긍정적인 행동에 대한 설명으로 마무리 짓는 방법이다. 긍정적인 진술로 끝맺음으로써 좋은 인상을 남겨줄 수 있다.
- 인터뷰말미에 자신이 적임자임을 요약해서 제시하라. 인터뷰도중에 잊어버렸을지도 모를 자신의 장점과 자질들을 알릴 마지막 기회이다.
- 주어진 시간을 초과하지 마라
- 인터뷰가 끝나면 초대해준 배려와 시간을 내 준 것에 대해서 감사의 의사를 전달하라.
- 가장 중요한 것은 인터뷰를 한 후에 감사의 글을 쓰는 것이다. 인터뷰를 통해서 배우게 된 것을 요약하고 그 일에 관심이 있다는 것을 다시 한번 확인시켜 주어라. 관심이상으로 그 일이 필요하다고 요청할 수도 있으며 인터뷰를 한 당일 집에 돌아와 전자우편이나 팩스로 보낼 수도 있다.

5. 공공장소 행동규범

우측통행 인도, 복도나 계단 등에서 여러 사람들이 서로 반대 방향으로 걸을 때, 미국인들은 오른쪽으로 걷는다. 그렇게 해야 사람들이 서로 몸을 부딪치지 않고 지나갈 수 있고, 가능한 한 빨리 앞으로 갈 수 있다.

줄서서 차례를 기다려라   여러 사람이 누군가한테서 접대나 봉사를 받으려고 하면, 미국인들은 일렬로 줄을 선다. 은행, 극장 매표소나 대학교 교무처 창구에서, 가장 나중에 온 사람은 맨 뒤로 가서 참을성 있게 자기 차례를 기다려야 한다. 이렇게 줄서는 행동은 어느 누구도 곧장 줄 맨 앞으로 갈 수 있는 특권을 가지고 있지 않다는 점에서 모든 사람은 평등하다는 개념을 반영한다. 또한 이런 행동은 미국인들이 서로 신체접촉을 싫어하는 문화를 반영하기도 하는데, 서비스를 서로 받으려고 사람들이 서로 밀치고 하는 때 보다 한 줄로 섰을 때 신체접촉이 덜 일어나게 마련이다. 더욱이, 이런 행동은 질서와 규칙을 원하는 미국인들의 욕구를 만족시킨다. 줄 맨 뒤로 가서 자기 차례를 기다리지 못하고, 대신 맨 앞으로 가서 새치기하려는 사람에 대해서는 늘 다른 사람들이 적대감을 품는다.

선착순 접대   "줄서기" 규칙과 이 선착순 접대 규칙은 서로 관련이 있다. 먼저 도착한 사람을 먼저 배려하는 것이 일반적인 생각이다. 이와 반대로, 평등 개념이 머리에 든 미국인으로서는 누구에게나 우선권을 준다는 생각은 정상적인 경우 도저히 생각하지도 못한다.

여러 고객이 서비스를 받으려고 계산대 앞에 줄을 서 있다면, 그곳 점원은 "다음은 누구세요?"라고 물을지도 모른다. 당연히 정직한 대답을 기대한다.

이외에 교통의 흐름을 방해하거나 시야를 가리는 자세는 좋지 않다.

6. 반품과 교환 절차

미국인들은 어느 거래든 중요한 거래라면 반드시 문서기록을 가지고 있는 것이 필수라고 생각한다. 통상적으로 판매상은 판매 증거로 구매고객에게 영수증을 주기도 하지만, 구매고객이 달라고 해서 주기도 한다. 대부분의 판매상들은 구매고객이 최초 판매 영수증을 제시하지 못하면, 물건을 반품하거나 교환해 달라는 요청에 응하지 않을 것이다. 이는 다른 상점에서 구입했을 런지도 모르기 때문이다.

미국의 대부분 회사는 구매고객이 원래 산 제품에 만족하지 못한다고 하면, 다른 제품으로 교환해 준다. 어떤 업체는 현금으로 환불을 해 주기도 하지만, 현금으로 환불해 주지 않는 업체도 있다. 하지만, 구매고객이 영수증을 가지고 있지 않으면, 제품교환이나 현금으로 환불을 해 주지 않는다.

전자제품, 가전제품, 그리고 자동차 같은 공산품에는 보통 환불보증서와 품질보증서가 같이 있다. 환불보증서와 품질보증서는 문서로 기록한 형식이어서, 구매고객이 교체를 원하거나 환불보증서와 품질보증서가 약속한 서비스를 받으려면, 반드시 이 서류를 제시하여야 한다.

미국이라고 모든 상품을 교환해주는 것은 아니다. 어떤 물건은 최종판매(Final sale)라고 표시를 해 놓고 이들 물건은 교환해 주지 않는다. 또한 속옷 같은 것도 한번 입어 본 것은 교환해 주지 않는다. 따라서 상점의 안내판을 보고 구입하는 것이 현명하다.

7. 개라지 세일(Garage Sale)

미국에서 주말에 자동차를 타고 돌아다니다 보면 길모퉁이나 전신주 등에 개라지 세일 안내 표지가 붙어 있고 멀지 않은 곳에 개라지 세일을 하는 주택이 눈에 들어온다.

미국에서 개라지 세일이한 말 그대로 개인집 차고에서 여는 세일이란 뜻에서 생긴 이름으로 그 집에서 사용하던 물건들을 모아 진열해 두고 파는, 이른바 중고품 시장이다. 그러나 실제로 차고보다는 거실이나 현관, 뜰에다 팔 물건을 늘어놓는 경우가 더 많다.

미국의 가라지 세일

개라지 세일에 나오는 물건들은 그 가정에서 불필요하게 된 것들, 예를 들면 아이가 커서 입지 못하게 된 의류나 책과 장난감을 비롯해 유행이 지났거나 체형이 맞지 않아 옷장에 그냥 걸어 뒀던 성인 의류와 부엌 용품, 가전제품, 레저 용품 등에 이르기까지 각 가정에서 사용하다 싫증이 났거나 필요 없게 된 모든 것들이 해당된다. 또 경우에 따라서는 오래 된 가구도 나오는데 개라지 세일을 이용해 본 경험이 있는 사람들은 이런 곳에서 이따금 미국의 골동품을 구할 수 있는 행운을 잡을 수도 있다고 귀띔한다.

개라지 세일은 근검·절약을 생활화하고 있는 미국인들의 실용적이고 경제적인 단면을 반영한 것으로, 즉 자기 집에서는 불필요하다고 생각해도 달리 필요로 하는 사람이 있다고 생각하는 그들의 합리적인 생활 태도에서 출발한 것이다. 판매 날짜는 모든 가족들이 쓰지 않는 물품이 일정 수준이상으로 모아졌을 때 주로 토요일이나 일요일을 택하고, 판매 가격은 구매 가격과 효용 가치를 판단하여 결정한다.

어떤 경우에는 개라지 세일이라 해도 쓸 만한 가재도구가 아주 많을 때가 있는데 먼 지역으로 이사를 가게 됐을 경우가 이에 해당

된다. 미국인들은 이럴 때 전 살림을 모두 싣고 이사하기보다는 운반비 들을 감안, 큰 손해가 없다 싶으면 이사 가는 곳에서 다른 것을 갖추어 생활에 변화를 주는 경향이 있어 재산을 과감하게 처분하기 때문이다.

미국의 야드 세일

미국인들의 개라지 세일 풍습은 유럽 지역의 나라들에서도 흔히 볼 수 있는 모습으로, 어린아이들에겐 물품을 소중하게 관리하는 습관을 기르게 할 뿐 아니라 자신의 물건을 직접 관리하게 하는 산교육의 기회라는 차원에서도 매우 바람직하다. 또한 상품을 재활용하고 이웃과 함께 사용한다는 측면에서도 바람직한 물자 절약 운동이라고 할 수 있다.

한국인의 감각에서 보면 남이 사용하던 물건을 산다는 것에 저항을 느낄 수도 있겠으나 판매하는 것은 깨끗이 세탁을 하고, 그 사람들은 일단 필요하다고 생각되면 별 느낌 없이 사 간다고 하는데, 이것이 미국인들의 소박한 생활 태도가 아닌가 하는 생각도 했다.

또한 내놓을 물건이 얼마 되지 않을 땐 몇몇 가정이 모여 공동으로 개라지 세일을 하기도 하는데 잡화 세일이라고 해도 좋을 만큼 종류가 다양. 미국에 사는 동안 한 번쯤은 재미라도 관심을 가져 볼 만 하다. 개라지 세일은 야드 세일이나 무빙 세일, 잡화 세일 등으로 조금씩 성격을 달리해 이름을 붙이기도 한다.

8. 대화내용

미국인들은 다른 나라 사람들에 대한 고정관념이 있다. 주제넘은 희랍인, 수줍은 동양인, 고집 센 독일인, 감정적인 멕시코인, 브라질인 그리고 이태리인, 냉정한 영국인, 목청 큰 나이지리아인 등으로 본다.

사람들이 서로 의사소통을 할 때, 문화의 영향을 강하게 받은 의사소통 방식을 드러낸다. 의사소통 방식이란, 개인끼리 말을 나눌 때 보여주는 여러 가지 특징을 가리킨다.

물론 사람들은 자기 방식대로 의사소통을 하려고 한다. 의사소통 방식에 관한 문제는 두 사람이 모두 같은 문화권이라면 거의 생기지 않는다. 그 이유는 그들의 방식이 거의 똑같기 때문이다. 대부분의 미국인들을 포함한 사람들은 기본적인 가치나 가정이 같기 때문에, 자신들의 의사소통 방식을 깨닫지 못한다. 미국인의 의사소통 방식에 대해서 조금이라도 아는 외국인이라면, 미국인의 대인 의사소통 방식이 가진 공통성을 모르는 사람보다 미국인을 오해하거나 잘못 판단하는 일은 없을 것이다.

타인과 처음 만나면, 미국인들은 보통 "한담"을 한다. 흔히 날씨를 화제 삼아 한담을 한다. 또 그 다음으로 흔한 주제는 본인이 "하는 일"인데, 말하자면, 보통 자신의 직업 얘기를 한다. 이 사람들은 자신이 사는 집이나 건물, 자신이 사는 지역과 같은 현재 자신이 처한 물리적인 환경에 대해서, 또는 무엇이든지 적절하다고 생각하는 화제에 대해 이야기 할 수도 있다. 나중에, 이런 인사가 끝나고 나면, 미국인들은 특정한 텔레비전 등, 같이 겪었던 과거 경험에 대해서 이야기할 수도 있다.

미국인들은 같이 이야기하는 상대가 아주 잘 아는 사람이 아니면, 종교와 정치에 대하여 이야기 말라고 철저하게 배운다. 공공 모임에서 미국인들도 정치문제를 화제로 삼아 공공연하게 토론을 한다. 하지만, 우리가 여기서 이야기 하는 것은 개인 간에 얘기할 때의 의사소통 방식이다. 정치와 종교는 "논란의 여지가 많은" 것으로 생각할 수 있는데, 논란의 여지가 많은 얘깃거리를 논의하면, 논쟁으로 발전할 수 있다.

미국인과는 달리 독일, 이란, 브라질 같은 나라 사람들은 정치나 때로는 종교도 사적인 대화나 논쟁을 하기 위한 훌륭한 얘깃거리라고 생각한다. 이 나라 사람들에게 정치를 화제 삼아 얘기하거나 논쟁을 벌이는 일은 시간도 잘 보내고, 상대방을 더 잘 알 수도 있는 방법이기도 하다.

미국인들이 보통 얘기를 잘 하지 않으려는 얘깃거리는 "아주 개인적인" 것들이다. 금전적인 문제도 그 중 하나다. 많은 외국인들에게 이러한 태도는 모순으로 비쳐지는데, 물질적인 부를 많은 미국인들이 아주 가치 있는 것으로 본다고 생각하고 있기 때문이다. 그렇다 하더라도, 한사람이 얼마나 버는지, 또 어떤 물건을 얼마 주고 샀는지에 관한 질문은 사실 용납하기 어려운 얘깃거리이다. 몸 냄새라든가 입 냄새, 신체 기능, 성적 행동 및 반응, 환상 등도 얘기하기 어려운 화제들이다. 또 한 가지, 많은 미국인들이 말하기 꺼려하는 민감한 얘깃거리는 몸무게이다. 어떤 사람, 특히 여성에게 몸무게가 늘었다고 말하는 것은 불손하게 생각한다. 그러니 반대로 몸무게가 줄었다거나 "날씬해 보인다"라고 말하는 것은 칭찬이다.

일반적으로 남미와 스페인 출신 사람들은 처음 만나서, 상대방친구의 가족 건강이나 안부에 대해서 오랫동안 얘기를 하기도 한다. 반대로, 사우디 아라비아인들은 같이 얘기하고 있는 사람이 서로 잘 아는 사람이 아니라면, 가족들 특히 여자에 대하여 물어보는 것은 적절하지 않다고 생각한다. 미국인들한테는 가족에 대해서 간단하게 물어볼 수 있지만, 잠시 만나거나 가벼운 마음으로 만나는 경우라면 이런 개인적이 애깃거리를 꺼내지 않는 것이 예의 바른 행동이다.

9. 대화 형태

미국인들은 대화에서 간략한 것, 즉 "요점을 말하는" 것을 높이 평가한다. 너무 말을 길게 하면, 말이 많다고 불평한다.

또한 미국인들은 많은 다른 문화권에서 하듯이 의례적인 교류를 잘 안 하려는 편이다.

대부분 미국인들의 견해로는, 의례적으로 오가는 말에 너무 의존하는 사람들은 자신의 진정한 특성과 생각을 드러내지 않아 "너무 수줍어하거나" 혹은 "너무 겸손하다"고 생각한다.

그리고 미국인들은 남미계 미국인들에게서 흔하게 볼 수 있듯이 가족의 건강을 물어보거나, 아랍인들이 흔히 하듯이 초월적인 존재의 은총을 기원하는 등, 길게 의례적인 말이 오가는 것을 시간낭비이거나 진지하지 못하다고 생각해서 참아내지 못한다.

일반적으로 미국인들은 논쟁을 싫어한다. 문제가 심각해져서 혈압이 올라가려고 하면 "여기에 대해서 더 이상 논쟁을 하지 말자."라고 보통 말한다. 논쟁을 하느니, 미국인들은 합의를 할 수 있는 여지를 찾거나, 애깃거리를 바꾸거나, 그것도 안 되면 지금 얘기하고 있는 사람을 아예 피해 버리기조차 한다. 논쟁하기를 좋아하는 사람들을 "주제넘다", "난폭하다"거나 "고집 세다"라고 부르는 것도 놀랄 일은 아니다.

대개 미국인들은 자기 관점을 제시할 때는 "침착해야 한다"고 믿는다. 텔레비전 뉴스에서 한국 국회의원들이 서로 상대방에게 주먹질을 하는 장면을 보고서, 미국인들은 깜짝 놀란다. 그렇다고, 모든 미국인들이 논쟁을 하지 않는다는 말은 아니다. 대인관계에서조차도 논쟁을 하는 사람은 분명히 있다. 물론, 아주 유명한 변호사들이 많이 있다. 하지만 일반적으로 미국인들은 논쟁을 좋아하지 않는다. 이렇게 미국인들이 논쟁을 싫어한 결과로 미국인들은 자기의 관점을 말로 변호하는 연습을 해볼 기회가 별로 없다. 그 결과, 미국인들이 실제보다는 덜 똑똑해 보인다는 것이다.

공적인 상황에서 미국인들은 사적인 것을 드러내려고 하지 않는다. 미국인들은 개인적인 문제를 논의하려면 사람들이 자신을 잘 알아보지 못하는 집, 술집이나 식당 같은 좀 더 사적인 공간을 찾은 후에야 비로소 한다.

10. Tell 문화와 Sell 문화

한미 간의 문화차이는 여러 면이 있지만 한국에서는 사장이 사원들에게 지시하고 명령하는 Tell 문화가 주류를 이루고 있다. 반면, 미국은 사장이 사원들에게 명령하는 것이 아니라 설득해야 되는, 또는 주인이 손님에게 파는 Sell 문화 속에 살고 있다

Tell 문화와 Sell 문화 사이에서 발생하는 노사문제가 상이한 현상으로 나타난다. 미국과 한국에서는 심심치 않게 노동 문제가 자주 언론에서 거론된다.

최근에 미국에서는 슈퍼마켓 체인에서 장기간 노동자들이 시장 앞에서 피켓을 들고 처우 개선을 위해 파업을 한 적이 있었다. 어디까지나 놀이 같은 데모다. 쇠파이프나 화염병 소지자가 데모를 한다면 즉각 입건된다.

한국에서는 지금 정규직과 비정규직 문제가 노동 문제의 쟁점으

로 떠오르고 있다.

 한국의 노동 운동은 미국보다 매우 과격하다. 한국 노동자들이 스트라이크나 데모를 할 때 보면 마치 전쟁터에 나가는 병사들 같다. 서로가 상처를 입거나 사상자가 나타나기도 한다.

 이에 비해 미국 노동자들의 스트라이크는 매우 신사적이다. 아마도 한국에서는 극단 방법을 취하지 않고는 노동자들이 자기들의 원하는 바를 쟁취할 수 없기 때문인지도 모른다.

 노사문제에서 한국적인 Tell 문화는 경영진 측의 권위의식 때문에 미국과 같은 Sell 문화가 정립되면 데모하는 양상이 좀 부드러워지지 않을까 생각된다.

제15장 의식주 문화

1. 음식 문화

올림픽게임이나 월드컵 같은 국제적인 행사가 있을 때마다 서양에서는 우리나라 보신탕 문화 가지고 시비를 거는데, 문제는 그러한 외국의 압력에 의연하게 대처하지 못하는 우리에게 있다. 그래도 이번 월드컵에서는 우리 정부가 이전보다는 의연하게 대처를 해서 한결 나아지기는 했다. 문제는 또 우리만 개고기를 먹는 게 아닌데 우리만 당하는 데에 있다.

중국이나 필리핀 같은 동남아시아 국가에서도 개고기를 먹는 것으로 알고 있는데, 왜 우리만 국제 여론의 표적이 되어야 한다는 말인가.

모 교수가 중국의 상하이에서 '중국집' 식당을 찾아다녔는데, 한 음식점에서 기가 막힌 메뉴판을 발견했다. 상당히 비싼 요리였던 것 같은데, 그것은 다름 아닌 개고기 요리였다.

이 요리를 소개하기 위해 개를 원래 형태 그대로 접시에 올려놓고 사진을 찍어놓았다는 것이다. 이걸 보고 우리들은 동시에 "아니 이 사람들은 이렇게 대놓고 개고기를 먹는데" 우리만 자격지심을 가질 필요가 전혀 없다. 북한에 가보니 개고기를 단고기라고 하고 단고기 전문 대형식당이 있다. 북한의 배짱은 찬양 할만 하다.

보신탕으로 쓸만한 개로 보아서는 안되는 미국의 개

한국은 그동안 우리가 우리 문화에 대해 자신이 없었기 때문에 일어난 현상들이다. 자신이 없으니 외국에서 뭐라고 하면 금세 주눅이 들어 외국에서 하자는 대로 따라 한다.

우리는 우리 문화에 더 자신을 갖고 항상 의연하게 대처해야 한다. 북한은 잘한 것으로 본다.

개고기는 이전에 고기가 아주 귀하던 시절 가난한 우리 민족이 단백질을 섭취할 수 있었던 귀중한 수단이었지만, 고기가 흔해진 지금에 와서는 이전의 식습관을 고집할 필요가 없다는 점도 잊어서는 안 된다. 그리고 우리의 그 야만적인 개고기 잡는 방법도 짚고 넘어가야 한다. 고기를 맛있게 한다고 개를 때려잡는 것은 정말로 안 된다. 그런 것 가지고 외국 사람들로부터 비난받는다면 그때에는 정말 입이 열 개라도 할 말이 없다. 그러나 개도 다른 동물과 똑같이 대우하면 문제될 게 하나도 없다. 또한 서양의 개는 애완동물이지만 한국의 개고기용 개는 가축과 같은 개다. 한국에서도 작은 애완용 개는 식용으로 사용되지 않는다.

2. 식당 문화

미국의 서비스 계에는 팁이 꼭 뒤 따르고 있다. 따라서 팁 문화는 한국인들이 친숙해져야 할 관습이다. 미국에선 레스토랑, 사우나, 마사지, 미용실 등에서 15~20%의 팁을 주어야하고 파킹, 발렛, 택시운전사, 호텔 청소부 등에겐 2~3달러 정도의 팁을 주는 것이 보통이다. 팁을 줘도 10%밖에 안줘서 한국인들은 팁 주는데 인색하다는 평판을 받고 있는 실정이다.

최저임금으로 팁이 수입의 큰 부분을 차지하는 서비스업 종사자들의 노고를 봐서라도 팁을 더 주었으면 하는 바람이다.

또 중요한 매너 중 하나는 식사를 조용히 하는 것이다. 한국인들은 소리를 내면서 먹음직스럽게 먹는 반면, 미국인들은 물을 마시거나 음식을 먹을 때 소리 내지 않는 것을 훌륭한 매너라고 여기고 어릴 때부터 배운다. 뜨거운 음식을 먹을 때도 후후 불어 식혀 먹지 않고 스푼으로 저어서 식혀 먹는 게 바른 식탁 예절이다. 입을 다문 채로 음식물을 씹고, 식사 중 대화를 하되 반드시 음식을 다 삼킨 뒤에 한다. 대화 중 입에서 음식물이 튀어 나오는 모습은 큰 실례이다.

이외에도 여러 명이 음식을 나누어 먹을 때는 반드시 따로 서빙하는 스푼을 사용하여 각자 그릇에 담아 들고 육류를 구울 때에도 새 젓가락 또는 젓가락을 돌려 깨끗한 쪽으로 다른 사람을 배려한다.

한국식, 미국식의 옳고 그름을 따지는 것이 아니라, 로마에서는 로마인이 되라 했듯이, 현지의 예절을 따르는 것이 현명한 생활 방식이 될 것이다. 물론, 어른을 공경하는 것과 자녀 교육을 제일 중요시 하는 것 등의 중요한 가치관을 지니면서 말이다. 개인보다는 가정이나, 직장이란 공동체를 먼저 생각하는 한국 사람들이어서 어딜 가도 환영받는다고 생각한다.

3. 식육 문화의 발달

역사적인 기록에 의하면 어느 한 영국의 임금님이 쇠고기 등심으로 만든 스테이크를 먹어보고 어찌나 맛이 좋았던지 그 쇠고기 부위에 경작위(卿爵位)를 내려 '서로인(sirloin)'이라 불렀다 한다. 그래서 지금도 서양에서 가장 맛있는 부위는 서로인이라고 한다. 그러나 서양 사람들은 우리 한국 사람처럼 안심이 맛있는 줄 모르고, 떡심 씹는 묘미며 노르께한 젓통살의 고소함을 모른다. 서양 사람들이 쇠고기 요리해 먹는 법은 로스트, 스테이크, 브레이즈, 스튜 등 네 가지가 고작이다. 한데 우리 한국 사람은 날로 육회를 쳐 먹고, 데쳐 먹고, 구워 먹고, 삶아 먹고, 볶아 먹고, 고아 먹고, 포 떠먹고, 조려 먹고, 말려 먹고…. 속칭 33가지의 요리법이 있었다. 서양에서도 송아지 요리는 있지만 우리 한국에서처럼 두 살짜리 송아지인 패육(沛肉), 세 살짜리 삼육(滲肉), 네 살짜리 사육(泗肉), 아직 태어나지 않은 배냇송치까지 세분해서 각기 다른 고기 맛의 묘미를 맛볼 줄은 몰랐다.

서양사람 가운데 가장 미각이 발달했다는 프랑스 사람도 쇠고기를 25부위로 분류하고 소 전체의 60퍼센트 밖에 먹지 못한다는데 우리 한국 사람은 38부위, 85퍼센트를 먹는다. 내장은 말할 것도 없고 소머리에서 소꼬리까지, 그리고 우족, 선지, 뼛속에서 등골까지 빼 먹는다. 뼈마디의 접골부위인 도가니까지 도려내 먹고 쇠가죽 뒤에 붙은 수구레까지 긁어 먹으며 심지어는 소뼈다귀 속에 스며 있는 뼛국 물까지 우려내어 국을 끓여 먹는다.

이렇게 어느 한 부위도 버리지 않고 철저하게 별미를 가려내 먹는 한국의 식문화는 외국의 관계 학자들에게 퍽 관심의 초점이 되기도 했다. 내한(來韓)한 적이 있는 문화인류학자 마거릿 미드 여사도 이 한국의 경이적인 식육 문화에 관심을 표명했었다. 왜일까. 소는 농사짓는 민족에게 가장 소중한, 그래서 신명(神明)에게 바치는 희생(犧牲) 음식이었기에 어느 한 부위도 버려서는 안 된다는 신성설, 워낙 가난하게 살았기에 촌분(寸分)도 남아나지 않게 먹어치운다는 빈곤설, 소의 모든 부위는 그에 합당한 사람의 같은 부위에 약이 되고 유익하다는 유감주술설(類感呪術說), 자연 환경이 풍요하여 뭐든지 찾아먹는 잡식 문화가 미각을 발달시키고 그 미각이 쇠고기에 투영된 것이라는 잡식설 등 여러 가지 설을 들

수 있으나 어떤 하나가 정설이라기보다는 이 모두가 복합되어 이 쇠뼈다귀 속까지 우려먹는 이색적인 식문화가 이루어졌음직하다.

어쨌든 외국 사람들이 거들떠보지도 않던 쇠고기 부위를 한국 사람이 먹는 것을 보고 추종해서 먹는 추세라는 것만은 눈여겨둘 만한 일이다. 그리고 미국 사람들은 자신들이 버린 부위를 한국인이 요리하여 먹는 것을 보고 감탄하여 값을 슬슬 올리고 있다. 예를 들면 쇠꼬리 부위가 그렇다.

4. 잡식성과 획일성 문화

우리들의 잡식성은 외래문화를 선별하지 않고 무작정 흡수 하는 태도에서도 나타나고 있다.

아침은 밥을 국에 말아 먹고 점심은 자장면으로 때우고 저녁은 쌍칼 질을 하듯, 낮에는 메밀국수를 먹고 저녁에는 생선 초밥으로 한다든가 낮에는 스파게티로 때우고 저역은 카레라이스로 때우는 등 식사구조의 국제성은 곧 외래 식사문화를 무선별(無選別)로 흡수하는 교육구조와 무관하지 않다고 본다.

한국교육의 획일성(劃一性), 일률성(一律性)도 식사구조와 닮고 있다.

일반적으로 미국에서는 초-중-고교교육이 6-3-3제가 가장 많이 보급 되고 있으나 지역의 실정에 따라 6-6제, 8-4제, 5-3-4제, 4-4-4제 등 학제가 다양하다. 한데 우리 한국은 전국적으로 6-3-3제다. 따라서 한국은 단일교육체제다. 미국은 15800개의 교육제도가 있다.

프랑스의 학교에서는 낙제나 월반이 정상적인 진급자보다 많은 것이 상식이다. 곧 그 학년에 정상적인 진급을 하는 학생 수는

50%가 상식이요, 30%는 1년 유급생이, 10%는 2년 유급생이, 나머지 10%는 1년 월반생이 차지하고 있다. 우리나라처럼 일률적이고 획일적인 진급이 아니다. 물론 우리나라에도 유급(留級)이 없지 않으나 그것은 지극히 예외적인 일이다.

영국에 있어 교육과정은 학교마다 학교장의 재량과 책임으로 편성돼 있기에 영국학교에는 제각기 페이스(얼굴)가 있다고 할 만큼 각기 학교에 따라 특색 있고 개성 있는 교육을 시키고 있다. 한데 우리나라에서는 학교에서 가르치는 교과목, 수업시간수 등은 교육법과 시행령으로 정해져 있어 전국적으로 획일화시키고 있다.

이 획일성은 마치 밥 한상을 획일적으로 차려 안겨놓고 먹게끔 하는 선택부재(選擇不在)의 한국식사주조와 비슷하다. 곧 먹는 사람의 개성이나 기호나 입맛이 고려되지 않은 채 차려져 나오는 획일적인 밥상이며 그것이 이 같은 교육 형태를 유발한 것이 아닌가도 생각된다. 서양의 교육제도와 같이 다양성이 부족하다.

5. 온돌문화와 침대문화

현대화 되면서 이제 한국인 가운데 전통 가옥에 사는 사람은 거의 없다. 전부 아파트로 들어가고 있다. 아파트가 꼭 닭장 같고 공해적인 요소를 많이 배출하는 부작용이 있지만, 그래도 아파트가 없었다면 많은 사람들이 안락한 삶의 공간을 갖기 힘들었을 것이다. 우리나라 아파트를 보면 재미있는 점이 많이 발견된다. 그중에

안방을 독점하고 있는 침대

서도 제일 재미있는 건 아무리 호화 아파트를 짓더라도 온방 시스템은 온돌로 한다는 점이다. 우리는 그저 방바닥이 따듯해야 사람 사는 것 같지 다른 방법으로 온방 하는 것은 당최 적성에 안 맞는다고 생각한다.

난방 시스템은 문화의 기저 중에 기저를 이루는 모양이다. 우리 민족이 구들 문화를 발명(?)하고 지켜왔던 것은 아주 오래된 일이다.

침대문화에는 단점이 너무 많다는 것을 잊어서는 안 된다. 우선 침대는 허리에 그다지 좋을 게 없다. 인간은 원래 어느 정도 딱딱한 바닥에서 자게 되어 있다. 미국에서도 허리가 좋지 않은 사람은 침대에서 내려와 방바닥을 선호한다. 방바닥이 허리에 좋다. 요샌 침대도 잘 만드는 모양이지만 가끔 호텔에서 자느라 낯선 침대에서 자다 보면 잠을 망치는 경우가 종종 있다. 그러나 시골에 갔을 때 여관방 요 위에서 자면 바닥 때문에 잠을 설치지는 않는다. 바닥이야 다 똑같은 바닥이기 때문이다. 게다가 방에 침대가 딱 버티고 있으면 그 공간은 잘 때를 제외 하고는 전혀 활용할 수가 없다. 침대가 없으면 그 공간은 식당으로도 사용할 수 있고, 서재로 또는 방석을 깔아 놓으면 화투판도 된다. 또한 회의실도 될 수 있으련만 침대가 점유하고 있으면 그저 한 기능 밖에는 하지 못한다. 지금 우리의 침실은 우리가 주인공이 아니라 침대가 주인공이 되어버렸다. 인간이 침대를 모시고 사는 꼴이 된 것이다. 내가 보건대 그 기막힌 온돌을 만들어놓고 침대에서 자는 우리나라 사람들의 모습에서는 아직도 진한 서양 혹은 미국에 대한 선망감이 어른거리는 것 같다. 잠도 미국 사람처럼 자야 문화인이 되는 것인가?

위와 같은 좋은 온돌문화를 일거에 없애버리니 요즈음은 제대로 된 온돌을 구경하기가 너무 힘들어졌다. 내 생각에 우리의 온돌

문화는 대단히 훌륭한 관광 상품이 될 수 있다고 보는데, 아직 실천에 옮기는 경우는 별로 보지 못했다.

5. 옷의 문화

한국인의 일상생활에서 보이는 미국(서양)화 현상을 두서없이 몇 개만 보자. 예술과도 관계되는 것으로 먼저 한복 입는 문제에 대해 말해보자. 물론 이 한복 입는 문제보다 우리 옷을 '한복'이라는 소외된 명칭으로 부르는 것이 문제다. 우리 문화가 우리에게서 소외된 것 같이 느껴진다. 남의 것은 우리 것인 양 체험하고 우리 것은 남의 것인 양 받아들이는 것이다. 이런 현상은 우리 사회에 너무나도 만연되어 있어 더 이상의 설명이 필요 없다. 우리 음식은 '한식'이요, 우리 집도 '한옥'이다. 우리 것은 보편적인 서양 것에 비해 모두 특수한 하나의 지방 문화에 불과하다는 발상이 아닐 수 없다.

한복을 우리가 입는 것은 당연한 일이라 더 말할 필요가 없지만 문제 삼고 싶은 것은 왜 소위 지도층들이 솔선수범하지 않느냐는 것이다. 국민들에게는 한복을 입으면 고궁이나 박물관을 무료입장 할 수 있다고 해놓고 자신들은 거의 한복을 입지 않는다. 지도자가 먼저 나서서 솔선수범하지 않는다면 그 사람은 지도자로서의 자격이 없다. 개개 국민들이 한복 입는 것은 그 영향력이 별로 크지 않지만 지도 계층 사람들이 한복을 입으면 그 파급력이 대단할 텐데 왜 안 입는지 모르겠다. 지도층 가운데서도 가장 큰 불만의 화살이 가는 사람은 바로 권력의 정점에 있는 대통령이다.

대통령은 외국의 국빈들을 많이 만나게 되는데, 그때 외교적인 의전(儀典)을 범하는 것이 아니라면 한복을 입어서 우리 문화를 전

세계에 알리면 얼마나 좋을까. 또 그 의전이라는 게 무엇인가? 서양 사람들이 자기네들의 문화에 맞추어 임의로 만든 것 아닌가? 따라서 우리가 꼭 따를 필요도 없다. 우리 마음대로 얼마든지 고칠 수 있다. 그런데도 우리 문화에 자신이 없는 우리들은 외국에서 만든 규범을 절세의 진리인 양 따르기만 한다.

우리 대통령이 다른 나라 가서는 몰라도 외국 국빈이 우리나라에 왔을 때 만찬장에서 대통령이 한복을 입고 건배를 제의하면 얼마나 멋있을까 하는 생각을 해보는데 이게 그저 망상일까? 대통령 같은 사람이 이렇게 우리 문화를 아끼는 모습을 보여주면 그 효과는 만파 백만파로 국민들에게 파급될게다.

우리는 우리 스스로 우리 것을 사랑하고 보급시켜야 한다. (최준식 글에서)

제16장 결혼 및 장례식 문화

1. 인사법

  한국인은 악수 할 때 상대가 외국인이더라도 자기도 모르게 머리를 숙이곤 한다. 우리에게는 이것이 일상적인 인사법이지만 사람에 따라서는 무례하다고 받아들일 수도 있다.
  왜냐하면 세계 여러 나라에서는 인사할 때 반드시 상대방의 눈을 보는 즉, 아이 콘택트라는 관습이 있기 때문이다. 상대방의 눈을 똑바로 보지 않으면 뭔가 꺼림칙한 생각을 한다고 여기는 것이다. 또 악수를 하면서 머리를 숙이면 둘 사이에서 자신이 아랫사람임을 자처하는 셈도 된다. 몸을 굽혀 하는 인사나 시선을 아래로 하는 인사가 미덕이라고 보는 것은 한국, 일본을 비롯한 동아시아와 아프리카의 몇몇 지역에 국한된 일이다.
  상호간에 나누는 인사는 각도나 타이밍을 따라 다양한 뉘앙스를 표현할 수 있기 때문에 제대로 못하는 외국인들이 많다.
  그러나 세계적으로 좁은 통로에서 사람과 마주칠 때 머리를 숙이거나 상대의 눈을 보고, '익스큐즈 미'라고 하며 가볍게 목례를 하는 것이 여러 나라에서 통용되는 인사가 아닌가 싶다.
  외국인과 악수할 때는 힘이 중요하다. 얼굴에 미소를 띠고 상대의 눈을 똑바로 보며 손에 힘을 준다. 힘이 실리지 않은 악수는 dead-fish(죽은 물고기 같은, 기운이 없는, 별 반응이 없는)라고 보기 때문이다. 다민족사회인 미국에서는 상대에게 어떤 첫인상을 주느냐가 관건이므로 우선 인사로 자신의 존재를 뚜렷이 인식시키는 게 중요하다. 그러나 영국인이나 프랑스인은 상대방의 손을 세게 쥐지 않는다.

잘 모르는 사람과 맞닥뜨렸을 때 서로 잘 쓰는 손(오른손잡이는 오른손, 왼손잡이는 왼손)을 내밀어 서로간의 적의가 없음을 확인했던 것이다. 혹시 칼 같은 무기를 지니고 있었다 해도 그것을 쓰려면 반대편 손으로 바꿔 들어야 하니까 말이다.

이렇게 악수가 서양에서 일반적이 관습으로 정착하기까지는 그 후로도 200년의 세월이 필요했다. 엄격하게 계층화된 유럽 사회에서는 지휘가 서로 다른 사람들이 동등한 입장에 서게 되는 악수를 지나치게 평등하다 하여 오랜 세월 동안 받아들이지 않았기 때문이다.

그러면 악수 이전에는 어떤 인사를 했을까?

옛날 고대 오리엔트에는 꿇어 엎드리는 인사도 있었는데 이집트인들은 연장자에게 허리를 직각으로 굽힐 정도로 깊이 숙여 인사했던 것으로 유명하다. 윗사람에게 하는 인사는 꿇어 엎드리는 것부터 머리를 살짝 숙이는 가벼운 인사까지 다양했다고 한다. 또 고대 그리스 로마 시대에는 주인에게 한쪽 무릎을 꿇던 하인의 인사, 주먹을 자신의 어깨에 대는 동포와의 인사, 서로 어깨를 껴안는 친밀한 인사 등 여러 형태의 인사가 생겨났다.

중세 이래 수천 년에 걸친 인사의 역사는 아주 대략적으로 말하면 상대가 남성이면 모자를 벗고, 상대가 여성이면 손에 입을 맞추는 것이 상류계급의 예의에 맞는 인사였다. 이것으로 신분의 상하관계를 좀 더 분명히 하려고 했다. 궁정에서는 오른쪽 다리를 뒤로 하고 양 무릎을 굽히거나 한쪽 무릎을 꿇어 인사를 하면 인사를 받은 쪽은 가볍게 손을 들어 그에 답했다.

2. 결혼식 문화

1) 미국식

  호화 찬란한 결혼식은 미국에도 얼마든지 있다. 일생에 한번뿐인 결혼식을 하려하게 치르고픈 마음은 누구에게나 있는 법이다. 그렇지만 보통의 미국식 결혼은 철저히 분수에 맞게 치러진다는 점에서 우리의 그것과는 다르다. 돈 없는 사람은 소박하게, 있는 사람

현대의 서양식 결혼식에서의 신랑신부 촛불점화

은 화려하게 식을 올린다. 안정된 결혼 문화와 합리적인 경제 마인드가 있기 때문에 결혼식에 빚을 지는 일은 거의 없다.

  현재 우리들 결혼 풍속의 모델은 '미국형'이라고 할 수 있지만 그 내면적인 구조는 다르다. 하객이 수백 명씩 몰리는 한국의 결혼식과는 달리 미국인들의 결혼식은 가족과 가까운 친지 10여명, 많아야 수십 명 선에서 조촐하고 소박하게 치러진다.

  결혼 비용은 결혼식 행사와 피로연 비용이 전부라고 할 수 있다. 부모나 친척들에게 예단이나 선물을 하는 경우는 없으며 결혼식 행사와 피로연 역시 돈어 없으면 얼마든지 그 규모를 줄일 수 있다. 결혼 예식장은 공공건물이나 교회를 거의 무료로 사용할 수 있고 피로연도 하객이 적으니 인근 레스토랑에서 치르면 간단하다. 보통 2천 달러에서 5천 달러까지 호가하는 웨딩드레스가 다소 부담이지만 예물도 24k 금반지 정도가 보통이다.

  손님들 역시 부조금 봉투가 아닌 간단한 선물로 성의를 표시하고 신부는 나중에 참석자들에게 카드를 보내 감사의 표시를 하게 된다. 신부들이 준비하는 결혼용품은 신부의 어머니가 몇 달 전부터 주최하는 조촐한 파티에서 조달된다.

2) 라티노식

로스앤젤레스같은 라티노 커뮤니티의 대다수를 차지하는 멕시코인들의 전통적인 결혼식은 토착민 인디언의 전통에 서구의 기독교 전통이 혼합된 형태다. 오늘날은 서양식 결혼이 주류를 이루고 있으며, 단지 몇몇 특수 지역에서만 전통 혼례가 이루어진다.

라티노의 전통 결혼은 결혼 합의가 이루어진 날로부터 1년간의 약혼기간을 거친 다음에 혼례를 올리며, 결혼은 신랑 측의 주도하에 이루어지는 것이 관례, 약혼식 같은 특별한 절차나 예물교환은 없고 팥씨를 뿌리고 집을 마련 하는 등 결혼 준비를 한다.

결혼 연회는 결혼식 전날부터 시작해서 최소한 사흘간에 걸쳐 열리며 부유층의 경우엔 일주일 이상 계속되기도 한다. 결혼 연회는 신랑 집에서 열리는데 이날은 전통 음식과 잔치 음식, 기타 음료와 술을 먹고 마시면서 밴드에 맞춰 춤을 추며 밤새 연회를 즐긴다.

결혼 당일에는 하객들이 모두 신부 집에 모여 신부 측 사람들과 행렬을 지어 성당까지 걸어간다. 신랑은 흰색 저고리와 바지를 입고 전통적인 가죽신을 신는다. 신부는 꽃과 색실로 화려하게 수놓은 전통의상을 입고, 색실 타래를 감아 올린 장식물을 머리에 얹는다. 성당에 도착하면 신랑, 신부는 성직자 앞에서 부부가 될 것을 맹세한 뒤, 반지를 교환한다. 예식이 끝나면 신랑, 신부 하객 등 모두가 신부 집에 모여 다음날까지 파티를 계속하며, 파티가 끝난 후 보통 일주일 정도 신혼여행을 떠난다.

3) 프랑스식

프랑스의 결혼 문화는 상당히 합리적이고 실용적이며 즐거운 축제날이다. 법적인 인정을 받기위해 구청이나 시청에서 결혼식을 올린다. 참가인은 신랑, 신부 그리고 각각 두 명씩의 증인이 모두이고, 구청장 앞에서 결혼선서, 반지 교환, 혼인 신고서에 사인만 하면 법으로 인정한 부부예식은 끝이 난다.

가톨릭 신자인 경우에는 다시 성당으로 옮겨가서 신부님과 많은 하객들 앞에서 정식으로 결혼식을 올리는데, 결혼 예복을 입고 절차를 밟는다. 이는 한국식 결혼 순서와 같다.

성당에서 나올 때는 하객들이 신랑, 신부를 향해 다산을 기원하며 쌀을 던져준다. 이제부터 프랑스 결혼식의 하이라이트인 피로연이 벌어진다.

바쁜 하객이나 친분도가 낮은 사람들을 초대하는 간단한 음료 피로연이 1차로 행해지고, 친분이 있는 손님이나 가족, 친지들은 식사를 포함한 디너에 초대된다. 디너는 보통 5~10가지 다양한 치즈와 부드러운 후식이나 과일을 이용한 파이, 아이스크림 등이 있다. 그 다음으로 커피나 차가 준비된다.

음식은 순서대로 조금씩 나오며, 후식은 자유로운 뷔페식이 많은데 이는 식후 댄스 시간이 있기 때문이다. 이렇게 프랑스의 결혼식은 주체인 신랑, 신부뿐만 아니라 모든 하객들마저도 함께 즐겁고 행복한 시간을 만끽할 수 있는 축제이다.

4) 영국식

영국인들의 90% 이상이 성공회의 종교를 가지고 있으므로 결혼식도 종교의식을 따라 주로 교회나 성당에서 이루어진다.

신부는 순백색의 하얀 웨딩드레스를 입고 신부의 들러리들은 신부와의 전체적인 조화를 위해 동일한 색의 드레스를 입는게 원칙이다.

신랑은 연미복이 원칙이며, 신랑 및 신랑의 들러리, 신랑 측과 신부 측의 아버지가 모두 동일한 예복을 입는 것이 특징이다. 물론 모자도 반드시 착용을 해야 한다.

이런 면에서 보면 통일감과 절제의미가 느껴지지만 약간의 형식이나 절차상의 까다로움이 배여 있다.

결혼식의 순서는 일반 교회나 성당 결혼식과 같으며 결혼식이 끝나면 많은 하객들이 성당의 입구에서 그들의 축복을 빌어주며 쌀이나 꽃잎을 뿌려준다.

프랑스나 미국처럼 자유스러운 분위기의 피로연과는 사뭇 다른 약간의 긴장감과 룰이 따른다.

순서는 제일 먼저 신부의 아버지가 하객들에게 감사의 인사말을 하며 축배를 리드하고 이어서 하객들은 음식을 먹으며 신랑, 신부를 축하해 준다.

그 다음으로 신랑 측의 친구들이 축하의 메시지를 보내고 기타 몇몇 사람들의 축하의 말이 끝나면 신랑, 신부는 준비된 웨딩케잌을 자르며 분위기를 고조시킨다.

3. 장례 문화

종교는 사람들의 삶과 죽음에 대해 우리들에게 무엇을 가르치려는 것일까?

장례식에라도 가지 않으면 종교를 의식할 일이 없다고 할 정도인 일본에서는 장례식도 장의사에게 맡겨두고 형식적으로 죽음의 의식을 치르는 것이 대부분이다. 화장터에서 고인의 시신을 화장하는 것을 당연시하고 있다.

그러면 각 종교의 장례식과 유해 처리 방법을 보고 그 나라와 문화의 감춰진 부분을 살펴보자.

1) 기독교

가톨릭은 교회를 중심으로 신앙이나 의례가 통일되어 있다. 장례식도 임종이 가까워 지면 신부를 불러 '병자의 도유(塗油)' 의식을 하고 고해성사(告解聖事)를 받는다. 눈을

애국 선열 추모제

감으면 미사를 하는데 그때 성체배령(性體拜領)이 있다. 유해는 정장이나 정갈한 옷을 입혀 관에 넣어 묘지에 매장한다. 가톨릭에서는 유해를 중시하여 매장하는 것이 원칙이지만 점점 그것이 여의치 않은 환경이 됨에 따라 1963에 화장이 인정되었다.

동방교회도 기본적으로는 가톨릭과 마찬가지이고, 프로테스탄트는 장례에도 개인의 자유가 인정되어 제2차 세계 대전 전부터 소수이긴 하지만 화장도 있었다.

2) 힌두교

불교의 발상지인 인도에서는 7세기에 불교가 쇠퇴하고 고대의 바라문교가 예부터 전해 내려온 인도의 민간신앙을 도입하는 형태로 힌두교가 일어났다.

고대 인도의 신분 제도인 카스트 제도의 최상위에 있던 바라문 계급을 중심으로 발전한 바라문교는 기원전 4세기경부터 일반 민중으로 퍼지기 시작하여 민간신앙까지 흡수하면서 800년경에는 성전(盛典)이 편찬되었다. 인간을 포함한 자연계의 모든 것은 우주의 질서인 달마에 의해 조화가 유지되고 있으며 사람의 행위(업)인 카르마(karma)는 전세(前世) 및 내세(來世)와도 큰 관련이 있다고 한다. 현세(現世)에서 행복한 생활을 영위하는 자는 전세에서 좋

은 일을 한 사람이며, 현세에서 좋은 일을 하면서 내세에 행복한 생활을 영위할 수 있다고 한다.

일단 사람이 죽으면 유해를 불에 태워 현세의 형태가 남지 않는 것을 이상적이라고 여겼다. 영혼은 태워야 하늘로 올라가고 유해의 재는 가까운 강에 흘러 보내야 자연으로 돌아가 새롭게 다시 태어날 수 있다고 믿는다. 따라서 반드시 화장을 한다.

3) 이슬람교

아랍어로 죽은 자의 이름에 고인(故人)임을 나타내기 위해 마르홈(여성은 마르호마)이라는 말을 붙이는데, 이것은 '신의 자비가 있기를' 이라는 뜻이다.

대부분이 사람이 죽으면 이슬람의 지도자(이맘)를 불러「코란」을 외우고 신에게 용서와 자비를 구한다. 그리고 유해를 깨끗한 흰 천으로 싸서 모스크나 묘지로 옮기고 머리 또는 얼굴을 메카 방향으로 향하게 하고 매장한다.

불교처럼 성불(成佛)하는 것이 아니므로 죽은 자에게 절을 하지 않는다. 묘지는 신에게 최후의 심판을 받아 부활이 허락되기까지 대기하는 장소이므로 흙과 돌만 있는 간소한 것이라도 상관없다. 단, 부활하기 위해서는 유해가 필요하기 때문에 흙에 묻어야만 한다. 이집트처럼 공양(供養)을 위한 세노타프(cenotaph, 빈분묘)나 사자(死者)를 위한 집을 짓는다 해도, 그것은 사자와 대화하는 곳이지 거기에서 사자에게 절을 하거나 하지는 않는다.

이슬람교도는 화장을 싫어한다. 불은 아랍어로 '나르'라고 하는데 이 말에는 지옥이라는 의미도 있다. 「코란」의 가르침에서는 알라를 믿지 않는 자나 불의(不義)를 저지른 자는 부활이 허락되지 않아 화염지옥에서 영원한 고통을 당한다고 한다.

중동의 주요 관광국이기도 한 이집트에서는 현지를 여행하다 사망하는 관광객도 있다.

이럴 경우를 대비해서 외국인용 화장 시설이 있긴 있지만 마치 쓰레기 소각장 같아서 유족들의 불만을 사곤 한다. 그럴 때에는 이송 수속을 밟아야 한다. 20세기 말에는 카이로의 묘지에서 강제로 유해를 화장하려 한 사람이 체포당하는 사건도 있었다.

반대로 이슬람교도가 일본에서 죽으면 어떻게 될까? 일본에서는 대부분 화장을 하기 때문에 이 또한 큰 문제가 아닐 수 없다. 1994년 야마나시(山梨)현에서 자살한 신원 미상의 외국인을 화장한 적이 있었는데 후에 그가 이란인임을 알게 되었다. 이란 정부는 당장 일본 외무성에 화장을 한 이유를 설명하라고 강력히 요구했다고 한다. 그도 그럴 것이 이란에서 가장 모욕적인 말이 "네 아버지는 화장당했다"라고 한다. 이 말은 '너는 알라의 가르침에 반한 행동을 하여 지옥의 불 속에 떨어진 악인의 자식'이라는 뜻이라고 한다. 어느 이집트인에게 이 말에 대해 물으니 그렇게 무서운 욕은 지금까지 들은 적이 없다고 하면서, 만약 누가 자기에게 그런 말을 한다면 자기 자신도 어떻게 행도할지 알 수 없다고 대답했다.

4) 유대교

유대교는 기원전 4세기경부터 신앙이 확산되기 시작한 유대인의 종교이다. 이스라엘 사람들을 이끌고 이집트를 탈출하여 시나이 산에서 유일신(야훼)으로부터 십계를 받았다고 하는 모세의 율법을 중심으로 한「구약성서」를 그 근거로 하고 있다. 그리고 유대인만이 신으로부터 선택받은 민족, 계약의 민족이라 하며 메시아(messiah, 구세주-옮긴이)의 도래와 그의 지상 천국 건설을 믿는다.

유대교에서 생각하는 죽음은, 육체는 흙으로 영혼은 신에게로 돌아간다는 것이다. 최초의 인간 아담의 이름이 '흙덩이'인 것처럼 신이 창조하기 전의 흙으로 돌아간다는 의미에서, 유해는 깨끗한 흰 천에 싸서 매장하도록 되어 있다. 단, 선택받은 민족이 묻히는 장소는 이교도와 함께 묻히지 않도록 유대교회에서 정한 묘지여야 한다.

그러나 기독교도들도 유대인이 기독교인들의 묘지에 묻히는 것을 싫어한다.

전통적으로 임종에서부터 매장할 때까지 유족들은 입고 있던 옷이나 검은 천을 찢으며 슬픔을 나타내고, 육식, 음주, 남녀의 성교를 삼간다고 한다.

4. 색의 신화

각종 색에도 국가나 지역에 따라 다양한 생각과 느낌이 있다.

예컨대 우리는 상복으로 입는 검정을 평상복으로도 입지만 이탈리아에서는 장례식을 연상시키는 자색을 평상복으로 입지 않는다. 대만에서도 백, 흑, 청은 장례식을 연상시키기 때문에 사람들을 만날 때는 물론이고 선물 포장에도 이 색들을 사용하지 않는다.

일본에서 붉은색과 흰색은 국기(國旗)도 나타내고 경사스러운 색이기도 하고 일반적인 옷에도 이용하지만, 브라질에서는 외국인이 브라질 국기를 나타내는 녹색과 노란색 옷을 입으면 불쾌해 한다. 친근한 마음에서 입었다 해도 역효과가 날 수 있으므로 자기 마음대로 생각해서는 안 된다.

이제 세계 각지의 사람들이 색에 관해 어떤 이미지를 가지고 있는지 알아보도록 하자.

· **백(白)** : 유럽에서는 새신부의 색이다. 그 밖의 문화권에서도

청순(淸純)·무구(無垢)를 상징하는 경우가 많다. 단, 중국과 타이완에서는 장례식을 나타내는 색이어서 피해 왔다.

그러나 최근 들어, 중국에서는 절대로 서양의 웨딩드레스를 받아들이지 않을 것이라는 예상을 뒤엎고 많은 신부들이 순백의 웨딩드레스를 입는다고 한다.

기독교 문화권에서 흰색은 견진세례나 졸업식과 같은 소중한 행사 때 입는 드레스의 색이기도 하다. 남미에서는 여자 아이들의 가장 예쁜 옷이라고 하면 흰 원피스이다. 딸이 있는 친한 친구에게 선물을 하고 싶다면 하얀 옷을 선물하라. 그러면 아마 대 환영을 할 것이다.

・흑(黑) : 많은 문화권에서 상(喪)을 나타내는 색이다. 프랑스 여성을 비롯한 선진국의 여성들은 검은색이나 회색 등의 모노 톤 옷을 맵시 있게 입는데, 세계적으로 보면 여성이 검정을 좋아해서 입는 경우는 별로 없다. 상대 국가의 관습을 모를 때는 선물에도 검은색은 피하는 것이 좋을 것이다. 중국이나 독일에서는 흰색이나 검은 포장지는 다들 싫어한다(중국에서는 청(靑)도 상(喪)을 연상시킨다고 하며 독일인은 갈색도 선호하지 않는다)

・적(赤) : 피를 나타내는 색이며 정열의 색이기도 하다. 미국인과 독일인은 붉은색을 좋아한다는 통계가 있다(단, 빨강머리는 악마나 마녀의 이미지가 있어서 싫어한다.). 또 붉은 장미는 연인에게 선물하는 특별한 꽃이다. 멕시코에서는 빨간 꽃은 마법을 걸고 흰 꽃은 마법을 푼다고 한다. 일본과 중국에서는 붉은색을 길한 색으로 여긴다.

또 중국인을 비롯하여 많은 민족이 분홍색도 행복을 느끼게 하는 색이라 하여, 여성이나 여자 아이들의 선물이나 포장지로 많이 사용한다.

• **청(靑)** : 중국이나 타이완에서는 상(喪)을 나타내는 색이지만 로열 블루는 영국 왕실을 상징하는 컬러로 고귀함을 나타내는 색이다. 남자아이의 선물로 청색을 고르는 것은 대개 어느 나라나 마찬가지 이다. 중동 사람들은 청색이 마력(魔力)으로부터 몸을 지켜준다고 믿어 푸른 터키석을 부적 대신 사용하기도 한다. 터키에서는 또한 푸른 유리구슬에 눈동자를 그려 넣은 부적을 곳곳에서 볼 수 있다.

• **황(黃)** : 태양의 색, 황금의 색이라 하여 선호한다. 예를 들어 중국에서는 황제를 상징하는 컬러로, 황제 이외에는 착용할 수 없었던 시대도 있었다. 또 고대 이집트에서도 황금을 나타내는 색, 신의 신체의 색, 영원불멸의 색이라고 했다. 그러나 유럽에서는 황색이 선정적이거나 비열하다는 이미지도 갖고 있다.

동양인은 옐로우, 흑인과 백인의 혼혈도 옐로우 보이, 옐로우 걸이라 하는 등 황색은 민족차별과도 직접적인 연관이 있다고 본다. 또 노란 꽃은 멕시코에서는 죽음을 의미하고, 프랑스에서는 부정(不貞)을 암시한다고 한다.

• **자(紫)** : 유럽인들은 오래 전부터 가장 고귀한 색으로 생각했다. 고대 중국에서도 천자(天子)의 옷은 '자의(紫衣)'였으며, 자색을 중요시하는 전통은 명(明)·청(靑)조의 궁전인 '자금성(紫金城)'에서도 볼 수 있다. 일본인들도 자색을 고귀한 색으로 여기기 때문에 쇼토구(聖德) 태자가 정한 관위(官位)에서도 최고위의 옷은 자색이었다.

반면에 자색은 상(喪)을 나타내는 색이며 색채 감각이 풍부한 이탈리아인을 비롯한 유럽인들은 앞에서 말한 바와 같이 짙은 자색 옷은 잘 안 입는다. 선물도 이 색은 피해서 하는 게 좋을 것이다.

5. 숫자의 신화

인류가 기록하기 시작한 것은 지금으로부터 5천 년 전에 물건의 수를 확인하면서부터였다고 한다.

이렇게 우리들과 숫자는 오랜 인연을 맺고 있다. 그리고 흥미롭게도 수를 나타내는 단어는 많지만 0에서9까지 아라비아 숫자를 사용하면 거의 모든 나라에 정확한 정보를 전달할 수 있다. 즉, 숫자는 '세계 공통언어' 인 셈이다.

그러나 몇몇 숫자는 각각의 문자 속에서 언제부턴가 특별한 의미를 지니게 되었다. 잘 알려진 바와 같이 4는 사(死)와 같은 발음이 같아서 잘 쓰지 않는다든지, 기독교 국가들은 13을 싫어한다든지 하는 것 등이다.

이제 여기에서 기본적인 숫자가 각각 어떤 일과 연관이 있는 지 살펴보도록 하자.

· 1 : 최초의 수. 뿌리가 연상됨. 우승자의 상징. 축복받은 수. 유일신을 믿는 기독교, 유대교, 이슬람교에서는 신과 가까운 숫자라는 이미지가 있다.

· 2 : 하늘과 땅, 음지와 양지, 남자와 여자, 생과 사. 선과 악 등. 이 숫자는 사물을 대비시키는 기능이 있어서 대립이나 투쟁과 연결되는 경우가 많다.

2는 일본에서는 나누어지는 숫자라서 결혼과 같은 좋은 일에는 선물로는 꺼리지만, 중국에서는 문상 갈 때 물건을 두 개 가져가지 않는다.

· 3 : 많은 문화권에서 조화와 안정을 나타내는 운수 좋은 숫자로 여기고 있다. 3은 힘을 분산할 수 있어서 옛날부터 사람들은 3으로 세상사를 처리했다. 기독교의 삼위일체나 3종의 신기(神器), 삼색기(三色旗)만 봐도 알 수 있다. 단, 중국에서 3은 '산(散)'과 발음이 비슷하고 산(散)은 사(死)와 통한다하여 노인들에게 주는 선

물로 3개를 하지는 않는다.

· 4 : 사계(四季), 사방(四方)등 인간사회를 둘러싼 환경의 완성된 상태를 말한다. 그러므로 유럽인들은 조화를 나타내는 숫자라 여기고 있다. 단, 우리나아와 일본, 중국 동북구의 일부 그리고 홍콩에서는 음이 '사(死)'로 들리기 때문에 재수 없는 숫자라고 한다.

· 5 : 한손의 손가락 수, 양손, 양발, 머리의 오방향(五方向)등 인간의 완전한 신체와 결부해서 생각하는 세계 공통의 길수(吉數)이다. 일본인들이 생각하는 길한 숫자 중 하나인데, 서양인들은 그에 더하여 마귀를 쫓는 의미까지 있다고 한다. 특히 '솔로몬의 봉인'이라 불리는 별 모양의 오각형(五角形)을 신비롭게 생각한다. 펜타곤(오각형)은 미 국방부의 별칭이다.

· 6 : 유대교와 기독교 세계에서는 신이 천지를 창조 하는데 소요된 일수(日數)이다. 그런 뜻에서 완전과 조화를 나타낸다. 정삼각형을 2개 겹친 별 모양의 육각형(六角形)은 '다윗의 별'로서 마력을 지녔다고 생각했고, 유대교의 상징이기도 하다. 단, 이유는 분명치 않지만 승부를 겨루는 일에는 불길한 숫자라 하여 유럽의 도박사들 중에는 이 번호를 싫어하는 사람도 있다. 또 666은 묵시록에서 이 세상의 종말과 견련된 짐승의 수라 하여 기피한다.

· 7 : 동서양을 막론하고 길하고 성스러운 숫자라 하며 그 기원은 메소포타미아 문명에 까지 거슬러 올라간다. 기독교를 비롯한 많은 종교와 문화에는 7과 관련된 말이 많다. 'be in seventh heaven(7번째 천국에 있다)' 이란 기뻐서 어쩔 줄 모르는 상황을 말하며, 이슬람이나 유대교 에서는 천국에 있는 것이란 7번째 최상의 단계에 있는 것이라 한다.

· 8 : 전통적으로 일본에서는 그 모양에서 차츰 번창하는 길한 수라 하여 옛날부터 번영을 상징해 왔다. 그러나 유럽의 속설에는

불화, 전쟁, 파괴의 수라는 이미지가 있다.
・9 : 중국에서는 한 자리 숫자 가운데 홀수 중 가장 큰 숫자라 하여 9를 선호한다. 서양인들도 이 숫자를 번영을 향하는 숫자라 하여 선호한다. 그러나 일본에서는 9와 苦(고, 일본어 발음은 '구')의 발음이 같다는 이유로 사용하기를 꺼려서 병실에는 이 번호를 붙이지 않는 병원이 많다. 미국에서는 be on cloud nine(9번째 구름 위에 있다)이라는 말은 기뻐서 어쩔 줄 모르는 상태를 표현할 때 사용한다. 원래는 cloud seven이었는데 cloud nine에 기상학에서 말하는 적란운(피어오르는 구름)이라는 뜻이 있어서 파일럿 사이에서 cloud nine을 바꿔 사용하다가 완전히 바뀌게 되었다고 한다.
・10 : 손가락 수를 기본으로 하여 완성된 형태를 나타내는 것은 세계 공통이다. 유대교와 기독교에서는 모세의 십계가 큰 영향을 미쳤다.
・18 : 서양 점성술에서 말하는 흉수(兇數). 사람의 깨끗한 마음을 파괴하는 반역, 멸망, 실책을 상징한다.
・19 : 서양 점성술에서 말하는 길수(吉數). 태양이 상징하는 하늘의 왕자, 행복, 성공, 명예를 나타낸다.
・21 : 트럼프 게임의 블랙잭(한번으로 최상의 상태가 되는 것)
・40 : 「구약성서」에서 '모세가 이집트를 나온 후 40년, 그리스도는 황야에 나와서 40일' 이라는 대목이 있다. 이것은 구체적인 숫자가 아니라 '오랜 기간' 이라는 의미로 사용된 것이다. 참고로 미국은 grad forth winks라 하면 40번 눈을 깜빡일 정도로 짧은 수면, 즉 시간이 짧다는 것을 나타낸다.

6. 3대 문화권의 식사도구

세계 3대 문화권의 식사 도구를 살펴보자

첫째, 나이프·포크·스푼을 사용하는 문화권은 유럽, 남미, 북미 등이 여기에 소속된다.

17세기 프랑스 궁정요리가 확립되는 과정에서 정착되었다. 단, 빵은 손으로 먹는다. 나이프, 포크, 스푼의 기능은 음식을 자르고, 찍고, 옮기는 일들을 한다.

둘째, 젓가락을 사용하는 문화권으로 한국, 일본, 중국, 타이완 등이 여기에 소속된다.

고대 중국 문명 가운데 불을 이용한 요리에서 비롯된 방법이다. 옛날에는 젓가락과 숟가락을 둘 다 사용 했는데 그 전통은 중국과 한국에 남아 있다. 일본에서도 옛날부터 황실에 전해 내려오는 요리에는 젓가락과 숟가락을 세트로 사용한다. 이들 도구는 자르기, 찍기, 옮기기에 이용되고 있다.

셋째, 손을 사용하는 문화권은 동남아시아, 중동, 아프리카, 오세아니아, 북극권에서 하는 방법이다.

옛날부터 사용한 방법인데 이슬람과 힌두 사회에서는 식사할 때는 왼손을 쓰지 않는 등 테이블 매너가 엄격하다. 기능으로 이들은 손으로 섞기, 잡기, 집어먹기, 옮기기에 중요한 역할은 한다.

7. 씨름

우리 민중의 운동인 씨름. 씨름꾼이나 구경꾼이 혼연 일체가 되어 통쾌한 한판 승부에 흥을 돋우던 씨름은 지금은 각종 대회에 참가하는 씨름 전문 선수들만의 경기가 되었으나 몇 년 전까지만 해도 남자면 누구나 참가할 수 있는 민속놀이의 하나로 즐겼었다. 필자도 고교 시절까지는 농촌에 살면서 열심히 참여했다.

민속놀이로 즐겼던 종래의 씨름은 요즘의 씨름 경기 대회 때와 같이 참가 자격이 따로 있는 것은 아니었다. 씨름을 하고 싶은 사람은 그날 씨름판에 나가기만 하면 씨름을 할 수 있었고, 또 상대가 누구든지 겨루어 볼 수 있었다. 실지 자그마한 체구의 청년이 몸의 곱절은 될 법한 뚱보를 거뜬히 눕히는 수도 있었고 백발이 성성한 노인이 아들 뻘 되는 건장한 젊은이를 되치기로 넘길 때도 있었다. 이처럼 일단 겨루어 보아야 그 승부를 알 수 있기 때문에 씨름판에는 온갖 종유의 사람들이 다 덤벼들곤 했었다.
　5월 단오절이 되면 전국 각처에 씨름판이 벌어지고 수많은 사람들이 씨름판에 모여 들어 일대 장관을 이루었다. 이때 외에도 7월 15일 백중절과 8월 추석명절에도 크게 성행된 이 경기는 우리 민족의 생활상에 있어서 윤택함과 생기와 융화의 즐거움을 주는 민속적으로도 큰 의의가 있는 놀이였던 것이다.
　씨름은 잔디밭이나 평지면 어디서나 할 수 있기 때문에 특별한 시설이 필요하지 않아 편리하고, 또 씨름을 하는 이나 구경을 하는 이나 다 같이 즐길 수 있다. 뿐만 아니라 심신의 긴장과 피로를 풀고 기분을 전환하는 데도 좋은 오락이 된다.
　씨름은 또 전신 운동이므로 딴 운동 경지 못지않게 체육적인 효과가 크다. 체력과 경기 기술과 투지를 조화 있게 활용하는 경기이기 때문이다. 전체 근육 활동을 필요로 하는 운동 경기인 만큼 신체를 조화 있게 발달시키고, 상대자와 겨룰 때는 들고, 되치고, 감고, 밀고, 당기고, 누르고, 돌리고, 넘어뜨리고 하는 기술이 필요하므로 기초적인 신체 운동능력을 기른다. 또한 상대방의 허점을 빨리 발견하고, 빨리 공격하고, 잘 참고 견뎌야 하는 운동이므로 순발력과 강간한 투지력도 기른다.
　한국 씨름은 오늘날 '왼씨름' 한가지로 통일되어 경기를 하지만 옛날에는 세 가지 종류가 있었으니, '왼씨름' '오른씨름' '띠씨름'이 그것이다. 왼씨름이란 샅바를 오른쪽 다리에 끼고 어깨는 왼편에 대고 하는 씨름이고, 오른씨름이란 샅바를 왼쪽 다리에 끼고 고개와 어깨를 오른쪽으로 돌려 대고 하는 씨름이다. 띠씨름은 지방에 따라서는 허리씨름, 통씨름이라고도 하는데, 허리에다가 띠를 하나 매고 그것을 잡고 하는 씨름을 말하는 것이다.

씨름은 넓은 모래판에서 두 사람이 마주 꿇어앉아서 서로 어깨를 맞대고 오른손으로는 상대의 허리샅바를 먼저 잡고, 또 왼손으로 는 다리샅바를 잡고 시작된다. 이렇게 피차 준비가 다 되면 심판원의 호령에 따라 일시에 일어나서 서로 들고, 걸고, 다리를 안으로 감고, 밖으로 감으며, 잡아 두르고 일어나는 등 여러 가지 자세로 싸워 먼저 넘어지는 사람이 진다. 누구든지 어느 한쪽이 먼저 몸이나 손을 땅에 대면 지게 되는 것이다.

씨름판은 처음 소년들로부터 시작하여 청년, 장년으로 어우러져 판을 막는다. 누구든지 하고 싶은 사람이면 씨름판에 나올 수 있었을 뿐만 아니라 이른바 씨름 대회 임원들이 씨름판 근처에 모여든 관중들 중에서 씨름을 잘할 듯 싶어 보이는 사람을 억지로 끌어내다 시피 하여 시키기도 하였다.

씨름 선수들은 이때가 되면 인접 고을 어느 장소에서 씨름 대회가 있다는 것을 대게 알게 되므로 자연히 씨름 대회 때에는 힘이 센 역사(力士)들이 많이 모여들어 대성황을 이루게 된다. 때로는 잘 알려지지 않은 뛰어난 역사들이 나타나서 아무도 당해내지 못할 거라던 지난해의 우승 선수를 통쾌하게 넘어뜨리고 만인의 박수갈채 속에 그 이름을 한동안 드날리기도 한다.

우승자에게는 흔히 황소 한 마리가 주어지고, 2등 상에는 광목 한 필, 3등 상에는 기타 생활필수품이 주어지곤 했는데 우승자가

상으로 받은 황소의 등에 올라타고 구경꾼들과 함께 환호하는 모습은 보기만 해도 홍겹다.

　씨름 선수가 지방 씨름 대회에 출전을 하면, 선배나 동료, 친지들이 그를 옹호하여 같이 가곤 했다. 그 선수가 이기게 되면 상금의 일부를 떼어 동료, 친지들의 숙박비, 차비, 약간의 술값 등을 주게 되어 있었다. 씨름 선수들은 명성을 드날리게 되면 1년에도 수십여 대회에 출전하게 되고, 영예의 1등을 하게 되면 그 수입도 적지 않았다.

8. 평균수명 비교

2001년 8월 현재, 후생 노동성이 발표한 자료에 의한 것이다.

	나라 또는 지역	작성 기초 기간	남	여	인구(단위:명)
아시아	일본	2000	77.64	84.62	1억 258만
	이스라엘	1998	76.10	80.30	596만
	인도	1991~1995	59.70	60.90	9억 7093만
	인도네시아	1995~2000	63.30	67.00	2억 291만
	한국	1997	70.56	78.12	4643만
	싱가포르	1998	75.20	79.30	387만
	타이	1995~2000	65.80	72.00	6120만
	중국	1990~1995	66.70	70.50	12억 5570만
	홍콩	1999	77.20	82.40	669만
유럽	아이슬란드	1998~1999	77.50	81.40	27만
	이탈리아	1999	75.80	82.00	5737만
	영국	1997~1999	74.84	79.77	5865만
	오스트리아	1997	74.30	80.60	808만
	네덜란드	1995~1996	74.50	80.20	1569만
	스위스	1998	76.50	82.50	711만

스웨덴	2000	77.38	82.03	885만
체코	1998~1999	71.24	77.93	1029만
덴마크	1996~1997	73.30	78.40	530만
독일	1997~1999	74.44	80.57	8202만
노르웨이	1999	75.62	81.13	443만
핀란드	1999	73.70	81.00	515만
프랑스	1998	74.60	82.20	5885만
러시아	1995	58.30	71.70	1억 4711만
남·북미 미국	1998	73.80	79.50	2억 7056만
캐나다	1998	76.10	81.50	3025만
푸에르토리코	1990~1992	69.60	78.50	386만
멕시코	1995~2000	69.50	75.50	9583만
아르헨티나	1990~1992	68.40	75.60	3567만
브라질	1997	64.70	70.90	1억 6179만
기타 이집트	1996	65.10	69.00	6598만
나이지리아	1995~2000	48.70	51.50	1억 641만
호주	1998	75.90	81.50	1875만
뉴질랜드	1995~1997	74.30	79.60	379만

※일본은 1999년 10월 1일 추계인구.

9. 중남미의 인종구성 모습

1. 멕시코
   - 메스티소 60%
   - 원주민 25%
   - 유럽계 백인 15%
2. 과테말라
   - 라티노 50%
   - 원주민 42%

유럽계 백인 8%
3. 엘살바도르
   메스티소 84%
   유럽계 백인 10%
   원주민 5.6%
4. 콜롬비아
   메스티소 75%
   유럽계 백인 20%
   아프리카계 흑인 4%
   원주민 1%
5. 칠레
   메스티소 75%
   유럽계 백인 20%
   원주민 5%
6. 자메이카
   아프리카계 흑인 91%
   크리올 7%
   기타(인도인, 백인) 2%
7. 도미니카 공화국
   물라토 73%
   유럽계 백인 16%
   아프리카계 흑인 11%
8. 수리남
   인도계 34%
   크리올 33%
   아프리카계 흑인 17%

자바계 10%
　　기타 6%
 9. 브라질
　　유럽계 백인 55%
　　팔도 38%
　　아프리카계, 동양계 외 7%
 10. 아르헨티나
　　유럽계 백인(혼혈 포함) 97%
　　원주민 외 3%
 [주] 라티노=유럽계 백인과 원주민의 혼혈
　　　메스티소=유럽계 백인과 원주민의 혼혈
　　　크리올=아프리카계 흑인을 중심으로 한 혼혈
　　　팔도=유럽계 백인과 아프리카계 흑인의 혼혈
　　　몰라토=유럽계 백인과 아프리카계 흑인의 혼혈

참고 및 이용 문헌

1.	강혜신	미국은 지금…	박영사	2005
2.	강효백	동양스승 서양제자	예전사	1992
3.	고광림	동서양의 법문화	교육과학사	1990
4.	김경석	미국의 문화 에티켓	한국문화사	2002
5.	김주영외	한국인의 뿌리	사회발전연구소	1984
6.	김형인	미국의 정체성	살림출판사	2003
7.	문창국	미국은 살아 있다.	고려원	1994
8.	백형설	옹달샘	동아서적	1989
9.	석동수	미국생활의 미모저모	지평	1987
10.	오연호	한국이 미국에게 당할 수 밖에 없는 이유	해냄	1998
11.	옥태환	미국뿌리 쉽게 이해하기	양동출판사	2005
12.	유시민	유시민과 함께 읽는 미국문화 이야기	도서출판 푸른나무	2004
13.	이규태	한국인의 의식구조	신원문화사	1983
14.	이규태	서양인의 의식구조	신원문화사	1985
15.	이규태	뽐내고 싶은 한국인	신원문화사	1992
16.	이규태	한국인, 이래서 못산다	신원문화사	2000

17. 이몽룡	미국은 아니다	식물추장	2001
18. 이상국외	미국 문화와 생활	동인	2003
19. 이어령	이어령 대표 에세이집	고려원	1982
20. 이주영	상식으로 보는 문화사	시공사	2003
21. 이케하라 마모루	한국 한국인 비판	중앙M&B	1999
22. 장경자	솥단지를 걸고 본 미국	김영사	1994
23. 장석정	미국문화지도	살림출판사	2003
24. 장석정	미국 뒤집어 보기	살림출판사	2003
25. 장태한	아시안 아메리칸	책세상	2004
26. 정목일	한국의 영혼	일신서적출판사	1993
27. 정호영	아메리칸 드림	진흥	1997
28. 조주행	익숙한 문화 낯선 문화	인간사랑	1998
29. 중앙일보	미주판		
30. 차종환외	미국인은 배꼽 아래가 길다	우석	1997
31. 차종환외	지켜야 할 문화 배워야할 문화	동양서적	1998
32. 차종환외	한국부자 미국부자	사사연	2003
33. 최정호	일본문화의 뿌리와 한국	문학과 지성사	1992
34. 최준식	콜라 독립을 넘어서	사계절출판사	2002

35.	포토맥 펜클럽	워싱톤의 무궁화	보이스사	1998
36.	한국일보 미주판			
	Kim, Thomas Seiho	Korean Journal, Vol 1-11		

저자 소개

편저자: 차 종 환(車鍾煥) (Cha, Jong Wahn)

학 력

- 서울대학교 사범대학 생물학과 1954-1958
- 서울대학교 대학원(석사과정) 1958-1960
- 동국대학교 대학원(박사과정) 1962-1966
- 이학박사 학위수령(도목생육에 미치는 초생부초의 영향, 동국대) 1966
- UCLA 대학원 Post Doctoral 과정 3년 이수 1975-1977
- 농학박사 학위수령(사막식물의 생리생태학적 연구, C.C.U) 1976
- 교육학박사 학위수령(한미교육제도 비교 연구, P.W.U) 1986

경 력

- 서울대 사대부속 중고교 교사 1959-1967
- 사대, 고대, 단대, 건대, 강원대, 이대강사 1965-1970
- 동국대 농림대 및 사대교수 1965-1976
- BYU(H.C) 초빙교수 및 학생 1970
- Bateson 원예 대학장 1971-1972
- UCLA 객원교수 1971-1974
- 해직교수(동국대) 1976. 2.28
- 한미 교육연구원 원장 1976-
- UCLA 연구교수 1977-1992
- 남가주 한인회 부회장 1979-1980
- 남가주 서울사대 동창 회장 1979-1980
- 남가주 호남향우회 초대, 2대 회장 1980-1982
- 남가주 서울대 대학원 동창 회장 1980-1983
- 한미 교육연합 회장 1971-1972
- L.A 한우 회장 1983-1984
- 평통 자문 위원(2기-11기) 1983-2005
- 한미 농생물 협회장 1983-1999
- 차류 종친회 미주 본부장 1984-1990
- 남가주 한인 장학 재단 이사장 1984-1986
- 남가주 서울대 총동창 회장 1985-1986
- 남가주 BYU 동창 회장 1985
- 한인공제회 이사장 1985-1991
- 남가주 서울대 총동창회 고문 1986-
- 국민 화합 해외동포 협의회 명예회장 1990-
- 미주 이중국적 추진위원회 위원장 1993

- 평화문제연구소(한국)객원 연구위원 및 미주 후원회장 1994-
- 우리 민족 서로 돕기 운동 공동 의장 1997-
- 한국 인권문제 연구소 L.A 지부 고문 1998-
- 민주 평등 L.A 지역현의회 고문 및 전문위원 1999-
- 재외 동포 지위 향상 추진위원회 고문 1999-
- 한반도 통일 연구회 부회장 1998-
- 한국 인권 문제 연구소 본부 부이사장 및 수석 부회장 2000-2002
- 재외 동포법 개정 추진 위원회 공동대표(L.A 및 한국) 2001-
- 한국 인권문제연구소 L.A지회 회장 2002-2004
- 한미인권문제연구소 명예 회장(L.A) 2004-
- 제미동포 권익향상 위원회 공동대표 2004-
- 미주 한인 재단 이사장 2004-2006
- 한미 평화 협의회 회장 2005-
- 피오 피코 코리아타운 도서관 후원회 이사장 2006
- 한인동포 장학재단 이사장 2006
- 민화협(미서부) 공동대표 2006

수상 및 명예
- Who's Who in California 16판(86)부터 계속 수록
- 교육 공로상 수령(제1회 한인회 주체) 1987
- 우수 시민 봉사단 수령(L.A시 인간관계 위원회) 1987
- 쿠바시에 북미주 한국인 지도자상 1993
- L.A시 우수시민 봉사자상(L.A시 위원회) 1994

- 국무총리 표창장(대한민국) 1995
- 대통령 표창장(대한민국) 2001
- 에세이 문학, 완료 추천 문단 등단 2003년 가을
- 대통령 훈장(국민훈장 목련장) 2005, 12월
- 감사패, 공로패, 위촉패, 추대장 등 130종

저서 목록(공저, 편저, 강수 포함)

[한글저서]

1. 高入生物(조문각, 1964)
2. 高入生物(성문사, 1967)
3. 생물 실험 실습(유림각, 1968)
4. 土壤과 植物(수학사, 1968)
5. 지혜의 말씀(교회출판부, 1968)
6. 植物生態學(문운당, 1969)
7. 自然科學槪論(단국대학 출판부, 1970)
8. 一般生物學(진수당, 1968)
9. 한국어 교본 BYU – HI(LTM,1971)
10. 農林氣象學(선진문화사, 1973)
11. 토양 보존과 관리(원예사, 1974)
12. 農生物統計學(선진문화사, 1974)
13. 복숭아 재배 새기술(원예사, 1974)
14. 最新植物生理學(선진문화사, 1974)
15. 韓國의 氣候와 植生(서문당, 1975)

16. 環境과 植物(전파과학사, 1975)
17. 放射能과 農業(전파과학사, 1975)
18. 最新植物生態學(일신사, 1975)
20. 테라리움(원예사, 1975)
21. 미국 시민권을 얻으려면(선진문화사, 1978)
22. 現代一般生物實驗(한서출판, 1982)
23. 미국의 교육제도(미디어 다이너믹스, 1985)
24. 미국의 명문 고교와 명문 대학(한미교육연구원, 1985)
25. 이민 자녀 교육(학원사, 1985)

[번역서]
26. 침묵의 봄(Ⅰ)(세종출판사, 1975)
27. 침묵의 봄(Ⅱ)(세종출판사, 1975)

[영문 전서]
28. Radioecology and Ecophysiology of Desert Plant at Nevada Test Site
    (U.S.A.E.C, 1972)
29. Iron Deficiency in Plants(S.S&P.A, 1976)
30. Phytotoxicity of Heavy Metal in Plants(S.S&P.A, 1976)
31. Trance Element Express in Plant (J.R.N 1980)
32. Nevada Desert Ecology(BYU, 1980)
33. Soil DRAIN (Williams &Wilkins, 1986)
34. Interaction pf Limiting Factors in Crop Production(Macel Derkker, 1990)

[한국저서 속]

35. 미국 유학(우석출판사, 1987)
36. 올바른 자녀 교육(바울서신사, 1987)
37. 차돌이 교육 방랑기(우석출판서, 1987)
38. 미국 대학 완벽 가이드(학원사, 1988)
39. 10대 자녀문제(학원사, 1988)
40. 청소년 그들은 누구인가(바울서신사, 1988)
41. 미주교포들의 통일 의식 구조(L.A 평통, 1988)
42. 미국교육의 길잡이(바울서신사, 1988)
43. 동·서양의 꽃꽂이와 테라리움(바울서신사, 1990)
44. 꿈나무들을 위한 성교육(바울선신사, 1990)
45. 미국의 명문 고등학교(우석출판사, 1990)
46. 미국의 명문대학(우석출판사, 1990)
47. 미국의 명문 대학원(우석출판사, 1990)
48. 성공적인 자녀 교육의 비결(바울선신사, 1990)
49. 미국의 명문 고교 입학, 유학 최신정보(학원사, 1990)
50. 일하며 생각하며(바울서신사, 1990)
51. 미국속의 한국인(공저)(유림문화사, 1991)
52. 갈등 그리고 화해(국민화합해외동포협의회, 1990)
53. 미주 동포들이 보는 조국(평화문제 연구소, 1992)
54. 백두산, 장백산, 그리고 금강산(선진문화사, 1992)
55. 지역 갈등과 화해(한미교육연구원, 1993)
56. 반미 감정과 태평양 시대(한미교육연구원, 1993)
57. 조국을 빛낸 사람들과 미국대학 입시제도(한미교육연구원, 1993)
58. 미국생활 가이드(공저)(중앙일보, 1993)
60. 한반도 통일문제(한미교육연구원, 1994)

61. 미음은 독수리처럼 날개쳐 올라가고(바울서신사, 1994)
62. 동서양의 길목에서(바울서신사, 1994)
63. 남북을 잊은 사람들(바울서신사, 1994)
64. 기적의 역사(공저)(삶과꿈, 1994)
65. 미국교육제도와 자녀교육(한미교육연구원, 1994)
66. 귀화동포와 이중국적문제(한국인권문제연구소, 1994)
67. 미국대학 및 대학원 진학 가이드(한샘출판사, 1994)
68. 똑똑한 아이! 이렇게 키워라(삼성출판사, 1994)
69. 미국의 교육제도(개정판)(바울서신사, 1994)
70. 세계화 시대의 한미관계(한미교류협회, 1995)
71. 재미있는 핵 이야기(좋은글, 1995)
72. 초등학생의 가정교육(우석출판사, 1995)
73. 통일로 가는길(공저)(바울서신사, 1995)
74. 한국의 국력신장을 위한 해외동포들의 역할(해외동포 문제 연구소, 1995)
75. 중·고등학교의 가정교육(우석출판사, 1996)
76. 베트남의 황금 문이 열리다(나산출판사, 1996)
77. 발 마사지와 신체 건강법(오성출판사, 1996)
78. 태교 및 취학 전 아동의 가정교육(우석출판사, 1996)
79. 꿈나무와 대학정도(한미교육연구원, 1996)
80. 해외 동포 청소년의 통일교육(평화문제연구소, 1996)
81. 꼴찌와 일등은 부모가 만든다(풀잎문학, 1996)
82. 미국을 알고 미국에 가자(풀잎문학, 1996)
83. 통일로 향하는 마음(공저)(천일인쇄, 1997)
84. 미국인은 배꼽 아래가 길다(우석출판사, 1997)
85. 우리 모두 통일로 가자(나산출판사, 1997)

86. 이것이 미국 교육이다(나산출판사, 1997)
87. 가정은 지상의 천국(기독교 문화사, 1997)
88. 발 건강과 신체 건강(태을출판사, 1997)
89. 꿈나무들 및 교육공로자와 대학정보(한미교육연구원, 1997)
90. 21세기의 주인공 EQ(오성출판사, 1997)
91. EQ로 IQ가 휘청거린다(오성출판사, 1998)
92. 영국의 명소와 명문대학(나산 출판사, 1998)
93. 불란서의 명소와 명문대학(나산출판사, 1998)
94. 이태리의 명소와 명문대학(나산출판사, 1998)
95. 백두산의 식물생태(예문당, 1998)
96. 배꼽 뒤집어 지는 유머(예가, 1998)
97. 당신의 성공에는 유머가 있다(나산출판사, 1998)
98. 미국유학 - 이민교육필독서(풀잎문학사, 1998)
99. 꿈나무와 페스탈로찌(한미교육연구원, 1998)
100. 지켜야할 문화와 배워야할 문화(나산출판사, 1998)
101. 묘향산 식물생태(예문당, 1999)
102. 재외동포의 출입국과 법적지위(한미교원, 1999)
103. 유머백과(예가, 1999)
104. 한국의 재외동포 정책(한미교육연구원, 1999)
105. 꿈나무(한미교육연구원, 1999)
106. 비무장 지대의 식물생태(예문당, 2000)
107. 금강산 식물생태(예문당, 2000)
108. 고사성어 399선(예가, 2000)
109. 행복(좋은글, 2000)
110. 건강 장수 백과(태을출판사, 2000)
111. 스위스의 명소와 명문대학(나산출판사, 2000)

112. 항로회춘(나산출판사, 2000)
113. 지구 과학(예가, 2000)
114. 꿈나무와 교육자(한미교육연구원, 2000)
115. 독일의 명소와 명문대학(나산출판사, 2000)
116. 재미있는 동물의 세계로(감수)(예문당, 1999)
117. 재미있는 곤충의 세계로(감수)(예문당, 1999)
118. 재미있는 식물의 세계로(감수)(예문당, 1999)
119. 재미있는 공룡의 세계로(감수)(예문당, 2000)
120. 재미있는 지구의 세계로(감수)(예문당, 2000)
121. 재미있는 우주의 세계로(감수)(예문당, 2000)
122. 재미있는 과학자의 세계로(감수)(예문당, 2000)
123. 재미있는 인체의 세계로(감수)(예문당, 2000)
124. 재미있는 환경의 세계로(감수)(예문당, 2000)
125. 재미있는 발명의 세계로(감수)(예문당, 2000)
126. 중국의 명소와 명문대학(나산출판사, 2001)
127. 고향 생각과 자랑(한미교육연구원, 2001)
128. 캐나다의 명소와 명문대학(나산출판사, 2001)
129. 2000년대의 민족의 선택(공저)(한통연, 2001)
130. 영재들과 교육 공로자(한미교육연구원, 2001)
131. 고사성어 대사전(예가, 2001)
132. 교회의 갈등 그리고 화해(공저)(계명대학교, 2002)
133. 체코와 슬로바키아의 명소와 명문대학(나산출판사, 2002)
134. 태교출산백과(공저)(으뜸사, 2002)
135. 남북한 통일정책과 민족교육(한미교육연구원. 2002)
136. 북한의 교육정책과 명문대학(평화문제연구소, 2002)
137. 전남 쌀 줄게 개성 인삼 다오(공저)(돈진문화사, 2002)

138. 21세기와 조국통일(공저)(한통연, 2002)
139. 남북한의 통일 정책과 통일 장애요인(공저)(한통연, 2002)
140. 재외동포법 개정을 위해(공저)(한국인권문제연구소, 2002)
141. 오스트리아의 명소와 명문대학(나산출판사, 2002)
142. 꿈나무들과 미국의 교육정보(한교연, 2002)
143. 민간요법보감(태을출판사, 2002)
144. 캐나다 로키의 명소와 명문대학(나산출판사, 2002)
145. 달라진 남한 말과 북한말(공저)(예가, 2002)
146. 일본의 명소와 명문대학(나산출판사, 2002)
147. 미주 한인 이민 100년사(공저)(한미동포재단, 2002)
148. 배꼽이 뒤집어지는 유머②(예가, 2002)
149. L.A 4.29 폭동과 장학재단(한미교육연구원, 2003)
150. 유머 해학 대사전(예가, 2003)
151. L.A 4.29 폭동의 실상(밝은 미래 재단, 2003)
152. 호주의 명소와 명문대학(나산출판사, 2003)
153. 통일 이야기(초급)(L.A 민주 평통, 2003)
154. 인도네시아의 명소와 명문대학(나산출판사, 2003)
155. 한국부자 미국부자(도서출판 사사연, 2003)
156. 오직 올바르게 살자(공저)(나산출판사, 2003)
157. 6.15 공동선언과 조국통일(편저)(한통연, 2003)
158. 꿈나무들과 교육선구자(한교연, 2003)
159. 미주한인사회와 독립운동(공편저)(미주한인 100주년 남가주 기념 사업회, 2003)
160. 미주동포의 민주화 및 통일운동(나산출판사, 2004)
161. 나는 샐러드보다 파김치를 더 좋아한다(감수)(예가, 2004)
162. 구월산, 장수산 식물생태(예문당, 2004)

163. 청소년을 위한 통일 이야기(예가, 2004)
164. 신세대를 위한 통일 이야기(예가, 2004)
165. 사진으로 본 미주 한인 100년사(박영사, 2004)
166. 꿈나무와 교육정보(한미교육연구원, 2004)
167. 조선향토 대백과(제1권) 평양시, 감수
   (평화문제연구소 및 조선과학대학백과사전 출판사, 2003)
168. 조선향토 대백과(제2권) 남포, 개성, 나선시, 감수
   (평화문제연구소 및 조선과학대학백과사전 출판사, 2004)
169. 조선향토 대백과(제3권) 평안남도 I, 감수
   (평화문제연구소 및 조선과학대학백과사전 출판사, 2004)
170. 조선향토 대백과(제4권) 평안남도 II, 감수
   (평화문제연구소 및 조선과학대학백과사전 출판사, 2004)
171. 조선향토 대백과(제5권) 평안북도 I, 감수
   (평화문제연구소 및 조선과학대학백과사전 출판사, 2004)
172. 조선향토 대백과(제6권) 평안북도 II, 감수
   (평화문제연구소 및 조선과학대학백과사전 출판사, 2004)
173. 조선향토 대백과(제7권) 지강도, 감수
   (평화문제연구소 및 조선과학대학백과사전 출판사, 2004)
174. 조선향토 대백과(제8권) 황해남도 I, 감수
   (평화문제연구소 및 조선과학대학백과사전 출판사, 2004)
175. 조선향토 대백과(제9권) 황해남도 II, 감수
   (평화문제연구소 및 조선과학대학백과사전 출판사, 2004)
176. 조선향토 대백과(제10권) 황해북도, 감수
   (평화문제연구소 및 조선과학대학백과사전 출판사, 2004)
177. 조선향토 대백과(제11권) 강원도, 감수
   (평화문제연구소 및 조선과학대학백과사전 출판사, 2004)

178. 조선향토 대백과(제12권) 함경남도 I, 감수
    (평화문제연구소 및 조선과학대학백과사전 출판사, 2003)
179. 조선향토 대백과(제13권) 함경남도 II, 감수
    (평화문제연구소 및 조선과학대학백과사전 출판사, 2003)
180. 조선향토 대백과(제14권) 함경북도 I, 감수
    (평화문제연구소 및 조선과학대학백과사전 출판사, 2003)
181. 조선향토 대백과(제15권) 함경북도 II, 감수
    (평화문제연구소 및 조선과학대학백과사전 출판사, 2004)
182. 조선향토 대백과(제16권) 량강도, 감수
    (평화문제연구소 및 조선과학대학백과사전 출판사, 2004)
183. 재외동포 권익을 위한 법률(나산출판사, 2005)
184. 북한의 현실과 변화(나산출판사, 2005)
185. 남북분단과 통일 및 국가안보(나산출판사, 2005)
186. 남북통일과 평화교육(나산출판사, 2005)
187. 21세기를 맞는 오늘의 북한(양동출판사, 2005)
188. 조선향토 대백과(제17권) 인물, 감수(평화문제연구소, 2005)
189. 조선향토 대백과(제18권) 민속, 감수(평화문제연구소, 2005)
190. 조선향토 대백과(제19권) 색인, 감수
    (가가거리-새지골)(평화문제연구소, 2005)
191. 조선향토 대백과(제20권) 색인, 감수
    (새지네골-힘센골)(평화문제연구소, 2005)
192. 미주 동포들의 인권 및 민권운동(나산출판사, 2005)
193. 남북한 사회와 통일 이야기(L.A 민주 평통, 2005)
194. 수재들과 교육 공로자(한미교육연구원, 2005)
195. 어린이 통일 교육 이야기(나산출판사, 2006)
196. 청소년 통일 교육 이야기(나산출판사, 2006)

197. 미주의 한인들(대원출판사, 2006)
198. 최신 피부관리(나산출판사, 2006)
199. 최신 육체 미용(나산출판사, 2006)
200. 대마도는 한국땅(동양서적, 2006)
201. 겨레의 섬 독도(해조음, 2006)
202. 한국령 독도(해조음, 2006)
203. 한미관계 170년사(동양서적, 2006)
204. 꿈나무 및 교육공로자와 자녀교육정보(한미교육연구원, 2006)
205. 나라 밖에서 나라 찾았네(감수)(박영사, 2006)
206. 멕시코의 명소와 명문대학(나산출판사, 2006)

[연구 논문]
A. 자연과학 분야(생물)
 • 한국내 학술지 60편
 • 국제 학술지 120편
 전체 180편 (논문 제목과 발표 논문집 및 출판연도는 필자의 저서 백두산, 장백산 그리고 금강산(선진문화사, 1972), 백두산 식물 생태(예문단, 1998) 및 금강산 식물 생태(예문당, 2000) 부록에 수록되어 있음)

B. 사회과학분야(통일)
 1. 핵의 국제적 갈등과 미국의 한반도 정책(통일로 가는 길, 1995)
 2. 남북교류활성화 방안(한반도통일연구회, 1996)
 3. 조국 통일과 해외동포들의 역할(한반도통일연구회, 1997)
 4. 통일을 위한 해외동포들의 역할(통일로 향하는 마음, 1997)
 5. 재미동포의 민족교육과 통일(한반도통일연구회, 1998)

6. 다원시대에 돋보인 우리 전통문화(한반도통일연구회, 1999년)
7. 포용정책, 문제가 있는가(통일로 가는 길, 1999)
8. 남북한통일정책의 변천과정과 현위치(반도통일연구회, 2001)
9. 남북교류활성화를 위한 재외동포들의 기여 방안
　　　　　　　　　　　　(L.A 민주평통 세미나, 2001년 5월)
10. 북한 식량난의 원인과 해결책(한민족 포럼, 2001년 8월)
11. 한미정상회담에 등장한 NMD(L.A 민주평통 세미나, 2001)
12. 동조성 문화와 창조성 문화(L.A 3.1여성, 2001)
13. 악의 축과 북미 관계(한반도통일연구회, 2002)
14. 미주동포들의 민주화 및 통일 운동
　　　(한반도통일연구회, 미주한인 이민 100주년기념사업회, 2003)
15. 북한의 핵문제와 재외동포의 통일의식
　　　　　　　(평화문제연구소, 통일세미나 제주도 KAL호텔, 2003)
16. 재외동포법의 개정안 및 보완을 위해(한민족 포럼, 2003년 3월)
17. 한미양국의 교육제도 비교
　　　　　　　　(한국학교 교사대학 일반연수과정 교재, 2003)
18. 재외 동포법의 배경과 개정(근간)
19. 민족 공조와 국제공조(근간)
20. 미주 동포사회의 젊은 세대와 통일의식(근간)
21. 남북 정상회담과 재외동포의 역할(근간)
22. 6.15시대의 통일 교육과 평화 교육(근간)

지구촌 현대인이 알아야 할

동·서양 생활문화 무엇이 다른가

값 15,000원

| 판 권 |
| 본 사 |

2007년 6월 20일 인쇄
2007년 6월 25일 발행

편저자 / 차 종 환
발행인 / 안 영 동
발행처 / 동양서적
경기도 파주시 광탄면 용미리 251-2
전화 (031) 957-4766~7
FAX (031) 957-4768
등록일자 1976년 9월 6일
등록번호 제6-11호

ISBN 978-89-7262-150-8 13810